ספר
עֵץ חַיִּים
לרבינו
חיים וויטאל ז״ל
שֶׁקִּיבֵּל מֵמָרָן הָאֲרִ״י זלה״ה
שַׁעַר ו' וְלֹא מָטִי
שַׁעַר ז' פרק ב'
דל״א ע״א – דל״ב ע״א
תש״פ
SimchatChaim.com
בהוצאת
שִׂמְחַת חַיִּים

בס"ד

הקדמה

ירפא המאציל **ויושיע ה**בורא את כל חולי בני ישראל, וישלח להם רפואה שלימה, רפואת הנפש ורפואת הגוף, בכל אבריהם ובכל גידיהם לעבודתו יתברך.

בי"ב במנחם אב תשס"ה, הובהלתי לבית החולים, הרופאים לא נתנו לי סיכוי לחיות יותר מכמה שעות בגלל מספר תסבוכות. עם כל זאת בזכות התפילות של בני ישראל הקדושים, ברחמיו הרבים, ריחם עלי הקדוש ברוך הוא, ונשארתי בחיים.

עם כל זאת, הובחנה אצלי מחלה קשה בכליות, ונאמר לי שהצטרך למכונת דיאליזה. בשבילי זה היה שוק!!! אף פעם לא הייתי אצל רופא, או בבית חולים. כך בעל כרחי התחברתי למכונת דיאליזה, ומכונה זאת היתה[1] קשורה בי ככלב במשך שמונים חודשים בדיוק, כמניין **יסוד**, במשך 10-12 שעות ביום.

בשבת פרשת **ויחי יעקב** י"ב טבת תשע"ב, בזכות בני ישראל, שכולם אהובים כולם ברורים כולם גיבורים כולם קדושים... וכולם פותחים את פיהם באהבה שלוש פעמים ביום, ואומרים - **ברוך אתה... רופא חולי עמו ישראל**, וכללותם כל האברכים, תלמידי הישיבות, רבנים וחכמים, חסידים, מקובלים עם תינוקות של בית רבן, זקנים עם נערים, בחורים וגם בתולות, בארץ הקודש ובעולם. ומצד שני בנות ישראל היקרות מפז, שהתפללו וקבלו עליהם כל מיני קבלות, מהפרשת חלה עד צניעות וכיסוי הראש, עם הרבנים, המנהלים, המורים, המורות **והתלמידות של בית יעקב דטורונטו** שכל יום התפללו, וכללו בתפילתם שבקעה את כל הרקיעים אותי, ונושעתי אני הקטן. הושתלה בי כליה. והתנתקתי ממכונת הדיאליזה.

אמר המלך דוד - לולי[2] תורתך שעשעי אז אבדתי בעניי. מה שנתן לי חיות היא התורה הקדושה, בשעות הרבות שהייתי מחובר למכונת הדיאליזה)כ12 שעות ביום(, ערכתי סדרתי וכתבתי במחשב את קונטרסים שלמדתי במשך שנים. וקונטרסים אלו הפכו לחיבור, ואחרי התלבטויות ובקשות מבני גילי, החלטתי בעזרתו יתברך להדפיס קונטרסים אלו.

ידוע הוא כי כל דברי האר"י זלל"ה ותלמידו נאמן ביתו, רבינו חיים ויטאל הם סתומים וחתומים באלפי שרשראות ומנעולים, והרב ז"ל גלה טפח וכיסה אלפים אמה, וכלל דבריהם הוא משלים, עם כל זאת העוסק במשל פועל בעלמות העליונים בנמשל. לכן צריך זהירות גדולה לא להגשים את המשלים, בסוד המבואר בספר הזוהר הקדוש - **ועלייהו אתמר** ועליהם נאמר - **ארור האיש אשר יעשה פסל ומסכה וגומר, ושם בסתר, מאי בסתר** מהו בסתר - **בסתרו דעלמא** בסתר העולם. **ובגין דא אמר קודשא בריך הוא לא תעשון אתי** ומפני זה אמר הקדוש ברוך הוא לא תעשון אתי **אלה"י כסף ואלה"י זהב, והכי אוקמוה חבריא לא תעשון אתי כדמות שמשי שמשמשין אותי** וכך העמידוהו החברים לא תעשון אתי כדמות שמשי שמשמשים אותי **במרום, לציירא. בסתר דילי שום ציור או דמיון** לצייר בסתר שלי שום ציור או דמיון, **דכל מאן דצייר לעיל לקודשא בריך הוא** שכל מי שמצייר למעלה לקדוש ברוך הוא, **בסתר**)דאיהי שכינתיה, כלילא מעשר

---

[1]

גמרא סוטה ד"ג ע"ב - גמרא סוטה ד"ג ע"ב – רבי אלעזר אומר, **קשורה בו ככלב**, שנאמר - ולא שמע אליה לשכב אצלה להיות. עמה לשכב אצלה בעולם הזה. להיות עמה לעולם הבא.

[2]

תהלים קי"ט צ"ב

ספיראן שהיא שכינתו, כלולה מעשר ספירות(, **שום ציור, וצלם, ודמות, כגוונא דמצייריין בשמשין דיליה** שמצייירים בשמשים שלו, **נשמתיה אתלבשא בההוא צלמא** נשמתו מתלבשת באותו צלם....

וכן הוא בסוף ענף ד' דשער א' בספר עץ חיים שער ההקדמות, וז"ל הטהור - ואמנם דבר גלוי הוא כי אין למעלה גוף ולא כח גוף חלילה. וכל הדמיונות והציורים אלו לא מפני שהם כך חס ושלום. אמנם **לשכך את האוזן** לכשיוכל האדם להבין הדברים העליונים, הרוחניים, בלתי נתפסים, ונרשמים בשכל האנושי. לכן ניתן רשות לדבר לדבר בבחינת ציורים ודמיונים, כאשר הוא פשוט בכל ספרי הזוהר. וגם בפסוקי התורה עצמה כולם כאחד עונים ואומרים בדבר הזה, כמו שאמר הכתוב עיני הוי"ה המה משוטטים בכל הארץ. עיני הוי"ה אל צדיקים. וישמע הוי"ה. וירח הוי"ה. וידבר הוי"ה. וכאלה רבות. וגדולה מכולם מה שאמר הכתוב - ויברא אלהי"ם את האדם בצלמו בצלם אלהי"ם ברא אותו זכר ונקבה וגו'. **ואם התורה עצמה דברה כך** גם אנחנו נוכל לדבר כלשון הזה, עם היות שפשוטו הוא שאין שם למעלה אלא אורות דקים בתכלית הרוחניות, בלתי נתפשים שם כלל, וכמו שאמר הכתוב - כי לא ראיתם כל תמונה, וכאלה רבות. ואמנם יש עוד דרך אחרת כדי להמשיך ולצייר בה הדברים העליונים, והם בחינת כתיבת צורת אותיות, כי כל אות ואות מורה על אור פרטי עליון, וגם תמונה זו דבר פשוט הוא כי אין למעלה לא אות ולא נקודה, **וגם זה דרך משל וציור לשכך את האוזן** כנזכר.....

ולכן כל המבואר כאן בחיבור זה הוא כדי **לשכך את האוזן.** והתרשימים שבסוף החיבור הם כדי **לשבר את העין.** לכן אין שום ביאור והסבר שלם, ואין שום תרשים שלם בתכלית השלמות.

ידוע כי[3] דברי תורה עניים במקומן ועשירים במקום אחר, **ועל אחת כמה וכמה** בדברי הרב ז"ל, שכל סוגיה חסרה[4] במקומה, וחלקיה מפוזרים במקומות אחרים. **זאת ועוד** הרב ז"ל מערבב בדרוש אחד כמה וכמה סוגיות, כאשר בפשטות נראה שכל הדרוש הוא דרוש אחד, ולא מחולק לסוגיות שונות, ושמועות שונות, **ביאור** דברי הרב ז"ל כאן הם **בעומק, והוא בעצם ליקוט** עד איפה שידי הקצרה הגיעה, מכל חלקי ספר עץ חיים, ושמונה השערים המצוינים לרב ז"ל, מבוא שערים ושאר ספרי הרב ז"ל, והוא גם על פי הקדמת רחובות הנהר למרן הרש"ש, דרושי פנימיות וחיצוניות, דרוש הדעת, סוגיות ערכין, סוגיות דכללות והתכללות, פרטות וכללות, וסוגיות עובי ואורך, ועל פי ביאור גדולי רבותינו חכמי המקובלים לדורותם זלה"ה זי"ע.

ידוע כי[5] אין בר בלי תבן, כך אין ספר בלי טעויות, ועוד יודע אני כי דל ועני אני, **ואין**[6] **עני אלא בדעה.** לכן מבקש אני בכל לשון של בקשה אם יש לכל אחד שאלות, הערות, הארות, תיקונים, נא לשלוח ל - <u>book@simchatchaim.com</u> והשתדל לענות, ולתקן את הצריך תיקון.

בברכה והצלחה בלימוד התורה הקדושה

ובעיקר בפנימיות התורה, תורת האר"י הח"י.

ורפואה שלימה לכל חולי ישראל.

אח"י

---

[3]

גמרא ירושלמי, ראש השנה פ"ג הלכה ה' די"ז ע"א – דברי תורה עניים במקומן, ועשירים במקום אחר.

[4]

תורת חכם דע"ב ע"ב – חסר לשון הוא, כמו שיראה המעיין.

[5]

גמרא ברכות נ"ה א' – מה לתבן את הבר נאם ה', וכי מה ענין בר ותבן אצל חלום, אלא אמר ר' יוחנן משום ר' שמעון בן יוחאי ,כשם שאי אפשר לבר בלא תבן, כך אי אפשר לחלום בלא דברים בטלים.

[6]

גמרא נדרים מ"א ע"א – אין עני אלא בדעה.

<u>ב"ה</u>

<u>הקדמה קצרה לחיוב לימוד תורת הקבלה</u>

ישמחו ה**ש**מים **ו**תגל ה**א**רץ ירעם הים ומלאו. שזכינו בדור שלנו שפנימיות התורה, שהיא היא תורת הקבלה, מתפשטת לכל, וכל מקום בעולם היום לומדים בתורת הח"ן. הדור שלנו יש הרבה התעוררות ללמוד סתרי התורה הקדושה, הנקראת חכמת הקבלה. בירושלים של המאה ה18 בישיבת **בית אל** היו בקושי מנין של מקובלים, והיום תורת הקבלה מופצת בכל מקום בארץ ובעולם. לעניות דעתי דעתי אחת הסיבות העיקריות לשינוי זה הוא רצונם של בני התורה, החוזרים בתשובה ועמך לדעת את סוד החיים, למה ברא הקדוש ברוך הוא את העולם, ואת טעמי המצות, ר"ל אי אפשר היום בדור שלנו, להסביר על פי הפשט את הסיבה מדוע אסור לאכול בשר וחלב, מדוע צריך להניח תפילין, למה לשמור דוקא שבת ולא יום שלישי, אי אפשר להגיד כל הזמן **זאת גזרת הכתוב, כך רוצה הקדוש ברוך הוא,** האנשים מחפשים הסברים למצות, לסיפורי התנ"ך, לגלגולי נשמות, ועוד. ורק על ידי עסק בפנימיות התורה, אדם מסיג את ההסברים לקושיות שיש לו. **זאת ועוד** חיים אנחנו בדור של חומריות, והאנשים מחפשים את רוחניות שבחיים, אז מה עושים, נוסעים למזרח, להודו, סין, תאילנד למצוא רוחניות, ולא יודעים **ששורש כל הרוחניות בעולם נמצאת בתורה הקדושה,** עם כל זאת כאשר הלומד את פשט התורה, **הוא לא מכיר** את הקדוש ברוך הוא, והוא בלי יראת שמים ושמחה אמתית. כותב הרב המקובל האלוה"י רבינו יהודה פתייה בפרושו הנפלא על עץ חיים - כי לימוד עץ חיים הוא עמוק מאד מאד, כי הוא **מים שאין להם סוף,** והוא קשה מאד גם לחכמים ההוגים בו תמיד, וכל שכן למתחילים. כי הוא חזק מצור, וקשה מברזל, שאי אפשר לחצוב ממנו מאומה, אם לא על ידי כלי מחצב חזקים כציפורן שמיר. וכל המתחיל בלימוד עץ חיים, אם לא יהיה לו רב, או לפחות איזה מפרש המפרש לו כוונת הפרק ההוא לפי פשוטו, נבול יבול, ואינו יכול לעמוד על הפרק כי אם לאחר יגיעה רבה, ושקידה עצומה, וכולי האי ואולי. כי הרבה פעמים יסבור המעיין שהבין העניין ההוא כראוי, ואחר שילמוד עוד איזה פרקים אחרים, ירגיש כעצמו שלא הבין את פרקים הקודמים, והניסיון יעיד על זה, עד כאן דברי קודשו. עם כל זאת חייב כל אדם לעסוק בתורת החיים.

צדיק אתה הוי"ה וישר משפטיך. כתב הרב רבינו חיים ויטאל ז"ל בהקדמה לשער ההקדמות - והנה מה שכתב בתחילת דבריו, ואפילו כל אינון דמשתדלי באורייתא כל חסד דעבדי לגרמייהו וכו', עם היות שפשטו מבואר ובפרט בזמנינו זה, בעוונתינו היום אשר התורה נעשית קרדום לחתוך בה אצל קצת בעלי תורה, אשר עסקם בתורה על מנת לקבל פרס, והספקות יתירות, וגם להיותם מכלל ראשי ישיבות, ודיני סנהדראות, להיות שם וריחם נודף בכל הארץ, **ודומים במעשיהם לאנשי דור הפלגה הבונים מגדל וראשו בשמים,** ועיקר סיבת מעשיהם היא מה שנאמר אחר כך הכתוב - **ונעשה לנו שם...** והנה על הכת הזאת אמרו בגמרא כל העוסק בתורה שלא לשמה, נוח לו שנהפכה שלייתו על פניו, ולא יצא לאויר העולם. ואמנם האנשים האלה מראים תימה וענוה באמרם כי כל עסקם בתורה הוא לשמה. והנה החכם הגדול התנא רבי מאיר ע"ה העיד עליהם שלא כך הוא, באומרו לשון כללות - כל העוסק בתורה לשמה זוכה לדברים הרבה וכו', **ומגלים לו רזי תורה, ונעשה כנהר שאינו פוסק,** והולך

וכמעיין המתגבר מאליו, בלתי הצטרכו לטרוח ולעיין בה, ולהוציא טיפין טיפין של מימי התורה מן הסלע, הנה זה יורה שאינו עוסק בתורה לשמה כהלכתה, ומי זה האיש אשר לא יזלו עיניו דמעות בראותו המשנה הזאת, **ורואה חסרונו ופחיתותו**, עד כאן לשונו. לכן כל אחד צריך לטעום מעץ החיים.

חצות לילה אקום להודות לך על משפטי צדקך. כתב רבינו אליהו מני זצ"ל רבו של הרי"ח הטוב, בספרו הקדוש כסא אליהו שער ד' וז"ל - ואם זיכך הוי"ה ללמוד בחכמת האמת, הנה עצה היעוצה היא שכל סדר הלימוד בנגלה תתנהג בו ביום דווקא. **אבל בלילה תלמוד בחכמת האמת, והעיקר הלימוד אחר חצות**, כי זה הלימוד צריך ישוב דעת הרבה, וכשיקוץ האדם אז דעתו מיושבת עליו יותר. גם גה הלימוד צריך הסתר והצנע, **וכל דבר שיהיה בלילה ובפרט אחר חצות יהיה נסתר יותר מן היום**. ותעשה ועד עם החברים בבית המדרש אם הוא צנוע, **או בביתך ותלמדו בכל לילה**, עד כאן לשונו. וישב ללמוד האדם בלילה תחת עץ החיים.

קראתי בכל לב עני הוי"ה חקיך אצרה. בהקדמה[7] לשער ההקדמות מבאר הרב ז"ל - ואמנם אל יאמר אדם אלכה לי ואעסוק בחכמת הקבלה, מקודם שיעסוק בתורה במשנה ובתלמוד, כי כבר אמרו רבינו ז"ל - אל יכנס אדם לפרדס **אלא אם כן מלא כריסו בבשר ויין**, והרי זה דומה לנשמה בלתי גוף, שאין לה שכר ומעשה וחשבון, עד היותה מתקשרת בתוך הגוף, בהיותו שלם מתוקן במצות התורה בתרי"ג מצות. **וכן בהפך** בהיותו עוסק בחכמת המשנה והתלמוד בבלי, ולא ייתן חלק גם אל סודות התורה וסתריה, כי **הרי זה דומה לגוף היושב בחושך**, בלתי נשמת אדם נר הוי"ה המאירה בתוכה, **באופן שהגוף יבש בלתי שואף ממקור חיים**, אשר זהו ענין אומרו במקום אחר ההוא הנזכר לעיל וז"ל - דאילין אינון דעבדי לאורייתא יבשה, ולא בעאן לאשתדלא בחכמת הקבלה וכו'. באופן כי התלמידי חכמים העוסקים בתורה לשמה, ולא לשמו, לעשות לו שם. צריך שיעסוק בתחילה בחכמת המקרא, והמשנה, והתלמוד, כפי מה שיוכל שכלו לסבול. ואחר כך יעסוק לדעת את קונו בחכמת האמת, וכמו שציוה דוד המלך ע"ה את שלמה בנו - דע את אלה"י אביך ועבדהו. ואם האיש הזה יהיה כבד וקשה בענין העיון בתלמוד, מוטב לו שיניח את ידו ממנו, אחר שבחן מזלו בחכמה זאת, ויעסוק בחכמת האמת. וזה שמבואר כל תלמיד חכם שאינו רואה סימן יפה בתלמוד בחמשה שנים, שוב אינו רואה, עד כאן דברי קודשו. ומזה כל אחד ואחד חייב להדבק במקור החיים.

חסדך הוי"ה מלאה הארץ חקיך למדני. בשער הגלגולים, בקדמה ט"ז כתב הרב ז"ל - עוד צריך שתדע, כי האדם צריך לקיים כל התרי"ג מצות, במעשה, ובדבור, ובמחשבה. וכמו שאמרו ז"ל על פסוק - זאת התורה לעולה ולמנחה וכו', כל העוסק בפרשת עולה, כאלו הקריב עולה וכו'. וכוונו בזה שהאדם מחוייב לקיים כל התרי"ג מצות בדבור, וכן על דרך זה במחשבה. ואם לא קיים כל התרי"ג בשלשה בחינות הנזכרות, מחוייב להתגלגל עד שישלים אותם. **עוד דע**, כי האדם מחויב לעסוק בתורה בארבעה מדרגות, **שסימנם פרד"ס**, והם, פשט, רמז, דרוש, סוד וצריך שיתגלגל עד שישלים אותם. ובהקדמה י"ז כותב הרב ז"ל, וז"ל - שהאדם **מחוייב לעסוק בתורה בארבעה מדרגות שבה**, והיא זאת, דע, כי כללות כל הנשמות

הם ששים רבוא ולא יותר. והנה התורה היא שרש נשמות ישראל, כי ממנה חוצבו, ובה נשרשו. ולכן יש בתורה ששים רבוא פירושים, וכלם כפי הפשט. וששים רבוא ברמז. וששים רבוא בדרש. **וששים רבוא בסוד**. ונמצא, כי מכל פירוש מן הששים רבוא פירושים, ממנו נתהווה נשמה אחת של ישראל, ולעתיד לבא כל אחד ואחד מישראל, ישיג לדעת כל התורה כפי אותו הפירוש המכוון עם שרש נשמתו, אשר על ידי הפירוש ההוא נברא ונתהווה כנזכר. וכן בגן עדן אחר פטירת האדם, ישיג כל זה. וכן בכל לילה כאשר האדם ישן, ומפקיד נשמתו ויוצאה ועולה למעלה, הנה מי שזוכה לעלות למעלה, מלמדים לו שם אותו הפירוש, שבו תלוי שרש נשמתו. ואמנם הכל כפי מעשיו ביום ההוא, כך באותה הלילה ילמדוהו, פסוק אחד, או פרשה פלונית, כי אז מאיר בו יותר פסוק ההוא משאר הימים. ובלילה האחרת יאיר בנשמתו פסוק אחר, כפי מעשיו של אותו היום, וכולם על דרך הפירוש ההוא אשר תלויה בו שרש נשמתו כנזכר, עד כאן דברי קודשו. ור"ל שכל יהודי ויהודי חייב להשיג את שורש נשמתו, וללמוד את סוד **החיים.**

יבאוני רחמיך ואחיה כי תורתך שעשעי. מבואר במדרש משלי - אמר רבי ישמעאל, בוא וראה כמה קשה יום הדין שעתיד הקדוש ברוך הוא לדון את כל העולם כולו בעמק יהושפט. בזמן שתלמידי חכמים באים לפניו, אומר לכל אחד מהם - כלום עסקת בתורה, אמר לו הן, אומר לו הקדוש ברוך הוא הואיל והודית, אמור לפני מה שקרית, ומה ששנית בישיבה, ומה ששמעת בישיבה. מכאן אמרו - כל מה שקרא אדם יהא תפוש בידו, שלא תשיגהו בושה ליום הדין. מכאן היה רבי ישמעאל אומר - אוי הלה לאותה בושה, אוי לה לאותה כלימה, ועל זה ביקש דוד מלך ישראל בתפילה ובתחנונים לפני המקום ואמר - הוי"ה בוקר תשמע קולי בוקר אערך לך ואצפה. בא לפניו מי שיש בידו מקרא ואין בידו משנה, הקדוש ברוך הוא הופך את פניו ממנו, ושרי גיהנם מתגברים בו כזאבי ערב, ונוטלין אותו ומשליכין אותו לתוכה. בא לפניו מי שיש בידו שני סדרים או שלושה, אז הקדוש ברוך הוא אומר לו - בני, כל ההלכות למה לא שנית אותם, ואם אומר הקדוש ברוך הוא הניחוהו, מוטב, ואם לאו עושין לו כמידת הראשון. בא לפניו מי שיש בידו הלכות, הקדוש ברוך הוא אומר לו - בני, תורת כהנים למה לא שנית, שיש בה טומאה וטהרה, וטומאת שרצים וטהרת שרצים, טומאת נגעים וטהרת נגעים, טומאת נתקים ובתים וטהרת נתקים ובתים, טומאת זבים ולידה וטהרת זבים ולידה, טומאת מצורע וטהרתו, סדר וודוי יום הכיפורים, וגזירות שוות, ודיני ערכים, וכל דין שדנו ישראל לא דנו אלא מתוכו. בא לפניו מי שיש בידו תורת כהנים, אומר לו הקדוש ברוך הוא - בני, חמישה חומשי תורה למה לא שנית, שיש בהם קריאת שמע, ותפילין, ומזוזה. בא לפניו מי שיש בידו חמישה חומשי תורה, אומר לו - בני, למה לא למדת הגדה, ולא שנית, שבשעה שחכם יושב ודורש, אני מוחל ומכפר עוונותיהם של ישראל, ולא עוד אלא בשעה שעונין אמן יהא שמיה רבה מברך, אפילו נחתם גזר דינם אני מוחל ומכפר להם עוונותיהם. בא לפניו מי שיש בידו הגדה, אומר לו הקדוש ברוך הוא - בני, תלמוד למה לא שנית, שנאמר - כל הנחלים הולכים אל הים והים איננו מלא, זה התלמוד, שיש בו חכמות הרבה. בא מי שיש בידו תלמוד, הקדוש ברוך הוא אומר לו - בני, הואיל ונתעסקת בתלמוד, **צפית במרכבה, צפית בגאוה**, שאין הנייה בעולמי, אלא בשעה שתלמידי חכמים יושבים ועוסקים בתורה, מציצין ומביטין ורואין והוגין המון התלמוד הזה - **כסא כבודי היאך הוא עומד. רגל הראשונה במה היא משמשת, שנייה במה היא משמשת, שלישית במה היא משמשת, רביעית במה היא משמשת, חשמל היאך הוא עומד, ובכמה פנים הוא מתהפך בשעה**

אחת, לאי זה רוח הוא משמש, הברק היאך הוא עומד, כמה פנים של זוהר נראין בין כתפיו, לאיזה רוח משמש, כרוב היאך הוא עומד, לאי זה רוח הוא משמש. גדולה מכולם עיון כיסא הכבוד, היאך הוא עומד, עגול הוא כמין מלבן, ומתוקן הוא, כמה גשרים יש בו, כמה הפסק בין גשר לגשר, וכשאני עובר באיזה גשר אני עובר, ובאי זה גשר האופנים עוברים, ובאיזה גשר הגלגלים עוברים. גדולה מכולם מצפורני ועד קודקודי, היאך אני עומד, כמה שיעור בפיסת ידי, וכמה שיעור אצבעות רגלי. גדולה מכולם כיסא כבודי, היאך הוא עומד, לאיזה רוח הוא משמש, באחד בשבת לאיזה רוח הוא משמש, בשני בשבת לאיזה רוח הוא משמש, בשלישי בשבת לאיזה רוח הוא משמש, ברביעי בשבת, בחמישי בשבת, בשישי בשבת לאיזה רוח משמשין, וכי לא זהו הדרי, זהו גדולתי, זהו הדר יופי, שבניי מכירין את כבודי במידה הזאת. ועליו אמר דוד - מה רבו מעשיך הוי"ה, כולם בחכמה עשית, מלאה הארץ קנייניך. עד כאן לשון המדרש. ממדרש זה לומדים על חובת כל אחד ואחד מישראל את לימוד כל חלקי הפרד"ס, ובעיקר את בחינת הסוד שבתורה, הנקרא[8] מעשה מרכבה, ובמעשה בראשית. ומבאר הרב בית לחם יהודה על השינוי שיש בפסוקים במעמד הר סיני, בפסוק אחד כתוב - ויחן שם **ישראל** תחת ההר. ומספר פסוקים יותר מאוחר כתוב וירא **העם** וינועו מרחק. וידוע כי כאשר כתוב בתורה **ישראל**, מדובר **בבני ישראל**, וכאשר כתוב **העם**, מדובר על **הערב רב**. וז"ל הרב בית לחם יהודה - ובזוהר בהעלותך דף קנ"ב ע"א קרי להעוסקים בחכמת האמת, אינון דהוי קיימי בטורא דסיני. וז"ל - חכימין עבדי דמלכא עלאה אינון דקיימו בטורא דסיני, לא מסתכלי אלא בנשמתא, דאיהי עיקרא דכלא אורייתא ממש וכו'. ונראה בעיני אם מותר, משמע אותן שאינן יודעים סודות התורה לא עמדו על הר סיני, עד כאן לשונו. ונראה לי בביאור כוונתו כי בתחילה כשיצאו ישראל לקראת האלהי"ם, היו מתייצבים בתחתית ההר, ואחר כך נאמר וירא העם וינועו ויעמדו מרחוק, כי היו יראים פן תאכלם האש הגדולה הזאת וימיתו. והיה מקצת מהעם שהיו ששים ושמחים לקראת השכינה, ולא רצו לזוז ממקומם הראשון, ולעמוד מרחוק, אפילו אם ימיתו ממש. ועליהם הוא מה שכתב בזוהר הנזכר - אינון דקיימו בטורא דסיני, כלומר ולא נעו ועמדו מרחוק, אלא עמדו בטורא דסיני מתחלה ועד סוף, ולכן הם זוכים לחכמת האמת. ואותם הנשמות אשר נעו עם העם ועמדו מרחוק, כן הם עושים גם עתה, שנסים ועומדים מרחוק לחכמת האמת מיראתם, פן תאכלם האש הגדולה הזאת. ולכן על כל אחד ואחד מבני ישראל הקדושים מחויב לעמוד תחת עץ החיים.

יראיך יראוני וישמחו כי לדברך יחלתי. בספר הזוהר הקדוש מבואר מדוע התפילות של בני ישראל לא נענות, וז"ל תיקוני הזוהר תיקון מ"ג - **בראשית תמן את"ר יב"ש** במלת בראשית יש אותיות את"ר יב"ש, **ודא איהו ונהר יחרב ויבש** היסוד הנקרא נהר יחרב ויבש ממי השפע, ואין לו מה להשפיע למלכות, **בההוא זמנא דאיהו יבש** באותו הזמן שהיסוד הוא יבש, **ואיהי יבשה** המלכות הנקראת יבשה, היא יבשה כי לא מקבלת שפע מהיסוד, אז כאשר **צווחין בנין לתתא** מתפללים וצועקים בני ישראל, **ביחודא ואמרין** וביחוד שאומרים בני ישראל **שמע ישראל** הנקרא ישראל ז"א להתיחד עם נוקבא בשעת התפילה דעמידה, עם כל זאת **ואין קול** של התפילה או הקריאת שמע שעוזרים לזיווג דזו"ן **ואין עונה** ואין מי שיענה וימלא את הבקשות בתפילתם. **הדא הוא דכתיב** וזהו שכתוב - **אז** בני ישראל יקראוני

בני ישראל בעת צרתם בקריאת שמע ובתפילה, **ולא אענה** ואני לא אענה אותם בתפלתם, מפני שלא לומדים ומתעסקים בפנימיות התורה. **והכי מאן דגרים דאסתלק** וכל שגורם הסלקות פנימיות תורת הקבלה **וחכמתא מאורייתא דבעל פה ומאורייתא דבכתב** מהתורה שבעל פה והתורה שבכתב, **וגרים דלא ישתדלון בהון** וגורמים גם לאחרים שלא יתעסקו וילמדו את חכמת הקבלה, **ואמרין דלא אית אלא פשט באורייתא ובתלמודא** ואומרים שאין בתורה ובתלמוד אלא פשט התורה, בלי פנימיות הסוד, **בודאי כאלו הוא יסלק נביעו מההוא נהר** בודאי נחשב לו כאילו הוא מסתלק את נביעת שפע החחכמה והבינה מן היסוד, **ומההוא גן** ומן הנוקבא הנקראת גן, **ווי ליה** לאותו יהודי **טב ליה דלא אתברי בעלמא** טוב לו שלא היה נברא, **ולא יוליף ההיא אורייתא דבכתב ואורייתא דבעל פה** ולא היה לומד תורה שבכתב ותורה שבעל פה, כי דינו כעם הארץ שלא למד כלל, ועוד **דאתחשב ליה כאלו אחזר עלמא לתהו ובהו** שנחשב לו כאילו החזיר את העולם לתהו ובהו, ר"ל לסוד שבירת הכלים לפי שמגביר הקליפות כאשר הנהר והגן יבשים, **וגרים עניותא בעלמא ואורך גלותא** וגורם עניות בעולם ומאריך את הגלות השכינה וביאת המשיח. עד כאן דברי הזוהר הקדוש. וכותב רב חיים ויטאל זלה"ה בהקדמה וז"ל - אמנם שעשועות של הקדוש ברוך הוא בתורה, והיותו בורא בה את העולמו, היתה בהיותו עוסק בתורה בבחינת הנשמה הפנימית שבה, הנקרא - רזי תורה, הנקרא מעשה מרכבה, **היא חכמת הקבלה** כנודע אל היודעים, וטעם הדבר הוא להיותו עולם האצילות העליון מאד, טוב ולא רע, דלא יכיל להתערבא עמיה קליפה, ועליה אתמר - וכבודי לאחר לא אתן, כנזכר בספר התיקונין דף ס"ו תיקון י"ח, וכן בספר הזוהר בפרשת בראשית דף כ"ח ע"א עיין שם. ולכן גם התורה אשר שם]**אח**"**י** - בעולם האצילות[איננה רק מופשטת מכל לבושי הגופנים, מה שאין כן למטה בעולם היצירה, עולם דמטטרו"ן, הנקרא עבד טוב, והוא הנקרא עץ הדעת טוב מסטרא, ומסטרא דסמא"ל שהוא קליפין דיליה, **נקרא עבד רע**, כי התורה אשר שם, הם שית סדרי משנה **הנקראים שפחה** כנזכר לעיל, וכנזכר בפרשת בראשית שם דף כ"ז ע"א. ולכן נקראת משנה, לפי ששם יש שינויים הפוכים **טוב מסטרא דעבד טוב**, היתר, כשר, טהור. **רע מסטרא דעבד רע**, איסור, טמא, פסול. גם הוא מלשון כי מרדכי היהודי משנה למלך, שהיה שפחה הנקרא עבד מלך, מלך גם נקרא מלשון שינה, כנזכר בפרשת פינחס דף רמ"ד ע"ב - קם זמנא תנינא ואמר, מארי מתניתין נשמתין ורוחין ונפשין דילכון אתערו כען ואעברו שינתא מניכון דאיהו, ודאי משנה אורח פשט, דהאי עלמא ואנא לא אתערנא בכו, אלא ברזין עילאין דעלמא דאתי דאתון בהון, לא ינום ולא ישן. וזה יובן במה שמבואר יותר למעלה שם - **ורבנן דמתניתין ואמוראי, כל תלמודא דלהון על רזין דאורייתא סדרו ליה**. ונמצא כי המשנה והש"ס הם הנקרא גופי תורה. והנה דבריהם כחלום בלי פתרון, **ורזיה וסתריה הפנימים הנקרא בנשמת התורה, הם הם פתרון החלום הנפתר בהקיץ**, בסוד - אני ישנה ולבי ער, וכמו[9] שאמרו חכמים ז"ל - **במחשכים הושיבני כמתי עולם, זה תלמוד בבלי**, אשר איננו מאיר אלא על ידי ספר הזוהר, **הם הם רזי תורה וסתריה** אשר עליהם נאמר - ותורה אור. ואין ספק כי כמו שהיצר נקראת עבד ושפחה בערך האצילות, ונקרא קליפין ולבושין דחול, כנזכר בהקדמת ספר התיקונין ד"ג ע"ב וז"ל - וביומי דחול לביש עשר כתות דמלאכיא דמשמשי לעשר ספירות דבריאה. ואם כן אין לתמוה כי התורה אשר שם שהיא המשנה, תהיה נקרא שפחה וקליפין דתורה דאצילות, וזה סוד כל הבשר חציר הנזכר

לעיל במאמר הראשון, כי כמו שהחטה שהיא בגימטריא כמנין כ"ב אותיות התורה, הגנוזה תוך כמה קליפין ולבושין שהם הסובין והמורסן והתבן והקש והעשב, הנקרא חציר, כן המשנה אצל סודות התורה נקרא חציר, וזה נרמז בספר הזוהר פרשת כי תצא ברעיא מהמנא דף רע"ה ע"ב - **אצל רבנן ווי לאינון דאכלין תבן דאורייתא, ולא ידעי בסתרי אורייתא, אלא קלין וחמורין דאורייתא, קלין אינון תבן דאורייתא, וחמורין אינון חטה דאורייתא, ח"ט ה' אלנא דטוב ורע וכו'**. ואלו באתי להרחיב דרוש זה לא יספיקו מאה קונטרסין בלי ספק בלי שום גוזמא, האמנם החכם החכם עיניו בראשו כי דברי אמת אני אומר, ואל יתמה האדם בראותו ספר הזוהר איך קורא אל המשנה שפחה וקליפין, כי עסק המשנה כפי פשטיה, **אין ספק שהם לבושין וקליפין חיצונים בתכלית אצל סודות התורה הנגנזים**, ונרמזים בפנימיותה כי כל פשטיה הם בעלם הזה בדברים חומרים תחתונים..... על כן על כל בני ישראל לאכול מעץ החיים.

מה אהבתי תורתך כל היום היא שיחתי. ומבאר הרב ז"ל בהקדמה לשער המצות, כי עסק לימוד פנימיות התורה הוא חלק בלתי נפרד מתלמוד תורה, וז"ל - גם בענין עסק התורה שהיא אחת מרמ"ח מצות עשה, אם לא השלים אותה, **שהוא ענין עסקו בפרד"ס התורה**, שהוא ראשי תיבות **פשט רמז דרש סוד**, בכל בחינה מהם כפי אשר יוכל להסיג, **עד מקום שידו מגעת**, לטרוח ולעשות לו רב שילמדנו. ואם לא עשה כן, הרי חסר מצוה אחת של תלמוד תורה, שהיא גדולה ושקולה ככל המצות, וצריך **להתגלגל** עד שיטרח הארבעה בחינות של פרד"ס כנזכר. וכן מבאר הרב בית לחם יהודה בהקדמתו הקדושה, וז"ל - ומה מאד נמלצו **[אח]"י** - מלשון מליצה] בזה דברי הנביא ירמיה)סימן כ"ב(באומרו - אל תבכו למת וכו'. שהוא מדבר עם הציבור המתקבצים להספיד על איזה צדיק הנפטר רח"ל, על שנחסר צדיק אחד מהדור שהיה מנין בזכותו עליהם. וקאמר להו הנביא אל תבכו וכו', **לפי שרובם של צדיקים אינם זוכים לעסוק בכל ארבעה חלקי הפרד"ס, ואם כן מוכרחים הם לחזור ולבוא בגלגול כדי להשלים לימודם בארבעה חלקים**, כי אפילו הוא עסק בשלוש חלקי הפרד"ס, לא יצא ידי חובתו, ועליו נאמר הן כל אלה יפעל א"ל פעמים שלש עם גבר, להחזירו בגלגול. ואם כן הוא פסידא דהדרא. ואפשר שבו ביום שנפטר הוא חוזר ומתגלגל, כנזכר בזוהר ריש פרשת אמור, יעו"ש. ואם כן אין לכם בכו בכו לה?לך. אמנם בכו בכו לה?לך, לאותו צדיק שכבר עסק בארבעה חלקי הפרד"ס. כי תיבת לה?לך היא חסר ו', ואם תחשוב תיבת לה?לך ארבעה פעמים עם ארבעה הכוללים, שהם כנגד ארבעה חלקי הפרד"ס, הם בגימטריא פרד"ס. **שזה הצדיק לא ישוב עוד וראה את ארץ מולדתו, כי על ארבעה לא אשיבנו.** שזהו פסידא דלא הדרא באמת, ונחסר לגמרי מן העולם הזה, עד כאן לשונו. ולכן חובה על כל אדם לעסוק בכל חלקי הפרד"ס, ובפרט בחלק הסוד, הנקרא פנימיות התורה, כמבואר בזוהר הקדוש כמובא בזוהר הקדוש פרשת נשא דף קכ"ד - **בהאי חבורא דילך דאיהו ספר הזוהר יפקון ביה מן גלותא ברחמי**, בזכות הלימוד בספר הזוהר הקדוש, יצאו בני ישראל מהגלות **ברחמים**. ועוד כל מי שחשקה נפשו ללמוד, אסור למנוע זאת ממנו, בסוד הפסוק[10] - אל תמנע טוב מבעליו, ועל כל אדם להיכנס לפרד"ס החיים.

משלי ג' כ"ז – אל תמנע טוב מבעליו בהיות לאל ידך לעשות.

אשרי האיש אשר לא הלך בעצת רשעים ובדרך חטאים לא עמד ובמושב לצים לא ישב. דע כי יהיו הרבה אנשים רשעים, שינסו למנוע מבני ישראל הקדושים ללמוד בכללות תורה, ובפרט את תורת הקבלה, מכל מיני סיבות ומניעות, והשטן מדבר מגרונם של אלו הרשעים. ואלו דברי קודשו של בעל שבט מוסר רבינו אליהו הכהן האתמרי זצלה"ה - ובהביטך בן אדם מה שעבר על אחרים למה תרדוף אתה אחר כל אלה הדברים הזרים, להשביע נפש מרורים ולמוסרה ביד צרים המה המקטרגים הצוררים, ולמה לא תחמול על נפשך ועל נועם תבנית צלם גופך למוסרו בידן ולהשליכו בתוך גחלי רתמים בטיט היון של גיהנם, להשחירו ולהתיכו כאשר ניתך הזפת בפני האש, אשר על כן תן עצה בנפשך **לברור בדרך החיים בעסק התורה והמצות**, וגם להצטער עצמך זמן קצוב הם חיי עולם הזה, כדי שתתענג זמן רב בלתי סוף ותכלית, ואל יעלה על דעתך כאשר עלה בדעת הרבה שנאבדו בידם באומרם כיון שמכיר אני בעצמי שאין בדעתי להבין ולהשכיל, איני עוסק בתורה, טועה הוא בדבר, שהרי הוא מחוייב לעשות מה שנצטוה לעשות, ואם יבין יבין, **שהרי והגית בו יומם ולילה כתיב** ולא כתיב ותבין בו, וכן תמצא בדברי התנא אם למדת תורה הרבה נותנין לך שכר הרבה, ואינו אומר אם הבנת הרבה, אלא למדת אמרו, ותשתדל להבין ואם תבין תבין, ואם לא שכר לימודך בידך, וכמאמר התנא לפום צערא אגרא, ומה גם שאמרו האדם איני לומד מפני שאיני מבין, **הוא פיתוי היצר**, יתמיד בלימודו וסוף הבינה לבא, שבראות קדוש ברוך הוא **חשקו בתורתו ודבקותו בה, פותח לו מעייני החכמה**, דכתיב - כי הוי"ה יתן חכמה מפיו דעת ותבונה. והנני מוסר לך דבר אשר תרדוף אחריה, ויהיה חיים לנפשך וענקים לגרגרותיך, **לעולם יהיה עיקר לימודך בדבר של תורה שליבך חפץ יותר**, אם בגמרא גמרא, ואם בדרוש דרוש, ואם ברמז רמז, **ואם בקבלה קבלה**, ורמז לדבר כי אם בתורת הוי"ה חפצו, כלומר תורת הוי"ה תלויה בדבר שלבו חפץ לעסוק, וכמו שמבאר האר"י זלה"ה בספר דרושי הנשמות והגלגולים פרק שלישי, וז"ל - יש בני אדם שכל חפצם ועסקם בפשטי התורה, ויש שעסקם בדרוש, ויש ברמז, ויש גם כן בגימטריות, **ויש בדרך האמת**, הכל כפי מה שעליו נתגלגל בפעם ההוא, כיון שהשלים פעם אחרת בשאר העניינים, אין צורך לו שבכל גלגול יעסוק בכולם, עד כאן לשונו. **ואל תביט ותשגיח לדברי המתנגדים על מה שחשקת לעסוק בתורה** בגמרא או בפשט או בדרוש וכו', באומרם לך למה אתה מוציא כל ימיך בפרט זה של תורה ולא בפרט זה, משום שעל מה שחשקת ללמוד, על דבר זה באת לעולם, ואם תשים דעתך לדבריהם, יכריחוך להתגלגל בזה העולם פעם אחרת ולעבור נפשך בחרב חדה של מלאך המות ולטעום טעם מיתה, ולכן לא תשמע לדברי המשחית נפשך, **כי דע שהשטן מתלבש באלו האנשים לדאוג ולהצטער ולהכאיב נפש הלומד ועוסק בתורה**, בחלק שֶׁאָנְתָּה נפשו לעסוק, כדי להבדילו משם שלא ישלים נפשו, על מה שבא להשלימה, ולהכריחו גלגולים אחרים, וכשם שבדבר שחושק יותר האדם ללמוד, משם יבין שעל דבר זה נתגלגל להשלים, כך צריך האדם שידע שורש נשמתו ומהיכן נמשך ועל מה בא לתקן ולהשלים, כמו שאמר בזוהר שיר השירים על הגידה לי את שאהבה נפשי וכו'. **וכדי שיבין יראה באיזה מצוה תקיף יצרו יותר לבטלה יתחזק בה לקיימה, כי בוודאי על מצוה זו נתגלגל**, וכדי שלא ישלים חוקו מנגדו יצרו לבטלה להוציאו מן העולם בידיים ריקניות... ולכן לא תשמע לדברי רשעים אלו, אלא תשמע לדברי חיים.

חבר אני לכל אשר יראוך ולשמרי פקודיך. בסוף[11] עץ חיים מובא מספר כללים למהרח"ו, וז"ל - להאר"י זלה"ה. הרמב"ן וחבריו ודברי ראשונים כמו רבי נחוניא בן הקנה לא הזכירו רק עשר ספירות, ולא גילו ענייני פרצוף כלל. **ודע שהרמב"ן והראשונים היו יודעים בפרצוף**, אלא שדברו בהעלם גדול, לרוב הגלות שלא ניתן רשות לגלות, ולהתפשט האורות הגדולים, מאחר שגברו הקליפות, וכל זר לא יאכל קדש. **אמנם בעקבות משיחא כמו בדורינו זה התחילו האורות להתפשט להיות כבראשונה**, כמו שהיה בזמן העולם מתוקן ולהתתקן מעט. ומתחלה היו האורות סתומים, היה העולם מקולקל, וכל מה שנתקלקל נסתם בגלות, ולא היו משיגין אלא עשר ספירות בסתום, בסוד הנקודות, כל אחד כלול מעשר, ובענין הפרצופים לא נתגלה להם כלל, לפי שמצאו בדברי הראשונים סתומים, ולא ידעו עומק הדברים, וחשבו שכך הוא ודברו בעשר ספירות כל אחד כלול מעשר ובחינות הרבה, ולפי שראיתי מי שחולק על דברים אלו לאמור שלא מצינו אלא עשר ספירות, ומהיכן יש לשלוט כח לאמור כמה פרצופים שנמצא יותר מעשר ספירות, ומספר רב והלא הראשונים כתבו בספר יצירה - עשר ולא תשע, עשר ולא י"א, לזה באתי לפתוח לך כחודא דמחטא, אולי תזכה להבין מקצת, וכולו לא תשורנו עין, וזהו. ובהקדמתו[12] הקדושה כותב הרב ז"ל - והנה אין בכל דור ודור שלא נמצאו בו אנשים יחידי סגולה ששרתה עליהם רוח הקודש, והיה אליהו הנביא ז"ל נגלה עליהם, **ומלמד אותם סתרי החכמה הזאת**, וכמו שנמצא כתוב בספרי המקובלים, גם בעל ספר הרקנטי כתב בפרשת נשא בפרשת ברכת כהנים..... ואנשי לבב שמעו לי, אל יהרסו אל הוי"ה, **לראות בספרי האחרונים הבנויים על פי השכל האנושי**, ושומע לי ישכון בטח ושאנן מפחד רעה. ולכן אני הכותב הצעיר חיים וויטאל, רציתי לזכות את הרבים **בהעלם נמרץ והמשכילים יבינו**, וקראתי שם החבור הזה על שמי **ספר עץ חיים**, וגם על שם החכמה הזאת העצומה, חכמת הזוהר, הנקרא עץ חיים, ולא עץ הדעת כנזכר לעיל, בעבור כי בחכמה הזאת טועמיה חיים זכו, ויזכו לארצות החיים הנצחיים, **ומעץ החיים הזה ממנו תאכל, ואכל וחי לעולם**. ואשכילך ואורך דרך זו תלך דע מן היום אשר מורי זלה"ה החל לגלות זאת החכמה, **לא זזה ידי מתוך ידו אפילו רגע אחד**, וכל אשר תמצא כתוב באיזה קונטריסים על שמו ז"ל, ויהיה מנגד מה שכתבתי בספר הזה, **טעות גמור הוא, כי לא הבינו דבריו, ואם יש בהם איזה תוספות שאינו חולק עם ספרינו זה, אל תשית לבך בקבע אליו, כי שום אחד מהשומעים את דברי קדשו, לא ירדו לעומק דבריו וכוונתו, ולא הבינום**, בלי שום ספק. ואם יעלה בדעתך לחשוב שתוכל לברור הטוב ולהניח הרע, אל בינתך אל תשען, כי אין הדברים האלו מסורים אל לב האדם כפי שכל אנושי, והסברא בהם סכנה עצומה, ויחשב בכלל קוצץ בנטיעות חס ושלום, לכן הזהרתיך ואל תסתכל בשום קונטרסים הנכתבים בשם מורי זלה"ה, זולתי במה שכתבנו לך בספר הזה, **ודי לך בהתראה זאת**, אלו הם דברי קודשו. ועלינו ללמוד אך ורק בתורת מורינו חיים.

אני קראתיך כי תעני אל הט אזנך לי שמע אמרתי. עוד כתב הרב ז"ל בהקדמתו תנאים כדי לזכות לחכמה הקדושה הזאת, וז"ל - אני הכותב משביע בשמו הגדול יתברך, לכל מי שיפלו

ע"ח ח"ב דקי"ט ע"א.

ע"ח ד"ד ע"ב.

הקונרטסים אלו לידו, שיקרא הקדמה זאת, ואם אותה נפשו לבוא בחדרת החכמה זאת, יקבל עליו לגמור ולקיים כל מה שאכתוב וייעד עליו יוצר בראשית, שלא יבוא אליו היזק בגופו ונפשו, ובכל אשר לו, ולא לאחרים. תחת רודפו טוב והבא לטהר ולקרב. **ראשית הכל יראת הוי"ה, להשיג יראת העונש, כי יראת הרוממות, שהוא יראה הפנימית, לא ישיגוהו רק מתוך גדלות החכמה**, ועיקר מגמתו בידיעה הזה יהיה לבער קוצים מן הכרם, כי לכן נקראים העוסקים בחכמה הזאת מחצדי חקלא. **ובודאי שיתעוררו הקליפות נגדו לפתותו ולהחטיאו, לכן יזהר שלא לבוא לידי חטא אפילו שוגג**, שלא יהיה להם שייכות בו, לכן צריך ליזהר מהקלות, כי הקדוש ברוך הוא מדרדק עם הצדיקים כחוט השערה, לכן צריך לפרוש עצמו מבשר וייין כל ימות השבוע, **וצריך הזהרת סור מרע ועשה טוב**, ובקש שלום. בקש שלום צריך להיות רודף שלום, ולא להקפיד בביתו על דבר קטן וגדול, וכל שכן שלא יכעוס ח"ו.

וצריך להתרחק בתכלית הריחוק סור מרע.

א. ליזהר בכל דקדוקי מצות, ואפילו בדברי חכמים, שהם בכלל לא תסור.

ב. לתקן המעוות קודם שיבא לעולם הבא.

ג. יזהר מהכעס, אפילו בשעה שמוכיח את בניו, לא יכעוס כלל ועיקר.

ד. גם צריך ליזהר מהגאוה, ובפרט בענין הלכה, כי גדול כחה והגאוה, בזה עון פלילי.

ה. בכל צער שיבא לו, יפשפש במעשיו וישוב אל הוי"ה.

ו. גם יטבול בעת הצורך לו.

ז. גם יקדש את עצמו בתשמיש המטה שלא יהנה.

ח. שלא יעבור כל לילה ויחשוב בכל לילה מה שעשה ביום, ויתודה.

ט. גם ימעט בעסקיו ואם אין לו פרנסה כי אם על ידי משא ומתן, יכין יום שלישי ויום רביעי, מחצי היום ואילך, ובכוונה שהוא לעבודת קונו.

י. כל דבור שאינו של מצוה והכרחי, יהיה זהיר ממנו, ואפילו דבר מצוה ימנע בשעת התפלה.

ועשה טוב

א. לקום בחצי הלילה, ולעשות הסדר בשק ואפר ובכי גדול, ובכוונה כל אשר יוציא בשפתיו. ואחר כך יעסוק בתורה כל זמן שיוכל להיות בלי שינה, ובלבד שחצי שעה קודם עלות השחר יתעורר לעסוק בתורה.

ב. ילך לבית הכנסת קודם עלות השחר, קודם חיוב טלית ותפילין, להיזהר שיהיה מעשרה ראשונים.

ג. קודם שיכנס, ישים אל לבו מצות עשה ואהבת לרעך כמוך, ואחר כך יכנס.

ד. להשלים רמז צדיק בכל יום. שהוא צ' אמנים, ד' קדושות, י' קדישים, ק' ברכות.

ה. שלא להסיח דעתו מהתפילין בעת התפילה, זולת בעת העמידה ועסק התורה.

ו. צריך שיהיה עוסק בתורה, מעוטף בטלית ותפילין.

ז. לכוין בתפלה הכוונות, כמו שנבאר בע"ה.

ח. שישים תמיד נגד עיניו שם בן ארבעה אותיות הוי"ה, ויזדעזע ממנו, כמו שכתוב - שויתי הוי"ה לנגדי תמיד.

ט. שיכוין בכל הברכות, בפרט בברכת הנהנין.

י. צריך שיהיה עמל בתורה פרד"ס, שנאמר או יחזיק במעוזי, ואל יחשוב שיגלו לו רזי התורה בהיותו ריק, כדכתיב - יהב חכמתא לחכימין, וצריך ליזהר שלא יוציא בשפתיו בחכמה זו, מה שלא שמע מאדם שראוי לסמוך עליו, וכאזהרת רשב"י וחבריו. השגת החכמה תנאי הראשון, צריך למעט דבורו, ולשתוק, כל מה שיוכל כדי שלא להוציא שיחה בטילה, כמאמר רז"ל - סייג לחכמה שתיקה. גם תנאי אחר, על כל דבר תורה שלא תבינהו, תבכה עליו כל מה שתוכל. גם עלית הנשמה בלילה לעולם העליון, שלא תשוט בהבלי העולם, תלוי שתישן בבכיה. ומרת עצבות מגונה עד מאוד, ובפרט להשיג חכמה, והשגה אין לך דבר מונע השגה יותר מזה. גם בענין השגת האדם, אין לך דבר שמועיל כמו הטהרה והטבילה, שיהיה האדם טהור, בכל עת ומורי זלה"ה עם היות שהיה לו חולי השבר שהקור מזיק לו, עם כל זה לא היה מונע מלטבול בכל עת, עד כאן דברי קודשו. ועלינו לקיים את בקשת הרב ז"ל את הבחינות של[13] סור מרע ועשה טוב, כדי לטפס בעץ החיים.

מרן הרש"ש[14] מעיד על עצמו, וז"ל - וראיתי מה שכתבו מעלת כבוד תורתם, על ענין עבודת הוי"ה שקצרתי במקום שהיה ראוי להרחיב מעט הדיבור, אמת הוא כי לכתחילה קצרתי בו, **יען ראיתי כמה מהנזק יצא ממה שכתבו בזה המקובלים שקדמו, כי רבים חללים הפילו, וחלול כבוד הוי"ה, וכבוד התורה. הוי"ה יכפר בעדם, כי כל דבריהם לא על פי התורה הם, ואינם מיוסדים על האמת, ומהם יצאו אבות, ומאבות תולדות הריסת יסודי התורה ח"ו,** הוי"ה יכפר. **וכל זה לא שלמדתי בדבריהם ח"ו,** אלא שפעם אחת הוכרחתי בעל כרחי לעיין בדף אחד שכתוב בו קצור מה שכתבו בענין זה, **וכמעט שקרעתי בגדי לראות דברים אשר לא כן על הוי"ה.** הוי"ה יכפר, וכבר מילתי אמורה להם, **כי עידי בשמים כי כל עסקי ולמודי, אינו רק בדברי האר"י זלה"ה, ותלמידו מהרח"ו ז"ל לבדם, ובלעדם אין לי עסק בשום ספר מספרי המקובלים ראשונים ואחרונים, ואפילו בדברי שאר תלמידי האר"י ז"ל לא למדתי, וכשיזדמן לפני דבר מדבריהם, אני מדלגו.** כי על כן איני כמזהיר, אלא כמזכיר, למען הוי"ה אל יהי לכם מגע יד בדבריהם, ובפרט בענין זה, השמרו לכם פן יפתה לבבכם, **אלא כל לימודם לא יהיה אלא בעץ חיים ובספר מבוא שערים ובשמונה שערים המפורסמים,** שכולם דברי אלהי"ם חיים. ואני קצרתי בענין זה כל מה שאפשר, כי יראתי פן יפלו אלו דפים אלו ביד מי שעדיין לא למד דברי האר"י ז"ל כראוי, **ויחשידני שלמדתי בספרים אחרים, ולא כן הוא כאמור,** ולכן קצרתי בו, ופיזרתי בהקדמה, עד כאן דברי קודשו של מרן הרש"ש. ואנחנו תפילה שיתגלה משיח צדיקנו במהרה בימינו, ומלאה[15] הארץ דעה את הוי"ה כמים לים מכסים, דעת תורת החיים.

13

תהלים ל"ד ט"ו – סור מרע ועשה טוב בקש שלום ורדפהו.

14

נהר שלום דף ל"ד ע"א.

15

ישעיהו י"א ט' – לא ירעו ולא ישחיתו בכל הר קדשי כי מלאה הארץ דעה את הוי"ה כמים לים מכסים.

כתב רבינו גאון הקבלה רבי אליהו מני, רבו של הרי"ח הטוב, רבי יוסף חיים בעל הספר "בן איש חי", בספרו הקדוש **כסא אליהו** כי על הלומד ללמוד כל מאמר ומאמר ארבעה חמשה פעמים בלי המפרשים, וינסה להבין את המאמר בעצמו. ואחר כך ילך לראות אם כיוון לדעת המפרשים.

וכן אני הקטן מבקש בכל לשון של בקשה, ללמוד את הדרוש כמו שהוא מובא בספר עץ חיים, ארבעה חמישה פעמים, כדי לנסות להבין את הדרוש. וכל דרוש מובא בתחילת הספר במלואו.

אחר כך יכנס ללמוד את הדרוש עם ביאור הדברים, עוד ארבעה חמישה פעמים, ואחר כך יראה את המקורות להגהות, ודברי רבותינו הקדושים, עם התרשימים וטבלאות.

ואז יעלה ויצליח בלימוד תורת האר"י החי".

כתב רבינו **השד"ה** רבי שאול דוויק הכהן, בהקדמת ספרו איפה שלימה, על אוצרות חיים וז"ל - וכדי שיוכל לעלות לימודו למעלה, ריח ניחוח לה'. קודם כל לימוד ימסור עצמו על קדושת ה', כי זה מועיל מאוד, כמו שכתוב בשער הכוונות דף כ"ד ע"ב, כי עתה בזמנינו בעונותינו הרבים אין יכולת לעשות זווג כתיקונו למעלה, ולסיבה זו הקץ מתארך וכו'. אמנם עם כל זה יש קצת תיקון במה שנמסור נפשינו על קידוש ה' בכל הלב, כי על ידי כן אפילו אין בנו שום מעשים טובים, והרשענו עד להפליא. הנה על ידי מסירת נפשינו להריגה, מתכפרים עונותינו כולם, ויש בנו יכולת לעלות עד אימא עילאה, כמו שאמרו חז"ל - גדולה תשובה שמגעת עד כסא הכבוד, שנאמר - שובה ישראל עד ה' וכו', עד כאן דבריו.

וזה הסדר

יקבל עליו ארבע מיתות בית דין, מארבעה אותיות הוי"ה וארבעה אותיות אדנ"י, וליחדם על ידי ארבעה אותיות אהי"ה ועל ידי עסמ"ב

סקילה י **א** וליחדם על ידי **א**		יוד הי ויו הי	
שרפה ה **ד** וליחדם על ידי ה		יוד הי ואו הי	
הרג ו **ג** וליחדם על ידי י		יוד הא ואו הא	
וחנק ה **י** וליחדם על ידי ה		יוד הה וו הה	

לְשֵׁם יִחוּד

קֻדְשָׁא בְּרִיךְ הוּא וּשְׁכִינְתֵּהּ

יאהדונהי

בִּדְחִילוּ וּרְחִימוּ   וּרְחִימוּ וּדְחִילוּ

יאההויהה   איההיוהה

לְיַחֲדָא אוֹתִיוֹת י"ה בְּו"ה, בְּיִחוּדָא שְׁלִים

יהו"ה

בְּשֵׁם כָּל יִשְׂרָאֵל, לְאַקְמָא שְׁכִינְתָּא מֵעַפְרָא, הָרֵינִי לוֹמֵד בַּסֵּפֶר קַבָּלָה פְּלוֹנִי שֶׁהוּא כְּנֶגֶד תִּפְאֶרֶת דז"א בְּעוֹלָם הָאֲצִילוּת שֶׁבּוֹ שֵׁם מ"ה כָּזֶה יוֹ"ד הֵ"א וָא"ו הֵ"א לַעֲשׂוֹת מֶרְכָּבָה. וִיהִי רָצוֹן מִלְּפָנֶיךָ ה' אֱלֹהֵינוּ וֵאלֹהֵי אֲבוֹתֵינוּ שֶׁתְּזַכֵּךְ רוּחֵנוּ וּנְפָשֵׁינוּ שֶׁיִּהְיוּ רְאוּיִים לְעוֹרֵר מַיִן תַּתָּאִין עַל יְדֵי קְרִיאַת סֵפֶר הַקַּבָּלָה הַזֹּאת. וִיהִי נֹעַם יְהוָֹה אֱלֹהֵינוּ עָלֵינוּ וּמַעֲשֵׂה יָדֵינוּ כּוֹנְנָה עָלֵינוּ וּמַעֲשֵׂה יָדֵינוּ כּוֹנְנֵהוּ.

בָּרוּךְ ה' לְעוֹלָם אָמֵן וְאָמֵן, נֵצַח, סֶלָה, וָעֶד.

שער ז' פרק ב'

אמנם מציאות מטי ולא מטי צריך לבאר היטב מה ענינו ונאמר כי תחלה מתחיל האור לבא בכתר וכל הט' אורות כלולים בו ואח"כ חזר להיות בחי' לא מטי)ב"א בחי' מול"מ(שחזר ויצא משם אור המגיע אל הכתר אך הט' אורות אחרים היו נשארים בכתר כי יש כח בכתר לסובלם ואז בעת אשר לא מטי בכתר האור אליו אז ממשיך כתר אל החכמה פב"פ כנ"ל את הט' אורות ונתנם בחכמה ואז החכמה הפכה פניה אחר שקבלה הט' אורות ומאירה לבינה פב"פ הארה לבדה אבל אינה נותנת לה עדיין את הח')ב"א את הז'(אורות. אח"כ חזר אור הכתר להיות מטי בכתר ואז אור החכמה חזר להתעלם בכתר מחמת החשק שיש לה להתחבר עם הכתר ואז כלי חכמה הפך פניו אל הכתר ונתן לו את האור שלו אך אור הבינה שהוא]שהיה[בחכמה אינה עולה עמו בכתר מחמת חשק הבנים שהיא אמם. וכבר ביארנו כי אין מציאות חזרת פנים ואחור רק בבחי' כלים אבל באורות עצמן לא יצדק בהם פנים ואחור רק התפשטות והסתלקות. ואמנם אחרי הפכו כלי של חכמה פניו נגד הכתר ועלה שם האור שלו הנה אח"כ חזר והפך פניו למטה נגד הבינה ונתן לה את הח')ב"א הז'(אורות. ודע כי כל נתינת אורות הוא לעולם בבחי' פב"פ. ואמנם הבינה לא הפכה פניה להאיר למטה בחסד כי לא היה כח בחסד ובו"ק לקבל אור גדול כזה פב"פ רק אבא כי הלא יש כאן אור של הו"ק ועוד אור הבינה שהיא יותר גדולה מכולם יחד. אך תחלה כאשר לא היו עדיין אורות בבינה רק שנתנה לחכמה אז הפכה חכמה פניה והאירה אל הבינה הארה לבד)ב"א יחד וזהו(פב"פ משא"כ בחסד לפי שיש בבינה כח לקבל האורות ההם לפי שז' אורות תחתונים היו בטלים לגבי האור שלה וגם האור שלה ודאי שתוכל לקבל והאור של החכמה אף על פי שאור שלו גדול מהאור שלה עכ"ז כבר ידעת כי אבא ואמא כחדא שריין וכחדא נפקין ויכולה היא לקבל אור החכמה מה שאין כן בחסד כי יש הפרש גדול בינו לאור בינה ואינו יכול לקבלו פב"פ.

ונחזור אל הענין כי כאשר חזר להיות לא מטי בכתר הנה אז הוא מטי בחכמה ויורד אור של חכמה בה ואז כבר הז' בנים שיש בבינה הם גדולים ואינם צריכין לאמם ואז בינה עולה לחכמה מחמת חשק שיש לה להדבק עמה וזה נקרא לא מטי באור הבינה ואז כלי הבינה הפכה פניה למטה ויורדין הז' אורות שבה וניתנין כולם אל חסד פב"פ. ואח"כ חוזר להיות מטי האור בכתר ואז אור חו"ב שניהם עולין שם מחמת חשק שיש להם ואז נמצא שיש הרחק גדול בין הבנים לבין אור הג"ר כי יש ביניהם ב' מרחקים בינה וחכמה שאין בהם)ב"א ביניהם(אור לכן אור החסד עולה אז לבינה ונקרא לא מטי בחסד ואז הופך כלי החסד את פניו ונותן הו' אורות למטה בגבורה. אח"כ חזר להיות לא מטי בכתר ואז הוא מטי בחכמה אז הבינה היה ראוי להיות נשארת שם בחכמה כבתחלה אך מחמת אור החסד אשר במקומה לכן יורדת להיות שם עמו וזהו כי חפץ חסד הוא וכבר ידעת כי בינה נקרא הו"א וכאשר ירדה הבינה במקומה אז החסד א"צ אליה ויורד למקומה ונקרא מטי בחסד ואז עולה אור הגבורה בחסד וזה נקרא לא מטי

בגבורה ואז הופכת כלי הגבורה פניה למטה ונותנת הה' אורות למטה בת"ת וזה נקרא מטי
בת"ת. אח"כ חזר להיות מטי בכתר ואז לא הוי מטי בחו"ב כי ב' עולין שם ביחד לכתר ואז הוי
לא מטי בחסד כי הוא עולה למקום הבינה כאשר בתחלה מפני ב' מרחקים שביניהם כנ"ל ואז
הוי מטי בגבורה ואז לא הוי מטי בת"ת כי כי אור הת"ת עולה בגבורה מחמת החשק ואז כלי
הת"ת הופך פניו ונותן הד' אורות בנצח וזה נקרא מטי בנצח. אח"כ חוזר להיות לא מטי בכתר
ואז הוי מטי בחכמה גם בבינה הוי מטי מחמת חסד אשר שם כנ"ל כי חפץ חסד הוא ואז הוי
ג"כ מטי בחסד כי אז החסד יורד למקומו ואז הוי לא מטי בגבורה כי הגבורה עלה עם החסד
ואז הוי מטי בת"ת ויורד אור בת"ת ואז הוי לא מטי בנצח כי אור הנצח עולה עם הת"ת ואז הוי
מטי בהוד כי אז הופך כלי הנצח פניו ונותן הג' אורות להוד ואז ההוד הופך פניו אל היסוד
ומאיר בו [נ"א בחכמה]. וכן הענין בכל הו"ק כי כאשר האורות נתנין בהם הם הופכים פניהם
ומאירים למטה כי דוקא הבינה היא שלא הפכה פניה לחסד פניה לחסד כי אין כח בחסד לקבל אור הבינה
אך הו"ק הם בעצמם יש להם יכולת לקבל אחד את האור חבירו זה מזה כי כל הו"ק הם שוין.
אח"כ חזר להיות מטי בכתר ואז לא מטי בחו"ב כי שניהן עולין שם גם בחסד לא מטי כי עלה
לבינה והוי מטי בגבורה ואז הוי לא מטי בת"ת ואז הוי מטי בנצח ולא מטי בהוד ואז הפך ההוד
פניו ונותן הב' אורות ליסוד ואז הוי מטי ביסוד ואז היסוד הפך פניו ומאיר למלכות כנ"ל בכל
הו"ק. אח"כ חזר להיות לא מטי בכתר ואז הוי מטי בחו"ב וחסד ואז הוי לא מטי בגבורה ומטי
בת"ת ולא מטי בנצח ומטי בהוד ולא מטי ביסוד כי עלה בהוד ואז הופך פניו ונותן אור למלכות
למטה במקומה ואז הוי מטי במלכות.

והרי עתה נשלם בחי' הראשונות שהיא מציאות התפשטות והנה הגיעו כל י' אורות עד המלכות
ועתה הבחי' הב' היא פשוטה כי עתה חזר להיות מטי בכתר ואז לא מטי בחו"ב ובחסד ומטי
בגבורה ולא מטי בת"ת ומטי בנצח ולא מטי בהוד ומטי ביסוד ולא מטי במלכות ואח"כ חוזר
כמתחילה והרי עתה כמה בחי' הא' כי לעולם חשק אור התחתון להדבק בעליון וכאשר הוי מטי
ביסוד הוי לא מטי במלכות כי אז אור המלכות עולה שם ביסוד מחמת החשק וכן בכל שאר
הספי' חוץ מן החסד עם הבינה כי כאשר הוי לא מטי בבינה אז הוי לא מטי בחסד מפני ב'
מרחקים וכשהוא מטי בבינה אז הוי ג"כ מטי בחסד כי אין שוה אור חסד לכל אור בינה אמנם
אותו רגע לבד שיורד בינה במקומה אז מוצאת החסד במקומה וברגע יורד החסד למקומו וזה
ענין שהו"ק הם בפ"ע מדריגה א' ואינם יכולים להדבק בבינה שהיא מג"ר. גם ענין מטי ולא
מטי בג"ר הוא בענין אחר כי כאשר הוא מטי בכתר אז עולין שניהן חו"ב למעלה בכתר.
ולטעם זה נקרא ג"ר חשובים כאחד וכשלא מטי בכתר אז הוי מטי בחכמה ומהראוי שתשאר
שם הבינה ותהיה לא מטי בבינה רק משום כי חפץ חסד הוא כנ"ל הוי מטי גם כן בבינה. גם דע
כי שיעור הזמן אשר לא מטי האור בספי' הוא רגע אחד לבד וז"ס כי רגע באפו כי הסתלקות
האור שהוא לא מטי היה מחמת זעם ואף מחמת התחתונים שאין בהם כח אך המשך בחינת מטי
שהוא חזרת האור למטה להחיות העולמות אין בהם שיעור כי כפי מעשה תחתונים כך יהיה
וזהו חיים ברצונו כפי הרצון שיהיה אז ר"ל כפי מעשה בני אדם כך ימשך זמן החיים ההם.

ואמנם לעיל ביארנו כי הסתלקות הא' של האורות היה כדי לעשות כלי והנה כאשר חזרו האורות לבא פ"ב בהתפשטות ב' הנה היו חוזרים הכלים להתבטל כעת הראשון לכן הוצרך שישאר אור הראשון שבכולם שהוא אור הכתר למעלה ולא יכנוס בכלים אלו ולא באו רק ט' אורות לבדם על הסדר זה אור החכמה בכלי של הכתר ואור בינה בכלי של חכמה וכן עד"ז שנמצא שאור מלכות נכנס בכלי יסוד ועתה אחר שלא חזר בכלי אותו אור הראשון הנוגע אליו אשר תחלה נסתלק ממנו אלא הגיע לו אור אחר זולתו קטן ממנו ע"כ נשארו הכלים בבחי' כלים ולא חזרו להיות אורות כבראשונה. והנה כאשר התחילו האורות לכנוס בכלים אז נכנסו הט' אורות בכתר וזה נקרא מטי בכתר כנ"ל ואחר כך נסתלק אור המגיע לכתר שהוא אור החכמה וזה נקרא לא מטי כנ"ל ואין להאריך בזה כי כבר הארכנו לעיל בבחי' מטי ולא מטי די ספוקו. ואמנם טעם למה עתה נכנסו כל הט' אורות יחד בכלי הכתר משא"כ בהתפשטות א' כי נכנסו א' לא' כנ"ל שנכנס אור המלכות בכלי של כתר ואח"כ נדחה אור הזה למטה במקום החכמה ואח"כ נכנס אור היסוד בכתר ועד"ז עד שנכנסו כל י' אורות כשיעור הי' כלים הטעם הוא מובן עם הנ"ל כי מתחלה שהיה אור הכתר עמהם וגם כולם היו מאירים מצדו לכן לא היה כח בשום כלי מהם לקבל בתוכו רק אור א' א' לבד אבל עתה שאור הכתר אינו נכנס עתה תוך הכלי והוא נשאר למעלה והופך אחוריו למטה כמ"ש בע"ה לכן עתה יש כח ליכנס כל האורות ביחד תוך כלי א' כי כל הט' אורות הנכנסים עתה בכתר הם קטנים מן אור הכתר הראשון ויש כח לקבלם וכן כשנכנסו כל הח' אורות בתוך כלי של חכמה יש בה כח לקבלם כי כולם קטנים מאור החכמה)ב"א הראשונה(ועד"ז בכולם.

[דל"א ע"א 61]

פרק ב'

דרוש זה מקורו מספר הדרושים וצריך לכתוב מ"ק בראש הדרוש.

דרוש זה הוא דרוש נפלא, ועמוק[16] עמוק מי ימצאנו. **צריך לדעת** כי דרוש זה הוא נכתב **בהעלם גדול**, וחסרים בו פרטים רבים אשר בע"ה נשלים אותם מדרושים אחרים לרב ז"ל, ומגדולי רבותינו המפרשים. **זאת ועוד**, גם בדרוש זה הרב ז"ל מבאר לכאורה כי גם אור הכתר התפשט מפה דא"ק בהתפשטות השניה, וזה הפך דברי קודשו בשער[17] העקודים, וקל למבין כי כבר[18] כתב הרב ז"ל כי אור הכתר נשאר במקורו, ורק התשע האורות התחתונים יוצאים בהתפשטות השניה מפה דא"ק, ומתפשטים הכלים דעקודים. וכאן בפרקין כאשר הרב ז"ל מדבר על אור הכתר,

____

16

קהלת ז' כ"ד — רחוק מה שהיה ועמק עמק מי ימצאנו.

17

ע"ח ש"ו פ"ג מ"ת דכ"ה ע"ד — ואם תאמר כאשר יחזור האור הזך לירד ולהתפשט בכלי, יחזור ויזדכך הכלי כבראשונה, ויתבטל מלהיות בחינת כלי)נ"א ויתבטלו מלהיות בחינת כלים(, התשובה בזה הוא כמו שכתוב במקום אחר כי לא חזרו כל העשר ספירות שנתעלו למקורם לחזור ולירד כולם. אמנם התשעה תחתונים לבדם ירדו, **והעליונה שהוא הכתר נשארה תמיד עם המאציל**, ובזה נמצא שאור החכמה הוא שחזר להתלבש בכלי הכתר, וכן כל שאר הספירות ויכולין הכלים לקבל האור הממועט ממנו עתה, ממה שהיה להם בתחלה.

18

ע"ח ש"ז פ"ה מ"ק דל"ק ע"ג — והנה אחר שקבלו זו"ן מן השורש החכמה גם כן, אז אינן צריכין לינק עוד, ואז יורדין זו"ן בכלי שלהם, ואז שורש החכמה נתעלה)נ"א נתגלה(במקומה, וגם שורש הכתר אוסף חלק אור אליו, **ואותו הכתר שבסוף השרשים** אינו מקבל רק חיות הצריך לו לבד, ועתה נקרא בחינת מטי בכתר אל הכלי, כי חזר האור האמת בכלי שלו, אמנם שורש כתר עליון נקרא לא מטי למטה בעקודים. **הרי העולינו מכל זה שהאור שבכלי ראשון נקרא כתר, ואין בו רק אור החכמה, כי אור הכתר נשאר למעלה בסוף השרשים**, וזה סוד כולם בחכמה כו'.

שער ההקדמות, דרוש ב' בענין מטי ולא מטי — ונבאר עתה ענין מטי ולא מטי הנזכר לעיל, שאירע בחזרת האורות פעם שניה דרך כללות, ואחר כך נחזור לבארו דרך פרטות. כבר נתבאר **כי אור הכתר נשאר במאציל, והתחיל לצאת אור החכמה**, ויצאו עמו כל שאר האורות אשר תחתיו כלולים בו, ונכנסו בכלי הכתר, וזה נקרא מטי בכתר.

מבוא שערים ד"ב ע"א — אך קשה, אם כן על מה זה נסתלק הא"ס לגמרי, וצימצם עצמו לעשות אותו המקום כולו פנוי לגמרי, בלתי קו כלל, והיה די שינוי אותו הבחינה של אותו הקו הפנימי העתידה לחזור ולהמשיך בתוכו ולא תסתלק משם, ומה שבין הב' האורות לבד שם היה לצמצם עצמו, להאציל שם העולמות, ולמה הוצרך הא"ס להסתלק לגמרי, ואחר כך לחזור ולהתלבש בפנים דרך הקו הנזכר. והתשובה בזה מבוארת כי הנה הטעם הצימצום היתה כדי להסתלק משם מן המקום ההוא אור הא"ס, **ועל ידי כך יוכלו הכלים של הא"ק להצטייר שם** כנ"ל פרק א', כי אם היות שאין בחינת הכלים נזכר עד אצילות וכו', עם כל זה שרשי הכלים ברשימו והעלם מתחילין מכאן, דאם לא כן במה יפרד א"ק מהא"ס הזה, ובהכרח שמא"ק ואילך התחילו העולמות להתברר, כי זה היה כוונת האצילות כנזכר, ולכן כיון שכוונת המאציל היה להתחיל מכאן תחלת הכלים בהעלם נמרץ, לכן סילק כל האור למעלה, כי הנה הסיבה שאין הדינים והכלים נגלים בא"ס, הטעם הוא כי רוב האור ההוא מבטל, ואם כן הא"ס היה נשאר שם בסוד אור פנימי, ואור מסבב, לא היו הכלים מתהווים בנתים, והיו מתבטלין מרוב הארה. **אמנם אחר כך שכבר נתהוו הכלים ונצטיירו, אז אף אם יחזור הא"ס דרך הקו ההוא, לא יתבטלו, כיון שכבר נתגשמו והקדישו, וגם כי לא היה חזור האור למקומו ממש כבתחלה**, אלא באמצע דרך הקו הנ"ל.

מדובר[19] על **האור המגיע לכלי הכתר** שהוא אור החכמה **והוא**[20] **בעצם ב' בחינות של זכר ונקבה**, הנעשים בהתפשטות השניה מהכאת אור הרשימו דכתר באור החכמה, והכאת אור החכמה באור הרשימו דכתר, כאן בפרקין נקרא לב' אורות אלו אור החכמה. וכן הרב ז"ל מבאר בסוף[21] דרוש זה כי כי אור הכתר נשאר במקורו, ורק האורות התחתונים יוצאים מפה דא"ק. עם כל זאת הקושיא[22] עוד עומדת על מקומה, מפני שבכל זאת הרב ז"ל מדבר על בחינת עשר אורות היוצאים מפה דא"ק, ואם אור הכתר נשאר במאציל, איך יש עשר אורות, והלא הם תשע. **צריך לדעת** כי יש עוד אור אחד **הנולד**[23] מזיווג זו"ן[24] דכלי הבינה דעקודים (לקמן בפרקים הבאים יתבאר איך נעשו זו"ן דבינה,

---

19

כרם שלמה ש"ז פ"א אות א' – וצריך שתדע, כי מה שכתב הרב ז"ל הכא כי תחלה התחיל האור לבוא בכלי הכתר, **אין זה האור של הכתר עצמו**, אלא אור החכמה שנכנס **בכלי הכתר**, ולזה כתב אחר כך בסמוך - ואחר כך חזר חזר להיות לא מטי, שחזר ויצא משם **אור המגיע אל הכתר**. ולא קרא אותו אור הכתר, אלא הוא אור החכמה המגיע אל כלי הכתר.

20

ע"ח ש"ו פ"ה מ"ה דכ"ז ע"ג – אמנם אחר קבלת אלו הספירות מן המאציל, חזרו למקומם חוץ מן הכתר כנ"ל, ואז הכלי של הכתר לא נעשה רק בחזרה כי כשחזרה חכמה ונכנסה בו, **אז הכה אור החכמה ברשימו שהניחה בו הכתר במקומו**, והיו אלו הכאות כפולות, שלפי שרשימו של כתר להיותו בחינה עליונה מן החכמה, לכן הוא מכה בחכמה ומוציא ניצוצין, וגם החכמה להיותו בא עתה מלמעלה, ונמצא עומדת על הרשימו, והוא גבוה ממנו, לכן הכה עתה ברשימו והוציא ניצוצין אחרים. לכן נעשה עתה ב' כלים, אחד לרשימו של הכתר, ואחד לחכמה שבא עתה. וכבר הארכנו בזה במקום אחר, איך יש בכתר **זכר ונוקבא**, והמה אלו שזכרנו פה, שהם **הרשימו והחכמה**, ועיין שם היטב.

ע"ח ש"ז פ"ג דל"ג ע"א – כלל הדברים, כי בכל עולם יש שם י"ה, שהוא זו"ן, כתר וחכמה. ובחכמה יש זו"ן, והוא שם י"ה אחר, והוא חו"ב. ובינה שם י"ה אחר, שהוא זו"ן, והוא החכמה (ב"א י' מן חכמה) המתחדשת מן הזווג העליון שבזו"ן שבחכמה י', ובינה היא נקבה אליו והיא אות ה', הרי שם י"ה גם כן בכאן. ועוד יש בה אור החסד שהוא בחינת בן גם כל אחד מאלו ג"ר, נקרא אות **יו"ד** במילוי **י"ו**, והכלי עצמו הוא **ד'** של היו"ד. גם חכמה יש בה **יו"ד**, שהוא **י"ו** זו"ן, וה**ד'** הוא הכלי. אך הבינה נקראת **יו"ד** בבחינת ג' אורות שבה, וסדרן **יד"ו** והם חכמה, בינה, חסד, אך הכלי אינו נזכר עתה, גם טעם אחר למה טפת י' מזיווג חכמה הוא בעלה של בינה הזו התחתונה, לפי שכשמזדווג זו"ן שבחכמה אינן מוציאין טפת ההיא מעצמותה, רק מלמעלה שהוא מן הכתר, לכן גדול כחו מאור בינה התחתונה.

21

ע"ח ש"ז פ"ב דל"א ע"ד – ואמנם לעיל ביארנו כי הסתלקות הראשון של האורות היה כדי לעשות כלי, והנה כאשר חזרו האורות לבוא פעם שניה בהתפשטות שניה, הנה היו חוזרים הכלים להתבטל כעת הראשון, לכן הוצרך **שישאר אור הראשון שבכולם שהוא אור הכתר למעלה**, ולא יכנוס בכלים אלו, ולא באו רק תשע אורות לבדם על הסדר הזה, **אור החכמה בכלי של הכתר**, ואור בינה בכלי של חכמה, וכן על דרך זה עד שנמצא שאור מלכות נכנס בכלי, יסוד ועתה אחר **שלא חזר אותו אור הראשון הנוגע אליו**, אשר תחלה נסתלק ממנו, **אלא הגיע לו אור אחר זולתו קטן ממנו**, על כן נשארו הכלים בבחינת כלים, ולא חזרו להיות אורות כבראשונה.

22

כרם שלמה ש"ז פ"ב אות א' – זאת הקושיא כבר הקשה אותה הרב ז"ל בשער ההקדמות, ותירץ אותה שם, וזה לשונה שם בדף ט"ו סוף ע"ב - כבר נתבאר כי אור הכתר נשאר במאציל, והתחיל לצאת אור החכמה, ויצאו עמו כל שאר האורות וכו', כלי הכתר ממשיך אל כלי החכמה פנים בפנים את התשע אורות וכו'. זה הלשון ז"ל שם מה שביארנו לעיל, וגם יבאר לקמן כי בעת חזרת האורות שנית, נכנסו תשע אורות בכלי החכמה, ואם הכתר נשאר במאציל, אינם רק שמונה אורות לבד בכלי החכמה, אבל זה יובן עם מה שביארנו, כי עם **אור זה החדש הנקרא ד'** שנכנס בכלי המלכות, בו נשלם מספר עשר ספירות דעקודים, עד כאן לשונו.

23

שער ההקדמות דט"ו ע"ד – והנה יש עתה דוחק אחר, והוא כי אור המלכות נקבה, ואיך יכנס בכלי היסוד שהוא זכר, ועוד כי הנה עתה בכלי המלכות נשאר ריקם בלי אור. לכן הוצרך שזו"ן דכלי הבינה יזדווגו גם הם, והולידו אור חדש, ונקרא אות **ה'**, דוגמת הבינה הנקראת ה' עילאה כנודע, וזו **ה'** נחלקה בציורה לשני

הנקרא אות **ה'** ואות ה' זאת מתחלקת לב' אותיות **ד"ו**, כאשר אות **ו'** מתלבשת בכלי היסוד, ונעשית בחינת הזכר דכלי היסוד, והאות **ד'** מתלבשת בכלי המלכות, בסוד[25] ודלת ראשך כארגמן, והאור החדש הזה הנקרא **ד'** משלים את האורות דעולם העקודים לעשר ספירות. כאשר[26] יצאו האורות בהתפשטות השניה. לפי זה יוצא כי אור הכתר לעולם נשאר דבוק במאציל, ויצא אור החכמה עם כל האורות התחתונים, והתלבש בכלי הכתר, אור הבינה בכלי החכמה, וכו' עד אור המלכות המתלבש בכלי היסוד, והאור החדש הנקרא אות **ד'** מתלבש בכלי המלכות. עם כל זאת בהמשך[27] הסוגיות דמטי ולא מטי הרב ז"ל חוזר וכותב כי רק תשע אורות התפשטו מפה דא"ק, ונכנסו בכלי דכתר, ולפעמים הרב ז"ל מבאר כמו בדרוש זה כי עשרה אורות מתפשטים מפה דא"ק לכלי הכתר דעקודים. לכן **צריך המעיין** להבדיל אם בסוגיה מחשיבים את האור החדש או לא.

אותיות **ד"ו** כנודע, ואות **ו'** ירד בכלי היסוד, ונעשה בחינת זכר אל אור המלכות הנכנס שם, שהיא נקבה. וזהו סוד מה שאמרו בספר הזהר על הפסוק — צדיק כתמר יפרח, מה תמר סליק דכר ונוקבא כחדא וכו', **והבן זה.** ואות **ד'** ירדה אל כלי המלכות, **והרי נשלמו כל העשר ספירות דעולם העקודים.** ובזה יובן מה שאמרו בספר הזהר והתיקונים בהרבה מקומות, כי המלכות נקראת אספקלריא דלא נהרא מגרמה כלום, והוא לב' סיבות, האחד הוא כי האור העקרי שבה נסתלק ממנה, ונשאר בכלי היסוד, ולה אמר דלית לה מגרמה כלום. ולא עוד, שאפילו בחינת אור הרשימו לא הניח בה כמו שהניחו שאר האורות בכלים שלהם בעת הסתלקותם כנזכל לעיל, ולא נשאר בה אור כלל מעצמה, **רק אור חדש שהוא בחינת אות ד' הנזכר,** הנמשך מזווג דכר ונוקבא שבבינה. **והבן היטב** טעם היות נקראת המלכות אות **ד'**, ונקראת דלה ועניה, ויובן עם הנזכר לעיל...... גם בזה תבין מה שביארנו לעיל, וגם יתבאר לקמן, כי בעת חזרת האורות פעם שניה, נכנסו תשע אורות בכלי החכמה, ואם הכתר נשאר עם המאציל, אינם רק שמונה אורות לבד בכלי החכמה. אבל בזה יובן עם מה שביארנו, כי עם **אור החדש הנקרא ד'** שנכנס בכלי המלכות, בו נשלם מספר עשר ספירות דעקודים.

ע"ח ש"ז פ"ד מ"ד דל"ג ע"א — אך דע שלכן הוצרכו זו"ן שבבינה להזדווג, להוציא **ה'** אחד דוגמתה, ונחלקה לב' שהם **ד"ו**, ואות **ו'** נכנסה בכלי יסוד, בסוד זכר של מלכות, אשר שם כי יותר גבוה כמה מדרגות, הוא אות **ו'** זו מן אור המלכות שביסוד, לכן הם זו"ן. ואחר כך אות **ד'** ירדה במלכות, והשלימה שם במקומה.

ע"ח ש"ח פ"ה מ"ת דט"ל ע"א — וטעם הדבר כמו שהודעתיך למעלה, כי העקודים כאשר חזרו האורות שנית להכנס בכלים שלהם, לא נכנסו ממש בכליהם, רק בכתר נכנס אור החכמה וכו', ובכלי היסוד נכנס אור המלכות, ונשאר כלי המלכות ריקם, אשר לסבה זאת נקרא המלכות אספקלריא דלא נהרא דלית לה מגרמה כלום, ונקרא עניה ודלה)וכל זה(, **כי האור שנכנס אחר כך בכלי של המלכות, אינה אור שלה, רק אור חדש מזווג או"א,** כמבואר אצלינו, וזה ענין מה שכתוב לעיל אספקלריא דלא נהרא דלית לה מגרמה כלום, **רק האור שלה הוא ממקום אחר, וזכור ענין זה.**

[24]

תרשים ב – א.

[25]

שיר השירים ז' ו' — ראשך עליך ככרמל ודלת ראשך כארגמן מלך אסור ברהטים.

[26]

שער ההקדמות דט"ו ע"ד — ונבאר עתה ענין מטי ולא מטי הנזכר לעיל, שאירע בחזרת האורות פעם שניה דרך כללות, ואחר כך נחזור לבארו דרך פרטות. כבר נתבאר כי **אור הכתר נשאר במאציל**, והתחיל לצאת אור החכמה, ויצאו עמו כל שאר האורות אשר תחתיו כלולים בו, ונכנסו בכלי הכתר, וזה נקרא מטי בכתר.

[27]

ע"ח ש"ז פ"ג מ"ק דל"ב ע"ב — ונחזור אל הענין, **כי הלא ביארנו לעיל כי כאשר האור מטי בכתר, אז ניתנין תשע אורות בכלי של כתר,** וכשיחזר להיות לא מטי, אז ניתנין ח' אורות אל החכמה, וגם החכמה הופכת פניה למטה לבינה ומאירה בה, אך אינה נותנם אל הבינה עד היות פעם שניה מטי בכתר. וצריך להבין אם כן מה ענין הפיכת פנים בפנים אלו להאיר אל הבינה, כיון שעדיין אינו נותן השבע אורות בה. והענין כי הלא צריך שתבין כי אחר שביארנו שבאים עתה האורות מחולפים, **נמצא כי אור החכמה ניתן בכתר, ואור הבינה ניתן בחכמה,** ואור החסד ניתן בבינה.

ועוד צריך לדעת כי אחד הסיבות שבהתפשטות השניה האורות[28] נכנסים ויוצאים מהכלים בסוד מטי ולא מטי, ר"ל האור נכנס ויוצא מתוך הכלים, ועל ידי זה הכלים מתחזקים, ויכולים בסופו של התהליך שהאור יישאר בכלי באופן קבוע. וזה הוא אחד מהשלבים דעשיית[29] הכלים דעקודים.

אמנם[30] **מצִיאות**[31] **מטי ולא מטי צריך לבאר היטב**[32] ובעומק **מה** אמיתות **ענינו,**

כי לפי **פשט הדברים נראה** כי גם בהתפשטות השניה, מתפשט האור של כל העשר ספירות מן הפה דא"ק, ומתלבש בכל עשר כלים דעקודים, וזהו בחינת מטי, ואחר כך מסתלקים כל העשר אורות דעקודים בחזרה לפה דא"ק, וזה הוא בחינת לא מטי. אבל **עומק הדברים** הוא לא כך, כי בסיום[33] הסתלקות האורות בהסתלקות הראשונה, היו כל האורות דעקודים

28

שער ההקדמות די"ד ע"ד – ולכן נבאר פה ענין זה הנקרא מטי ולא מטי במקומות רבים, **ושמרהו לכל מקום שתצטרך אליו.** הנה בבוא האור העליון ליכנס תוך הכלי, אין כח בכלי לסובלו, וכדי שלא ישתבר הכלי, התחכם האור ההוא והמציא המצאה גדולה, והוא כי הנה בראשונה נכנס לתוכו, ותכף חוזר ומסתלק מתוכו, ובכל רגע ורגע שנכנס לתוכו, נותן כח בכלי ומתחזק לאט לאט, על דרך מדרגות, ותכף יוצא ממנו, כדי שלא ישתבר. וכך עושה פעמים רבות, כי נכנס האור תוך הכלי ויוצא, ונכנס ויוצא, עד שנגמר הכלי ונתחזק, ואז נכנס לתוכו ונשאר שם בקבע.

29

אופן עשיית הכלים דעקודים נעשית במספר שלבים, ובמספר דרכים, והם:

א - בטישת והכאת אור פנימי באור מקיף זה בזה, פרק א' דשער העקודים.

ב - יצאו מחוץ לפה דא"ק וקנו עביות, פרק ג' דשער העקודים.

ג - חזרת האורות למאציל, ונתרחק האור ממקומו ג' ספירות שלימים, פרק ג' דשער מטי ולא מטי.

ד - נפילת הניצוצות מהכאת האור הבא בדרך אחוריים באור הרשימו, פרק ה' דשער העקודים.

ה - עליית כל עצמות האורות דעקודים לפה דא"ק, פרק א' דשער מטי ולא מטי.

ו - נשאר הכתר בתוך הפה דא"ק ולא יצא בפעם השניה מפה דא"ק, פרק ג' דשער העקודים.

ז - אור הפנימי דעקודים נכנס ויוצא מהכלים בסוד מטי ולא מטי.

30

הגהות וביאורים)ב(– עיין שער הקדמות דף ט"ו סוף ע"ב.

31

כרם שלמה ש"ז פ"ב אות א' – פירוש, כדי **שלא נבין** כי ענין מטי ולא מטי ההוא, שכל העשרה אורות של העקודים נכנסו ביחד בתוך העשרה כלים שלהם, וחזרו ונסתלקו יחד, וכן על דרך זה תמיד, כמובן מפירוש של פשט מלות מטי ולא מטי, לזה בא לפרש שענין מטי ולא מטי הוא כסדר הזה, כמו שמפרש והולך. והוא שתחילה באו כל האורות תוך הכתר לבדו, ולא לשאר הספירות שתחתיו גם כן, וזהו נקרא **מטי בכתר,** ואחר כך לא **מטי בכתר לבדו,** שפירושו שאורו נסתלק ממנו, ועלה למעלה למאציל, ולא כולם, דהיינו כל העשר אורות. ובין הכי ובין הכי בעוד שלא מטי בכתר, דהיינו כשאורו עדיין למעלה במאציל קודם שחזר וירד למטה, אז **מטי בחכמה,** דהיינו התשע אורות שנשארו בכלי הכתר ממשיך אותם לכלי החכמה. והוא שכלל לנו הרב ז"ל **שאי אפשר לכלי התחתון להמשיך האורות לכלי התחתון ממנו בעוד אורו השייך לו בתוכו, אלא תחילה צריך שאורו השייך לו יעלה למעלה בבחינת לא מטי, ואחר כך ימסור השאר האורות השייכים להתחתונים, לכלי התחתון ממנו.** כמו הכא שתחילה יעלה אור הכתר לבד למעלה, ואחר כך מוסר התשע אורות לכלי החכמה שהיא למטה ממנו, וכן כולם על דרך הזה.

32

הגהות וביאורים)ג(– אמר מאיר מה שנראה לעניות דעתי בכל עניני מציאות מטי ולא מטי הוא כעין העלת מ"ן וזיווגם, כי בעת שעלה חכמה בכתר אז הוא מעורר מ"ן ופנימיותן, שעולה כדי שיזדווג זכר ונוקבא דכתר, ויתן השפעה לו להאיר בבינה. ובעת שנותן בה האורות פנים בפנים, הוא זיווג **כמער איש ולויות,** וזה היה בעיבור שהיה אחר מיתת המלכים. והתפשטות והסתלקות הראשון, היה כעין אצילות המלכים קודם תיקונם, עד כאן לשונו, ודו"ק.

33

בפה דא"ק. וכאשר התפשטו האורות דעקודים בהתפשטות השניה, לא כל האורות יצאו בחזרה, אלא אור הכתר[34] נשאר תמיד במאציל, והאורות דעקודים מאור החכמה ולמטה מתפשטים תחילה בכלי הכתר דעקודים, וזהו מטי בכתר, ואחר[35] כך מסתלק האור השייך לכתר בלבד, שהוא אור החכמה מהכלי דכתר לפה דא"ק, ונשארים שאר האורות התחתונים בכלי הכתר, וזה הוא לא מטי בכתר. ובזמן שלא מטי בכתר, ר"ל שהאור השייך לכלי הכתר, שהוא אור החכמה, נמצא בפה דא"ק, מטי בחכמה, דהיינו[36] כלי הכתר הופך פניו כלפי מטה כנגד כלי החכמה, ושאר האורות שנשארו בכלי הכתר שהם האורות דבינה, חג"ת נהי"ם, והאור החדש הנקרא **ד'**, נמשכים ומתלבשים בכלי דחכמה, כמו שהרב ז"ל הולך ומבאר **+ צריך לדעת** כי אחרי שיצאו האורות דעקודים מפה דא"ק בהתפשטות הראשונה, והתפשטו עד טבורו[37], אחר כך חזרו[38] והסתלקו כל האורות דעקודים בחזרה למאציל. וזאת מב' סיבות, סיבה אחת היא כדי שהשתלמו האורות בבחינת הנרנח"י, ובב' המקיפים החסרים להם. והסיבה השניה היא קשורה[39] לסיבה הראשונה, והיא כאשר האור הזך מסתלק למאציל, האור העב והגס שנשאר בתחום עולם העקודים מתעבה ונגשם יותר. ואחרי שכל האורות הסתלקו למאציל, והשתלמו בבחינת הנרנח"י הפנימיים ובבחינת מקיף דחיה ומקיף דיחידה, נשאר אור הכתר במקורו, דהיינו הפה דא"ק, חזרו והתפשטו האורות דעקודים מפה דא"ק בהתפשטות השניה. **ונאמר כי**[40] **תזלה** האורות דעקודים היו מטי בכלי הכתר, ר"ל **מתזיל**[41] **האור** של כלי הכתר, שהוא האור הראוי[42] לבוא בכלי הכתר, והוא

תרשים ב – ב.
[34]

תרשים ב – ג.
[35]

תרשים ב – ד.
[36]

תרשים ב- ה.
[37]

ע"ח ש"ו פ"א מ"ת דכ"ד ע"ג – והנה מן הפה הזה יצאו עשר ספירות פנימים, ועשר מקיפים, ונמשכין מנגד הפנים **עד נגד הטבור** של זה הא"ק, וזה עיקר האור.
[38]

ע"ח ש"ו פ"ג מ"ת דכ"ה ע"ג – דע כי בעת שיצאו, לא יצאו שלימים, וכמו שנבאר בע"ה, וטעם הדבר הוא כי כוונת המאציל היה לעשות עתה התחלת הויות הכלים)נ"א בתחלה הויות הכלי(להלביש האור לצורך המקבלים, שיוכלו לקבל. ולכן בהיות שיצאו בלתי שלימים וגמורים **חזרו לעלות לשורשן להתתקן ולהשתלם**, ועל ידי כך נעשה כלי כמו שנבאר. והענין הוא כי בודאי שבבחינת הכלים היה בכח, אף כי לא היה בפועל בתוך האור, כי היה בבחינת האור היותר עב וגס, רק שהיה בו מחובר בעצם היטב, ולכן לא נגלה בחינתו, כי)נ"א אבל(כאשר יצא האור דרך הפה ולחוץ יצא הכל מעורב יחד, וכשחזרו לעלות ולהשתלם כנ"ל, אז ודאי על ידי יציאת האור חוץ לפה, הנה אותו אור בחינת הכלים שהוא יותר עב, **קנה עתה עביות יותר**, ועל ידי כך לא יוכל לחזור גם הוא למקורו כבראשונה, ונתפשט האור הזך ממנו ועלה למקורו כנ"ל, ואז נתוסף באור העב כנ"ל **עביות יותר על עוביו, ואז נגמר ונשאר בחינת כלי.**
[39]

כרם שלמה ש"ז פ"ב אות א' – מפני שקודם זה כבר נסתלקו כל העשרה אורות ועלו למעלה להמאציל העליון, ועלו בתוך הפה דא"ק, מפני ב' הסיבות הנזכרים לעיל. והם אחד כדי להתגשם האור העב הנשאר למטה, ויהיה כל גמור על ידי שנתרחקו האורות הזכים מהם. והשני כדי להשתלם האורות במדרגות שהיו חסרים מהם, כי יצאו בלתי שלמים, והם היו בתחילה בבחינת נפש לבד כנודע. ומפני ב' סיבות האלו, אשר זה תלוי בזה, אשר להיות שהיו חסרים הוכרחו לעלות, כדי שממילא יוקרשו הכלים ויהיו כלים גמורים. ואחר שעלו ועכשיו הגיע זמנם לירד, אז נכנסו כולם בכלי הכתר.
[40]

בית לחם יהודה ש"ז פ"ב – כי תחלה מתחיל האור לבוא בכתר. אף על גב דאמרינן בפרק א' דלעיל שכל הספירות היו פנים באחור, פני התחתון באחורי העליון, חוץ מן הכתר, שהיה פנים באחור עם החכמה, יעו"ש. בחזרת האורות הוכרח כלי הכתר להחזיר פניו כלפי מעלה, לקבל את האורות.
[41]

אור החכמה **לבא בכלי הכתר, וכל[43] התשעה אורות של** הכלים התחתונים **כלולים בו**
בסוד שמות[44] י"ה הוי"ה, ובסוד הפסוק[45] כי בי"ה הוי"ה צור עולמים, והפסוק[46] סלו לרכב בערבות בי"ה שמו,
כמבואר[47] בפרק א' דשער זה, שהשם[48] י"ה הוא בכתר ושם הוי"ה הוא בשאר הספירות, ושם י"ה כולל בתוכו את שם
הוי"ה, כי שם י"ה במילוי הוא יו"ד ה"א, והוא גימטריא כ"ו, וגימטריא זאת היא שם הוי"ה, כך בהתפשטות השניה כאשר
היה האור השייך לכלי הכתר מטי לכלי דכתר, והוא שם י"ה, היו כלולים בו כל שאר האורות התחתונים הרמוזים בשם
הוי"ה• הרב ז"ל מדלג על שלב אחד של המשכת האורות דעקודים מכלי הכתר לכלי החכמה, לכן נסדר את הסדר
האמיתי של התפשטות האורות שלב אחרי שלב. **דע** כי לפני המשכת **עצמות האור** מהכלי העליון לכלי התחתון, הכלי
העליון ממשיך את בחינת **ההארה** של האורות הנמשכים לכלי התחתון, אחר כך האור המתייחס לכלי העליון מסתלק
ממנו בבחינת לא מטי, ואז הכלי העליון ממשיך לכלי התחתון את בחינת **עצמות האורות** השייכים לכלים התחתונים,
וזה הוא כלל המתייחס לכל השיעור קומה דעקודים, חוץ מהמשכת האורות מכלי הבינה לכלי החסד. **שלב א'[49]** כל
האורות דעקודים נמצאים בפה דא"ק. **שלב ב'[50]** אור הכתר נשאר בפה דא"ק, ועשרה אורות מתפשטים מפה דא"ק לכלי

בית לחם יהודה ש"ז פ"ב – מתחיל האור לבוא בכתר. לקמן מפרש שהוא אור החכמה עם שאר האורות
שתחתיו, אבל אור הכתר עצמו כיון שעלה שוב לא ירד, אמנם **השתא מיהא לא אסיק אדעתין**, שנשאר אור
הכתר למעלה, ומשם הכי נקיט מספר אורות הנעתקים מספירה לספירה, כאלו הם היו עשרה אורות. אבל
בפרק ג' דלקמן נקט מנין האורות חסר אחד ממספר הנזכר פה, והוא כדמסיק בסוף פרקין.
42

כרם שלמה ש"ז פ"ב אות ב' – ומה שקורא הרב ז"ל אור הכתר, ואור החכמה, אינו ר"ל אור הכתר ממש,
אלא פירוש **אור הראוי לכלי הכתר, והוא אור החכמה, ואור הראוי לכלי החכמה, והוא אור הבינה**. והוא
מפני שכבר הקדמנו כי אור הכתר העיקרי שעלה למעלה להמאציל, וישב תחת שורש המלכות, מעולם שוב לא
ירד. אבל על כל פנים קורא הרב ז"ל אור הכתר, אור החכמה, וכו', אף על פי שאינם ממש. ופשט דבריו הוא
על **אור הראוי לכלי הכתר, ואור הראוי לכלי החכמה**, וכו'.
43

בית לחם יהודה ש"ז פ"ב – וכל הט' אורות כלולים בו. פירוש באור בו.)שער הקדמות דף ט"ו סוף ע"ב(.
44

ע"ח ש"ז פ"א מ"ק ד"ל ע"ד – והנה ד' בחינות אלו הם מציאות ד' אותיות הוי"ה, כי י"ו הם ב' בחינות
התפשטות, **וה' ה'** הם ב' בחינות הסתלקות, וכבר ידעת כי שם הוי"ה אינו מתחיל אלא מחכמה ולמטה. והטעם
לפי שד' בחינות אלו לא שייכים אלא מחכמה ולמטה, אבל בכתר לא יש בו רק ב' בחינות בלבד, וכנגדן נקרא
י"ה יהו"ה, וזה סוד כי בי"ה הוי"ה צור עולמים. לפי שבהם התחיל לצייר ולברוא את העולם מתחלה, שהוא
סוד עקודים, אשר הם סוד י"ה הוי"ה, כי י"ה בכתר, והוי"ה בשאר פרצופים כולם.
45

ישעיהו כ"ו ד' – בטחו בהוי"ה עדי עד, כי בי"ה הוי"ה צור עולמים.
46

תהילים ס"ח ה' – שירו לאלהי"ם זמרו שמו סלו לרכב בערבות בי"ה שמו ועלזו לפניו.
47

ע"ח ש"ז פ"א מ"ק ד"ל ע"ד – ונבאר ענין זה מה שכתוב כי בחינות אלו נקראו כי בי"ה הוי"ה צור
עולמים. והענין כי זה סוד הפסוק סלו לרוכב בערבות בי"ה שמו, ויש לדקדק בפסוק דהוה לה לאמר י"ה
שמו, מאי בי"ה שמו. אך הענין הוא כי כל השם כלול בי"ה, וזהו בי"ה שמו, כי י"ה במילואו הוא יו"ד ה"א,
גימטריא כ"ו, שהוא הוי"ה. הרי כי בי"ה הוא שם הוי"ה ממש, ושם י"ה בכתר, לרמז איך ממנו יצא שם
הוי"ה, ובו כלולין כל ד' אותיות הוי"ה.
48

תרשים ב – ו.
49

תרשים ב – ז.
50

תרשים ב – ח.

דכתר, והם חו"ב חג"ת נהי"ם והאור החדש הנקרא אות ד', וזה נקרא **מטי** בכתר. **שלב ג'**[51] כלי הכתר הופך פניו כלפי מטה אל פני כלי החכמה, וממשיך לכלי החכמה את **ההארה** של האורות הנמצאים בכלי הכתר, והם הארת דאורות חו"ב חג"ת נהי"ם והאור החדש הנקרא אות ד' המתייחס לכלי המלכות. **שלב ד'**[52] כלי הכתר הופך פניו בחזרה כלפי מעלה, אחור דכלי הכתר בפני כלי החכמה. **שלב ה'**[53] האור המתייחס לכלי הכתר שהוא אור החכמה, מסתלק מכלי דכלי הכתר לפה דא"ק, וזה **לא מטי** בכתר. **שלב ו'**[54] כלי הכתר הופך פניו כלפי מטה אל פני כלי החכמה. **שלב ז'**[55] כלי הכתר ממשיך לכלי החכמה את **עצמות** תשע האורות התחתונים, וזה נקרא **מטי** בחכמה. **שלב ח'**[56] כלי הכתר מחזיר פניו כלפי מעלה, ואחור דכלי הכתר כלפי כלי דחכמה. לכן גם לפני שהאור המתייחס לכלי הכתר, שהוא אור החכמה, לא מטי בכתר, ר"ל מסתלק מכלי הכתר, כלי הכתר ממשיך את בחינת **הארת תשע האורות התחתונים לכלי החכמה.**

ואזור[57] **כך** ר"ל אחרי שכלי הכתר המשיך בחינת הארה של התשע האורות התחתונים לכלי הכתר, **חוזר להיות** אור השייך לכלי הכתר, שהוא אור החכמה ב**בחינת לא מטי** בכלי הכתר, (נ"א **בבחינת מטי ולא מטי**), לכן **שחוזר ויצא משם אור** החכמה **המגיע אל** כלי **הכתר** והסתלק לפה דא"ק.

ג' סיבות היו לאור החכמה להסתלק מהכתר לפה דא"ק, בבחינת לא מטי, האחת היא שעולה אור החכמה בחזרה לפה דא"ק כדי[58] לקבל שפע מהשורשים דרך אור הכתר הנמצא שם. הסיבה השניה היא כדי שהכלי דכתר יתחזק ויתחזק,

---

51

תרשים ב – ט.

52

תרשים ב – י.

53

תרשים ב – י"א.

54

תרשים ב – י"ב.

55

תרשים ב – י"ג.

56

תרשים ב – י"ד.

57

כרם שלמה ש"ז פ"ב אות א' – ואחר כך חזר להיות לא מטי בכתר, ופירושה הוא שחזר ויצא משם אור המגיע אל הכתר, הוא מפני ג' סיבות. האחד הוא מפני שעולה לשאוב אור מן השורש שלו, כמו שמפורש לקמן בפרק ד'. והב' הוא מפני שאינו יכול עכשיו כלי הכתר לסבול אור הגמור עד שיתחזק היטב, ולכן מקבל מתחלה הארה מועטת, ואחר כך מסתלק האורו, כדי שיתחזק ולא ישבר ח"ו. וזהו רמזו כאן באומרו - אך התשע אורות אחרים היו נשארים בכתר, כי יש כח בכתר לסבלם, עד כאן לשונו. משמע מזה מה שאין כן אורו, אין בו כח לסובלו גם כן. והג' הוא מפני שרוצה למסור תשע אורות לכלי החכמה, וכל זמן שאור המגיע אל הכתר נמצא בו, לא תוכל כלי החכמה לקבל התשע אורות ממנו, מפני אור החכמה שנמצא בכלי הכתר, ולכן בתחילה מתרוקן כלי הכתר מן האור שלו, ולא יישארו בו כי אם התשע אורות, ואז תוכל לקבל הכלי של החכמה התשע אורות הנשארים בכלי הכתר, ולכן הוצרך שתחלה יעלה אור המגיע אל הכתר אל המאציל בבחינת לא מטי בכתר, ואחר כך כלי הכתר ממשיך התשע אורות לכלי החכמה, וזהו שכתב כאן - ואז בעת אשר לא מטי בכתר האור אליו)פירוש שנסתלק ממנו(, אז ממשיך כתר אל החכמה פנים בפנים כנ"ל את התשע אורות, ונתנם בחכמה, אז דוקא ולא קודם לכן.

58

ע"ח ש"ז פ"ד מ"ק דל"ג ע"א – ועתה צריכין אנו לבאר מציאות לא מטי בכתר מה ענינו, והענין כי אחר שבארנו שיש בכלי של כתר זו"ן, והם כתר חכמה, **ואלו צריכין לעלות אל שורשם לינק משם.** ואמנם חשק הזה שיש להם ליקח אור מן השורש שלהם, הוא הגורם להם לעלות, שהרי כל העשר שרשים כולם פניהם למטה להאיר בעקודים הללו, ואמנם אחר שעולין ויונקים משם, אז אותו הכתר דעקודים הנשאר בסוף השרשים, הוא הופך אחוריו להם, ואז אינם יכולים עוד לינק, ולכן חוזרין ויורדין ונכנסין בכלים שלהם, כמו שנבאר בע"ה.

ולא[59] תתבטל מציאותו, וזה נעשה על ידי כניסת האור ויציאתו. והסיבה השלישית היא, ידוע כי אי אפשר לכלי הספירה העליונה להעביר את האורות לכלי שלמטה ממנה, רק במצב שהכלי של הספירה העליונה נמצא בבחינת[60] מטי או לא מטי, לכן **חייב** האור המתייחס אל הכתר, שהוא אור החכמה להסתלק מכלי הכתר, כדי שכלי הכתר יעביר את האורות התחתונים לכלי החכמה, כמו שמבואר כאן בפרקין. **אך** עצמות **התשע האורות האזורים** שהם האורות התחתונים, והם אור הבינה ולמטה **היו נשארים** בכלי הכתר, כי יש כזה בכלי בכתר **לסובבם.** צריך לדעת כלל כל יסודי אדיר ועצום, והוא כי[61] אי אפשר לכלי הספירה העליונה להעביר את האורות לכלי שלמטה ממנה, רק במצב שהכלי של הספירה העליונה נמצא בבחינת לא מטי, ר"ל של האור השייך לכלי של הספירה העליונה מסתלק מהכלי, ואז[62] הכלי של הספירה העליונה הופך פני כלפי מטה, ומעביר את עצמות האורות לכלי התחתון, **וזה בנין אב** בכל השיעור קומה דעקודים, **ואז בעת אשר** אור המתייחס לכלי הכתר, שהוא אור החכמה **לא מטי בכלי הכתר האור אליו** ר"ל האור השייך לכלי הכתר, שהוא אור החכמה, מסתלק בחזרה למאציל. הרב ז"ל ביאר בשער[63] העקודים כי כאשר הסתלק האור הזך בהסתלקות הראשונה מהכלי שלו למאציל, השאיר את בחינת הרשימו שלו בכלי שלו, כדי להאיר לכלי שמתחתיו, חוץ האור הזך דמלכות שלא השאיר רשימו. וכשכאשר[64] חזר האור העליון להתפשט בהתפשטות השניה מפה דא"ק, יצא ראשון אור החכמה, פגע באור

59

ע"ח ש"ז פ"א ד"ל ע"ד – ולעולם יש בטבע האור ההוא לבוא)נ"א להביא(ולהאיר, ואחר כך מסתלק, כמו שיש בטבע שלהבת הנר שהיא מתנועעת, וכן נשאר תמיד האור ההוא להיות מטי ולא מטי בכלים האלו הנקרא עקודים, כי לסבת היותן בכלי אחד, **אין כח בכלי הזה לסבול האור**, אם לא בהיותו מטי ולא מטי.

60

כרם שלמה ש"ז פ"ב אות ב' – צריך שתדע כי בכל המשכת האורות מספירה צריך שיהיה הענין מטי או לא מטי בכתר. והוא סדר זה נוהג עד המשכת המוחין להמלכות, וכמו שתראה זה לפניך בלומדך פרק זה, ולכן תראה כשרצה הכתר להמשיך האורות להחכמה, היה בתחילה ענין לא מטי בכתר, ועכשיו שבאה החכמה להמשיך האורות להבינה, נעשה בחינת מטי בכתר, ועל ידו הולכים כל התשע ספירות שתחתיו, כי כלים מתנועעים על ידו, מפני שכולם תלויים בו, והוא נותן כח לכולם, ושרש כולם מושרשים בו. ומה שנעשה ענין המטי ולא מטי בשאר הספירות הוא מפני שכבר קדם להם ענין המטי או לא מטי בכתר, ולכן כולם מתנועעים אחריו, וכל זה פשוט להקורא בפרק זה.

61

כלל – אי אפשר לכלי הספירה העליונה להמשיך אורות לכלי הספירה התחתונה, עד שיהיה האור השייך לכלי הספירה העליונה בבחינת לא מטי.

62

כלל – כדי שכלי הספירה העליונה ימשיך את **עצמות האורות** לכלי של הספירה התחתונה, **חייב** הוא להיות הכלי של הספירה העליונה בבחינת פנים בפנים עם הכלי של הספירה התחתונה.

63

ע"ח ש"ו פ"ה מ"ת דכ"ו ע"ד – ונבאר עתה ענין חזרתם והסתלקותם למעלה, איך על ידי כך נעשו הכלים. והענין הוא כי כאשר נתעלו האורות למעלה, נשאר למטה האור העב והגס, שהוא בחינת הכלי כנ"ל, והנה יש בטבע האורות **להשאיר רושם שלהם** למטה, במקום שהיו שם בראשונה, ולכן כל האורות האלו בעת עלותם הניחו רשימו למטה, במקום שהיו שם בראשונה. כיצד, הנה הכתר הניח רשימו להאיר אל החכמה, וכן חכמה לבינה, ובינה לז"א, וז"א לנוקבא, כי לעולם בטבע העליון להאיר לתחתון, ויש לו חשק להאיר בו כמו חשק אמא לבנים. ולכן מניח ומשאיר רשימו בו, נמצא שכולם מניחין רשימו חוץ מן המלכות, כי אין ספירה אחרת תחתיה להאיר בה, ולכן **אין המלכות משארת רשימו** למטה.

64

ע"ח ש"ו פ"ה מ"ת דכ"ז ע"ג – אמנם אחר קבלת אלו הספירות מן המאציל, חזרו למקומם חוץ מן הכתר כנ"ל, ואז הכלי של הכתר לא נעשה רק בחזרה, כי כשחזרה חכמה ונכנסה בו, אז הכה אור החכמה ברשימו שהניח בו הכתר במקומו, והיו אלו הכאות כפולות, שלפי שרשימו של כתר להיותו בחינה עליונה מן החכמה,

הרישמו שנשאר חופף על הכלי דכתר, ובחינת הרשימו של אור הכתר הוא בחינה עליונה על אור החכמה, ונקרא[65] זכר בערך לאור החכמה, וכן להפך, בחינת אור החכמה השלם בכל הבחינות דנרנח"י ומקיפין הוא עליון על אור הרשימו, ונקרא[66] זכר בערך אור הרשימו. לכן היו ב' בחינות של הכאות, ומהכאות אלו נעשו[67] ב' כלים בכלי הכתר דעקודים, האחד מביטוש האור דרשימו עם האור החכמה שמתפשט בהתפשטות השניה, ומביטוש זה נעשה כלי דבחינת הזכר דכלי הכתר, והשני מביטוש האור החכמה באור הרשימו, ומביטוש זה נעשה כלי דכתר מבחינת הנקבה, ובחינות אלו נקראים זו"ן דכלי הכתר[68]. וכן הוא בכלי החכמה, ובכלי הבינה היה ביטוש של האור החדש שנולד מיחוד זו"ן דחכמה עם הרשימו דבינה, כמו שיתבאר לקמן. לא כן הוא בכלים דו"ק[69] והמלכות, כאן לא היתה בטישה של האור המתפשט עם האור הרשימו, כמו שהרב ז"ל יבאר לקמן, חוץ מכלי[70] היסוד והמלכות שלהם יש בחינת אורות חדשים שנולדו מזו"ן דכלי הבינה. וכאשר הכלי העליון ממשיך את בחינת האורות לכלי התחתון, זו"ן דאותו כלי מתייחדים מיניה ביה, וממשיכים את האורות לכלי היותר תחתון. וכן הוא בכלי הכתר, לכן כאשר כלי הכתר רוצה להמשיך את האורות לכלי החכמה, א**ז**[71] מתייחדים זו"ן דכתר[72] מיניה ביה, והופך כלי הכתר את פניו למטה, אל הפנים של כלי החכמה

לכן הוא מכה בחכמה ומוציא ניצוצין, וגם החכמה להיותו בא עתה מלמעלה, ונמצא עומדת על הרשימו, והוא גבוה ממנו, לכן הכה עתה ברשימו, והוציא ניצוצין אחרים. לכן נעשה עתה ב' כלים, אחד לרשימו של הכתר, ואחד לחכמה שבא עתה. וכבר הארכנו בזה במקום אחר **איך יש בכתר זכר ונוקבא**, והמה אלו הב' שזכרנו פה, שהם הרשימו והחכמה, ועיין שם היטב.

ע"ח ש"ז פ"ג דל"ג ע"א – כלל הדברים, כי בכל עולם יש י"ה, שהוא זו"ן, כתר וחכמה. ובחכמה יש זו"ן, והוא שם י"ה אחר, והוא חו"ב. ובינה שם י"ה אחר, שהוא זו"ן, והוא החכמה (נ"א י' מן חכמה) המתחדשת מן הזווג העליון שבזו"ן שבחכמה י', ובינה היא נקבה אליו והיא אות ה', הרי שם י"ה גם בכאן.
[65]

תרשים ב – ט"ו.
[66]

תרשים ב – ט"ז.
[67]

תרשים ב – י"ז.
[68]

שער ההקדמות דט"ו ע"ב – נבאר עתה ענין כללות זו"ן הנזכרים, דע כי הזו"ן אשר בכלי הכתר הם הזכר נקרא אות יו"ד, והנקבה נקראת אות ה', והם כתר וחכמה, זו"ן, כנזכר לעיל. וכן על דרך זה שבכלי החכמה, שהם חו"ב, הם ב' אותיות י"ה גם כן. גם הזו"ן דכלי הבינה, שהם אור החדש ואור הרשימו, הם שני אותיות י"ה גם כן.
[69]

שער ההקדמות דט"ו ע"ב – והנה שבעת ספירות תחתונות לא היה בהם בחינת זו"ן, כמו שהיה בשלושה ראשונות, לפי שאלו השבעה כולם זכרים כנודע, וגם כי כבר נעשו כלים גמורים בעת הסתלקות האורות כנזכר לעיל. ואמנם כך היה ענינם, כי אור הגבורה נכנס בכלי החסד, כי גם הוא זכר כמוהו, ואור התפארת נכנס בכלי הגבורה, ואור נצח בכלי התפארת, ואור הוד בכלי הנצח, ואור יסוד בכלי ההוד, ואור המלכות בכלי היסוד.
[70]

שער ההקדמות דט"ו ע"ב – והנה יש עתה דוחק אחר, והוא כי אור המלכות נקבה, ואיך יכנס בכלי של היסוד שהוא זכר, ועוד כי הנה עתה כלי המלכות נשאר ריקם בלי אור, ולכן **הוצרך שהזו"ן דכלי הבינה יזדווגו גם הם**, והולידו אור חדש, ונקרא אות **ה'** דוגמת הבינה הנקראת ה' עילאה כנודע, וזו **הה'** נחלקה בציורה לשני אותיות **ד"ו** כנודע, ואות ו' ירד בכלי היסוד, **ונעשה בחינת זכר אל אור המלכות שנכנס שם**, שהיא נקבה, וזהו סוד מה שאמרו בספר הזהר על פסוק - **צדיק כתמר יפרח**, מה תמר סליק דכר ונוקבא כחדא וכו', והבן זה אות. ואות **ד'** ירדה אל כלי המלכות.
[71]

כרם שלמה ש"ז פ"ב אות א' – ומה שכתב אז המשיך כתר אל החכמה פנים בפנים, לאפוקי שלא תחשוב כי המשיכה דרך אחוריים של הכלי הכתר, כי זה הוא בבחינת אחוריים ודין, וכאן בהתפשטות אדרבא הוא קניית אורותיהם שהוא בבחינת רחמים, ולכן הפך פניו הכתר למטה, והמשיכם לחכמה גם כן דרך פניה, ולזה נעשו

וממשיך בסוד הזיווג כלי הכתר **אל** כלי **הֵחזכמה** בבחינת **פָנִים בְּפָנִים** כנזכר לעֵיל[73] בדרוש א' דשער זה **אֶת** עצמות **הֵתֵשַׁע אוֹרוֹת** התחתונים, שהם אור הבינה, חג"ת, נהי"ם, והאור החדש הנקרא אות **ד'** שנמצא בכח בדקות[74] גמור בכלי הכתר, ורק בעתיד הזו"ן דכלי הבינה יוציאו האור הזה מהכח אל הפועל, **וּנְֵתֵנַם**[75] כלי הכתר בכלי **הֵחזכמה.** וְאֵָז[76] כלי **הֵחזכמה**[77] **הָפְֵכָה פָנֵיָהָ** למטה כלפי כלי

פנים בפנים. אבל **בעומק העניין** הוא נבין שכאן רמז לנו הרב ז"ל סוד זיווג הכתר מיניה וביה, כדי להמשיך האורות לכלי החכמה, והוא **על דרך הכלל שיש לנו**, כי אפילו לצורך ההמשכה של האורות מכלי אל כלי צריך על ידי זיווג, והוא על דרך מה שכתב הרב ז"ל לקמן בפרק ד' משער הנקודות, כי תחילה היו או"א אחור באחור, ונזדוג הכתר מיניה וביה, והמשיך מוחין להם וכו', ועיין שם, ואין להאריך כאן.
72

ע"ח ש"ח פ"ד מ"ת דל"ח ע"ג – אבל דע, כי כאשר אור הכתר נכנס תחלה בכלי שלו, היו שאר האורות בטלים בו בערכו, שהוא גדול מכולם יחד, ולכן היה יכולת בכלי שלו לסובלו ולסבול תשע אורות האחרים, ולא נשבר. וכן כאשר יצאה אור החכמה ונכנס בכלי שלו, היו השמונה אורות כלולים בו. וכן בצאת אור הבינה כלולה משבע אורות, ונכנסים בכלי שלה, היו הכלים יכולים לסבול ולא נשברו, כי כולם הם בטלים בערך או"א, דמיון הבנים שבתחלה עומדים כלולים במוח אביהם, בסוד טיפת מוח, וכן בהיות בנים בסוד עיבור במעי אימן, יכולין להיות שם והיא יכולה לסובלם.)ונתנה החכמה בבינה בסוד זווג פנים בפנים, והיו כולם בכלי הבינה, כי תחלה היו אחור באחור, **ונזדווג הכתר מניה וביה, והמשיך מוחין להם**, ואז חזרו פנים בפנים, וזו"ן ניתנו בה, והיו בה בסוד מ"ן, והיו מעמידין מוחין דאו"א על עמדן, ואחר כך נזדווגו יחד או"א והוציאו ז' מלכים אלו(. ולכן היה בחינת התיקון בג"ר ולא נשברו כלל.
73

ע"ח ש"ז פ"א מ"ק ד"ל ע"ג – וכן כאשר יסתלק האור מבחינת הנצח, אז הנצח יהיה אחור באחור עם אור העליון, ופנים בפנים עם ההוד, ויסוד יהיה אחור באחור עם ההוד, ומלכות גם כן פנים באחור עם היסוד. וכן על דרך זה עד שתסתלק האור מכל עשר חלקי הכלי, ואז יהיו כל הספירות פנים באחור, פני תחתונה באחור עליונה. **אך הכתר עם החכמה יהיו פנים בפנים**, כי הכתר עם האור]העליון[הם אחור באחור, לטעם הנ"ל, **ובזה מוכרח שכתר וחכמה יהיו פנים בפנים.**
74

כרם שלמה ש"ז פ"ב אות א' – והרי מבואר מה הוא זה אור החדש, שהוא הד', שהוא משלים להעשר ספירות, ולכן אמר כאן שנתנו בכלי החכמה תשע אורות, ועם היות שאור הכתר נשאר למעלה במאציל, ועם היות שאור החכמה לא מטי בכתר, ונשארו שמונה אורות, אלא עם אור זה החדש, שהוא אור ד', שהוא לצורך המלכות, בזה נשלמו תשע אורות. ואף על פי שעדיין האורות השייך לכל הבינה לא נתפשטו עדיין בה, ולא הגיע זמנה עדיין, אם כן עדיין לא נזדווגו הזו"ן בכלי הבינה, ולא נולד עדיין האור החדש, שהוא אות ד' לצורך המלכות, אם כן איך קורא אותם מעכשיו תשע אורות. אף על פי כן **הכח שלו בדקות גמור שממנו עתיד להיות, היה נמצא מעכשיו בכלי הכתר**, ונותנו לחכמה, ופשוט.
75

יפה שעה)א(– ואז החכמה הפכה פניה אשר קבלה התשע אורות, ומאירה לבינה פנים בפנים כו'. לעיל כתב רז"ל שבעת ההסתלקות, כאשר האור היה מסתלק מתוך הכלים, היה הכלי הופך פניו למטה. כי כיון שנעשה בחינת כלי בהיפרדו מן האור שלו, אין בו יכולת להסתכל בו פנים בפנים. וכן כשבאו האורות בבינה, כתב רז"ל שלא הפכה פניה להאיר למטה בחסד, כי לא היה כח בחסד ובו"ק לקבל אור הגדול הזה פנים בפנים, רק אחור האחור. משמע דאי לאו האי טעמא היה כלי החסד עומד עם הבינה פנים בפנים, אחר היות האורות בכלי הבינה. ועוד כי בעת ההסתלקות היה אור אחד בכלי, כגון החכמה לא היה בו אלא אור אחד, ואפילו הכי לא היה כח לכלי הבינה לעמוד עמו פנים בפנים, וכן כל השאר. והשתא שחזרו ובאו כל האורות כולם כלולים בכלי החכמה, איך כלי הבינה יכולה לעמוד עם החכמה פנים בפנים. וצריך לומר לפי מה שכתב רז"ל לקמן שהכלים לא היה נגמר להעשות בחינת כלי גמור, עד שיתרחק האור ממנו שלשה ספירות גמורות, זולת כלי הבינה שלא יש בכלי שלה הרחק שלשה ספירות גמורות, אבל יש שני ספירות גמורות מהרחק, אם כן לא דמי עת וזמן הסתלקות האורות, לעת חזרתם בהתפשטות שני, שבעת הסתלקות עדיין לא היו הכלים כלים

הבינה **אזור** **שֶׁקִּבְּלָה** עצמות **הַתִּשְׁעָ אורות** מכלי הכתר, וכלי[78] החכמה **מְאִירָה**[79] לכלי **הַבִּינָה** בבחינת **פָּנִים בְּפָנִים הָאָרָה לְבַדָּה** של תשעה האורות, שהם הארת אור הבינה, חג"ת, נהי"ם, והאור החדש הנקרא אות ד', **אֲבָל** כלי החכמה **אֵינָה נוֹתֶנֶת לִכְלִי הַבִּינָה עֲדַיִין אֶת** עצמות **הַשְׁמוֹנָה (נ"א אֶת הֵז') הָאוֹרוֹת** התחתונים. והסיבה שכלי החכמה נותן לכלי הבינה את **הָאָרַת** ט' האורות, ולא את עצמותן, כי עדיין נמצא האור המתייחס לכלי החכמה, שהוא אור הבינה בכלי החכמה, ורק כאשר יהיה האור המתייחס לכלי החכמה בבחינת לא מטי בחכמה, ר"ל שאור הבינה יסתלק מכלי החכמה לכלי הכתר, אז כלי החכמה יכול לתת את **עצמות** ח' האורות לכלי הבינה, ועל דרך זה בכל שאר הספירות. ואחרי שכלי החכמה נתן את **הָאָרָה** דט' אורות תחתונים בכלי הבינה, חוזר[80] והופך פניו כלי הבינה למעלה כלפי כלי הכתר ואחוריו לכלי הבינה. **אזור**[81] כך **חוֹזֵר הָאוֹר** המתייחס ל**הַכֶּתֶר** שהוא אור החכמה[82] להתפשט שוב מפה דא"ק, ול**הֱיוֹת מְטֵי בְּכלי** הכתר, **וְאָז**[83] באותו זמן **הָאוֹר** המתייחס לכלי **הַחָכְמָה** שהוא אור הבינה[84], **חוֹזֵר לְהִתְעַלֵּם** בכלי

גמורים, לכן לא היה כח בהם לעמוד עם האורות פנים בפנים. וכשבא התפשטות השני, כבר היו כלים גמורים בגמר עשייתם אשר כח בהם לעמוד פנים בפנים עם האורות.
76

שמן ששון ש"ז פ"ב אות א' דט"ו ע"א – ואז החכמה הפכה פניה אשר קיבלה התשע אורות, ומאירה לבינה פנים בפנים ותשע. אין זה סותר מה שכתב לעיל בפרק א' שבעת ההסתלקות כאשר האור היה מסתלק מתוך הכלי, היה הכלי הופך פניו למטה, דאין יכולת להסתכל פנים בפנים, וכן כולם וכו', דהתם מיירי בהסתלקות הראשון לעשות הכלים, אמנם כאן מדבר בהתפשטות השניה כנזכר שם באותו פרק עצמו, דענין מטי ולא מטי הוא בהתפשטות השניה, יעוין שם. ועיין יפה שעה דף י' ע"א.
77

הגהות וביאורים)ד(– א"ה עיין שער הקדמות ט"ו ע"ב, סוף דרוש מטי ולא מטי, וז"ל - מה שביארנו לעיל וגם יתבאר לקמן, כי בעת חזרת האורות פעם ב', ויכנסו תשע אורות בכלי החכמה, ואם הכתר נשאר במאציל, אינו רק שמונה אורות לבד בכלי החכמה. אבל בזה יובן עם מה שביארנו, כי עם אור זה החדש הנקרא ד' שנכנס בכלי המלכות, נשלם מספר עשר ספירות דעקודים, עד כאן לשונו. ועם זה תבין מה שכתב לקמן - ונותן אור למלכות, פירוש היינו אות ד', ודו"ק. ובזה אין צריך להגהות הנדפס בעץ חיים ירושלים, תחת הט' ת', ומובן.
78

תרשים ב – י"ח.
79

בית לחם יהודה ש"ז פ"ב – ומאירה לבינה פנים בפנים הארה לבדה. ענין הארה הנזכרת מבואר בפרק ג' שבסמוך.
80

תרשים ב – י"ט.
81

תרשים ב – כ.
82

כרם שלמה ש"ז פ"ב אות ב' – ולכן כתב חזר כאן - אחר כך חזר אור הכתר להיות מטי בכתר, ואז אור החכמה חזר להתעלם בכתר. ר"ל כי בתחילה חזר האור של הכתר, פירוש אור החכמה שהיה בכלי הכתר, וקודם זה עלה להמאציל, כדי לשאוב אור ושפע מן שורש הכתר על ידי אור הכתר שנשאר למעלה, כמו שמפורש לקמן באורך בפרק ד'. עכשיו חזר ונכנס בכלי של הכתר, וזה נקרא מטי בכתר, ועל ידי שחזר מטי בכתר, אז אור החכמה, ר"ל אור הראוי לכלי החכמה, שהוא אור הבינה, חזר לעלות בכלי הכתר כדי לשאוב אור מן הכתר שהביא עכשיו מן המאציל, וזה נקרא לא מטי בחכמה.
83

29

בכתר בבחינת לא מטי בחכמה, **במזמת הזושׁק שׁיّשׁ לה** ר"ל לאור הבינה **להתזבר עם** אור
החכמה הנמצא בכלי **הכתר** כדי לשאוב מהשפע שקבל אור החכמה מהמאציל, **ואו כלי זכמה הפך**
פّנּיו כלפי מעלה **אל** כלי **הכתר** אשר בו התפשט אור החכמה, **ונّתן לו את הّאור שׁלّו** שהוא אור
הבינה, **אך הّאור** החסד המתייחס לכלי **הבّינה שׁהّוא** נמצא בשלב זה [ל"ג **שׁהّיّה**] בכלי
החכמה **אינّה עولّה עّמّו** ר"ל עם אור הבינה **בّכלי הّכّתר,** כי כאשר מסתלק אור הבינה מהכלי
דחכמה ועולה לכלי דכתר כדי להתחבר שם עם אור החכמה, נשארים ח' אורות בכלי דחכמה ולמטה,
כאשר אור החסד הוא האור הראוי[85] לשמש בכלי הבינה, לכן אור החסד משמש כאימא, זאת ועוד הוא בחינת הגדול
שבבנים ואינו נפרד מהם עד שיגדלו, ובגלל שאור החסד משמש בבחינת אימא, לכן אור החסד לא מסתלק לכלי דכתר
ונשאר בכלי החכמה עם שאר האורות, כל זה **במזמת**[86] **זושׁק הבّנّים** שהם האורות התחתונים מאור החסד,
להיות קרובים לאור החסד, **שׁהّוא** ר"ל אור החסד משמש כאמם. **וכבר**[87] **בّיاّرّנּו**[88] בפרק ח' דשער
העקודים **כי אין מّציאות זّזّרת פّנּים ואזّور רק בّבّזّוّנّّת כלים, אّבّל בّאّוّרّות**

בّית לّחם יّהودّה ש"ז פ"ב – ואז אור החכמה חזר להתעלם בכתר מחמת חשק שיש לה להתחבר עם הכתר.
כי האור שבכתר הוא אור החכמה, והאור שבכלי החכמה הוא אור הבינה, וחשק אימא להתחבר עם אבא.
84

כّרם שّلّמה ש"ז פ"ב אות ב' – מה שכתב הכא - ואז אור החכמה חזר להתעלם בכתר. **הוא אור הבינה**
שבכלי החכמה, וכן הוא מפורש בהדיא בשער ההקדמות דט"ו ריש ע"ג לשונו שם - אחר כך חזר אור
החכמה להיות מטי בכתר, **ואז אور הבינה לבדו אשר יرד בכלי החכמה נזכר, חزر לעלות בכלי הכתر, וזה**
נקرא לא מטי בחכמה, כי חשקה ותאוותה להדבק עם אور החכמה אשר בכלי הכתر, לקבל הארה ממנה, עד
כאן לשונו. הري בהדיא מה שקרא כאן אور הכתر, קרא אותו שם אور החכמה, וכן מה שקרא כאן אور החכמה
קرא אותו שם אور הבינה.
85

שער ההקדמות, מטי ولא מטי, דרוש ב' דט"ו ע"ג – אחר כך חוזر אور החכמה להيות מטי בכלي הכתر,
ואז אور הבינה לבدو אשر ירד בכلي החכמה כנזכر, חוزر לעלות בכلי הכתר, וזה נקרא לא מטי בחכמה, כי
חשקה ותאוותה להדبק עם אور החכמה אשר בכلي הכתر, לקבל הארה ממנה, וזה נעשה על ידי שחזרה כלי
הבينה להפוך פניה למעלה, ואז עלה אور הבينה שבכلي החכמה אל הכתר. אבל אور הבינה **הראوي לכلي הבינה**
לא עלה, כي בינה נקראת אם הבنים, ואينה נפردת מבنيה, שהם שאر האورות התחתونים.
86

בّית לّחם יّהودّה ש"ז פ"ב – מחמת חשק הבنים שהيא אמם. לפي שעדيין כل הח' אورות נתונים בכلي החכמה.
ואם תامر והא לפي מאי דמסיק דاور הבينה הוا אور החסד, אם כن מה לו לחסد לחשק הבنים. ويש לامר דעל
כل פנים הוا משמש השתا במקום הבينה, ופקيד במקومה, כي הוا אחيהם הגدول, וצريך לגדלם, ואينו נפرד
מהם עد אשر יגדلו כל אשر צرכם בפעם השنيה כמבואר בסמוך.
87

בّית לّחם יّהودّה ש"ז פ"ב – וכבר ביارנו. הוا באמצע פרק ח' דעקודים.
88

ע"ח ש"ו פ"ח מ"ב דכ"ט ע"ב – והنה צريך להבין מאוד אميתת העنין פنים ואחور, **כي באורות יקראو**
התפשטות והסתלקות, ונקרא יושر וחوزر. **ובכלים נקרא פנים ואחור,** דהيינו שباور פנים ואחور
שהכל שييך פנימית. אمנם וداي שהوא כולל דין ורחמים, ובהيותו מתפשט ויورד למטה, ונכנס במקום הראوי לו,
נקرא אور יושר, כي הוא מاير בבחינת הרחמים שבו, וכשהוא חוזر לעלות, אז מاير במקומו בהيותו שם
למעלה בבחינת דين שبו, הנקרא אور חוزر, ואז הכلي לا יקرא כלي דפнים, כמו בהيותו מקبل אور יושر רק
يקرא כלي דاחور.

עַצְמָן לֹא יִצְדַּק[89] בָּהֶם פָּנִים וְאָחוֹר, רַק הָתְפַּשְׁטוּת וְהָסְתַּלְקוּת, לכן כאשר הרב ז"ל כותב כי הכתר החזיר פניו, או החכמה הפכה פניה, וכן בשאר הספירות, הכוונה[90] היא לכלים ולא לאורות.

וְאָמְנָם אֲזוֹרֵי הָפְכוּ כְּלִי שֶׁל זָכְמָה פָּנָיו נֶגֶד כלי הכתר, וְעָלָה שָׁם הָאוֹר שֶׁלוֹ שהוא אור הבינה, ובחינה זאת נקראת לא מטי בחכמה, הַנֵּה אָזוֹר[91] כָּךְ זָזוֹר כלי החכמה וְהַפַּךְ[92] פָּנָיו לְמַטָּה נֶגֶד כלי הַבִּינָה, וְנָתַן לָהּ אֶת עצמות הַשְּׁמוֹנָה (נ"א ה') הָאוֹרוֹת התחתונים, שהם האורות דחסד ולמטה. כתב הרב ז"ל בשער[93] העקודים, כי כאשר האור מסתלק מהכלי העליון,

───────────────

89

שער ההקדמות, מטי ולא מטי, דרוש ב' דט"ו ע"ג – וצריך שתדע כלל אחד, והוא כי באורות יצדק בהם לשון התפשטות והסתלקות, ולא יצדק בהם פנים ואחור. אבל בכלים יצדק בהם לשון פנים ואחור.

90

כרם שלמה ש"ז פ"ב אות ב' – מה שהוצרך לזה כאן, מפני שהוקשה לו, כי כמו שאנחנו אומרים שהפך כלי החכמה פניו למעלה, ונתן להכתר האור שלו, וכן אחר כך הפך כלי החכמה פניו למטה ואחוריו למעלה, כך היה צריך לומר שפני האור למעלה, ואחוריו למטה, כמו היות הכלי. ולמה אין אנחנו מזכירים בחינת פנים ואחור באורות כי אם בכלים, כי באמת הלא למעלה בפרק א' הזכרנו בחינת אחור ופנים באורות. לזה אמר כי עיקר הדבר, פירוש באורות לא יצדק בחינת שם פנים ואחור, אלא יצדק שם הסתלקות והתפשטות, מפני שכולו נקרא פנים לגבי הכלים. אבל בכלים שייך שפיר פנים ואחור, ולזה תמיד אנחנו מזכירים בזה הפרק, הפך כלי פלוני פניו למטה, או להפך, פניו למעלה ונשאר אחוריו למטה. אבל באורות שהכלי הוא פניו למטה במקום שהיינו צריכים לומר גם כן לגבי האורות פניהם למטה, אנחנו אומרים מתפשטים. וכן כשהכלי אחוריו למטה, במקום שהיינו צריכים לומר לגבי האור אחוריו למטה, אנחנו אומרים שהאור מסתלק. ולכן בכלים אנו מזכירים לשון פנים ואחור, ובאורות לשון הסתלקות והתפשטות.

91

תרשים ב – כ"א.

92

בית לחם יהודה ש"ז פ"ב – והפך פניו למטה נגד הבינה ונתן לה את הה' אורות. ונמצא שסדרם בפעם השלישית הוא מטי בכתר, ולא מטי בחכמה, ומטי בבינה.

93

ע"ח ש"ו פ"ה מ"ת דכ"ז ע"א – והנה נודע כי כשבאו הספירות של העקודים היו פניהם למטה, כי כוונת ביאתן היה להאיר למטה, לכן פניהם היו דרך המקבלים. אבל בחזרתן לעלות למעלה, אז הפכו פניהם למעלה נגד המאציל, ואחוריהם למטה. והנה בעלות הכתר אל המאציל אין ספק כי לעולם אין אור המאציל נפסק אפילו רגע אחד מן המקבלים הנאצלים, אז האור ההוא היורד מהמאציל יורד ממנו אל הספירות (נ"א האחרת והיה בא **דרך אחוריו**, שהרי הוא הפך פניו למעלה ואחוריו לנאצלים, והיו דיניו כנ"ל (נ"א ואם כן אותו האור הבא אל הספירות הוא בא דרך אחורי הכתר, והוא דין(, ועל דרך זה בשאר ספירות, בעת שהיו חוזרין ועולין. אמנם יש הפרש אחד ביניהן, והוא כי החכמה אינם מקבלת אלא מאחוריים אחד, דהיינו מן הכתר לבד, והבינה מקבלת מב' אחוריים, דהיינו דכתר ודחכמה, והוא יותר דין, ועל דרך זה עד המלכות, נמצא שהמלכות קבלה מתשע אחוריים. ועוד יש הפרש אחד, כי מלבד חילוק תוספת ריבוי או מיעוט בחינת אחוריים, יש בהם עוד שינוי והוא כי הנה התפארת מקבל מן אחוריים דגבורה, שהם אחוריים קשים עד מאד, אמנם הספירה שלמעלה ממנו אינו באופן זה, וכפי הבחינות כן היה שינוי באותו אור הנמשך להם, **או דין גמור, או ממוצע, או חלוש**, ואין כח בקולמס להרחיב בפרטות חלקים אלו, כי הם רבים, והמשכיל יבין.

ע"ח ש"ו פ"ו מ"ב דכ"ח ע"א – הנה בעולם העקודים בעת ירידת האורות של העשר ספירות שבו למטה, היה אור נמשך להם מן המאציל בבחינת אור ישר, ואחר כך בחזרתן לעלות למעלה, הנה נמשך להם האור בבחינת **אור חוזר**. וצריכים אנו להודיעך עתה בהקדמה אחרת כוללת כל העולמות (נ"א כלולה בכל המקום(,

נמשכים לכלים התחתונים אור הנקרא אור חוזר **דרך אחורי הכלי העליון**, והוא דין בערך אור הפנים הנקרא רחמים. כאן מבאר הרב ז"ל כי אי אפשר להמשיך אור מהכלי העליון לכלי התחתון אלא כאשר הכלי העליון **עומד פנים בפנים** עם הכלי התחתון, ולכאורה סתירה בדברי קודשו של הרב ז"ל. **צריך לדעת** כי ב' הבחינות הם צריכות, כי כאשר הרב ז"ל מבאר כי האורות עוברים דרך אחורי הכלי העליון מדובר על **האורות דחיות העולמות**, וכאן בפרקין שהרב ז"ל מבאר כי אי אפשר נתינת אורות מהכלי העליון לכלי התחתון כי אם פנים בפנים, מדובר על **עצמות האורות**, וזה הוא ההבדל הדק בין ב' הסוגיות. **ודע**[94] **כי כל נתינת** עצמות **האורות הוא לעולם בבזינת**

פנים בפנים[95] בסוד הזיווג, מה שאין כן באורות הנמשכים בבחינת **חיות העולמות**, כי כאשר המאציל ממשיך אור דחיות העולמות הוא נמשך דרך אחורי הכלי העליון לכלי התחתון ◆ הרב ז"ל ביאר כי[96] דרך נתינת האורות מהכלי

והוא בענין חזרת האורות אל המאציל, כי זולת מה שביארנו במקום אחר כי אף על פי שהם עולין ומסתלקין, הנה הם ממשיכין מלמעלה למטה מן המאציל בחינת אור, הנקרא אור חוזר.

ע"ח ש"ו פ"ז מ"ב דכ"ח ע"ד – וצריך עתה לבאר מה הארה היתה נמשכת אל האורות התחתונים, בעת עליית אורות העליונים מהם, כמו שהתחלנו לבאר למעלה ענין זה. וכדי לבאר ענין זה יתבאר לך **כלל גדול שיצטרך לך בכל שאר מקומות**, והוא ענין אור ישר, ואור חוזר מתא לעילא, כנזכר בתיקונים ובזהר במקומות רבים. דע כי אין ספק כי לעולם השגחת השפעת המאציל בנאצלים אינה נפסקת אפילו רגע אחד, ואף גם בהיות פגם בתחתונים, שאז)נ"א נמצא ניצוצי(האורות העליונים מחזירין פניהם מן התחתונים, ומסתלקין מהם ועולין למעלה, עם כל זאת השגחת הארה עליונה **המוכרחת להחיות התחתונים די ספוקם, אינה נפסקת כלל**, כמו שכתוב על פסוק - כי רגע באפו חיים ברצונו. ובודאי הוא שלא תהיה הארה זו הנמשכת מן המאציל המאיר בתחתונים בעת הסתלקות האורות למעלה, דומה אל הארה הנמשכת בתחתונים בעת ירידת אורות העליונים למטה, להאיר בתחתונים. ונמצא עתה אל ב' בחינות אורות נמשכין מן המאציל לתחתונים, אחד הוא בעת ירידת האורות למטה, והשני הוא בעת הסתלקות האורות למעלה, זאת דרך עליה, וזאת דרך ירידה. ואמנם)נ"א כשרצון בעליונים(כאשר יש רצון ויש כח בתחתונים, ושלימות לקבל אור העליון של המאציל, אז האורות העליונים חשקם וחפצם להאיר למטה, ועל ידי כך הופכים פניהם למטה להמקבלים, לירד להאיר בהם דרך פנים בפנים מאירים, ואמנם כשאין שלימות בתחתונים, והאורות מסתלקים, הם הופכים)נ"א והופכים(פנים אל המאציל, אשר כוונתן לעלות שם, ומחזירין את אחוריהן נגד המקבלים התחתונים, ואז אותו הארה שמאירה בתחתונים בעת ההיא באה דרך אחוריהם, ומאחוריהם מקבלים התחתונים הארה, המוכרחת להם **כדי חיותם** ולא יותר.

94

כרם שלמה ש"ז פ"ב אות ג' – פשט דבריו הוא, כדי שלא נבין כי בעודם הכלים פניהם למעלה, ואחוריהם למטה, כנגד פני הכלי התחתון, אז יורדים האורות דרך אחוריים של הכלי העליון, ונמסרים לכלי התחתון. לזה אמר כי אינו כן. אלא הוצרך שכלי העליון יחזור להפוך פניו למטה כנגד פני התחתון, וימסור לו האורות דרך פנים בפנים. והוא **לאפוקי** מה שנזכר לעיל בשער העקודים פרק ה', כי אפילו בעוד שהאורות מסתלקים ועולים למעלה, אז נמשך אור אחד לצורך חיות, ונקרא אור חוזר, ואור אחוריים, מפני שנמשך דרך אחוריים של הכלים, ובא לאפוקי זה, כי זהו דווקא בבחינת אור החיות. אבל הכא שעסקינן באורות העיקריים שלהם, לא אפשר אם לא דרך פנים נגד פנים. וכבר דקדק כאן ואמר **נתינת אורות**, דהיינו תפש לשון **נתינה**, ולשון **אורות**, לאפוקי הארה בלבד, וממקומם מאירים לתחתון. וז"ל שער ההקדמות דט"ו ע"ג - כי אי אפשר לשום נתינת אורות זה לזה, אם לא בהיותם פנים בפנים וכו', עד כאן לשונו.

95

כרם שלמה ש"ז פ"ב אות ג' – וכבר אמרנו לעיל שהסוד הוא כי הזיווג נקרא פנים בפנים, כי אי אפשר להמשיך האורות מכלי העליון לכלי התחתון, אם לא על ידי הזיווג, ולכן אפילו לצורך ההמשכה מזה לזה, צריך זיווג, **והזיווג הוא מכונה בשם פנים בפנים.**

96

כרם שלמה ש"ז פ"ב אות ג' – ומה שכתב, ואמנם הבינה לא הפכה פניה להאיר למטה בחסד וכו', כי הוקשה לו, והלא אמרינן לקמן כי הסדר כן הוא, דהיינו בעת נתינת כלי העליון האורות לכלי התחתון, קודם סילוק אורו למעלה, אז הופך פניו זה התחתון, ומאיר הארה בלבד לכלי התחתון האחר שלמטה ממנו, ואחר כך

העליון לכלי התחתון היא בדרך זאת. **בשלב הראשון** הכלי העליון מקבל בתוכו מכלי יותר עליון ממנו את עצמות האור המתייחס אליו, ועצמות האורות שמתייחסים לכלים התחתונים, בבחינת פנים בפנים. **בשלב השני** הכלי העליון שקבל את עצמות האורות הופך פניו לכלי התחתון ממנו, ונותן לא את **הארת** האורות הנמצאים בו, בבחינת פנים בפנים. **בשלב השלישי** אחרי נתינת הארת האורות לכלי התחתון, הכלי העליון הופך פניו כלפי הכלי היותר עליון ממנו, ומסלק את עצמות האור המתייחס אליו לכלי היותר עליון ממנו, בבחינת פנים בפנים. **בשלב רביעי** הכלי העליון שוב הופך פניו כלפי מטה, לכלי היותר תחתון ממנו, ונותן בתוכו את **עצמות** האור המתייחס לכלי התחתון, ואת **עצמות** האורות המתייחסים לכלים התחתונים, וסדר זה הוא בכל שיעור קומת העקודים, חוץ מהזמן שכלי הבינה ממשיך את האורות לכלי החסד. **צריך לדעת** כי אחרי שאור החכמה והרשימו דכתר בטשתים זה בזה, ומתלבשים בכלי הכתר בבחינת זו"ן, אור הבינה ורשימו דחכמה מבטשים זה בזה, ומתלבשים בכלי החכמה בבחינת זו"ן, בא אור החסד להתלבש בכלי הבינה, והיה צריך אור החסד לבטש ברשימו שבכלי הבינה, והרשימו שבכלי הבינה לבטש באור החסד, **וזה אי אפשר**, כי הרשימו[97] דבינה קטן, ואור החסד הוא בחינת הבן של הבינה, והבינה היא אימא שלו כנודע, ואי אפשר שהחסד

כשמטי האור בכתר, או לא מטי בכתר, אזי הופך פניו למעלה, ועולה אורו בלבד למעלה, ואחר כך חוזר להפוך פניו למטה ומוסר האורות לכלי התחתון שלמטה ממנו, וזה הסדר נוהג בין חכמה לבינה, ובין חסד לגבורה, ובין גבורה לתפארת, ובין התפארת לנצח, ובין נצח להוד, ובין הוד ליסוד, ובין יסוד למלכות. שקודם נתינתם האורות לכלי התחתון מהם, כל אחד מאיר בהתחלה הארה בלבד, ואחר כך שחוזר אורו לעלות למעלה, אז חוזר להפוך פניו למטה, ומוסר שאר האורות לכלי התחתון ממנו. ואם כן הואיל וסדר זה נוהג בכולם, למה אינו נוהג בין בינה לחסד, והלא החסד הוא גדול מן הו"ק שתחתיו. לזה תירץ מפני שהחסד אין בו כוח עדיין לקבל הארה מן הבינה, בעוד האור שלה בתוכה, לכן אין יכולת בכלי החסד לקבל ההארה של הבינה, כדי שתצטרך לחזור פניה למטה, נגד כלי החסד.

97

ע"ח ש"ז פ"ג מ"ג דל"ב ע"ד – נמצא כי מעולם כתר וחכמה אינם מתבטלים ממציאותם להיעשות מזכרים נקבות, כי הרי האורות שלהם עצמן נשארים במקומן, אף על פי שאינם גמורים כמו מתחלה, ואדרבא שאר האורות שבאו עתה נתוספים עליהם ונעשים נקבות עליהם)נ"א אליהם(. וכן העניין גם כן בבינה, רק שיש בה הפרש, **והוא שנשאר בה אור הבינה מועט בעת הסתלקות כנ"ל**, ועתה נכנס בה אור החסד, והנה חסד בן הבינה כנודע, ולא יתכן שיהיה הוא הזכר, ואור הבינה עצמה נקבה אליו, ואם נאמר שאור הבינה יהיה זכר, ואור החסד יהיה נקבה, גם זה לא יתכן. ולזה **צריך** אותו הפיכת פנים בפנים שביארנו למעלה, שהופכת חכמה פניה למטה בעת שניתנין אליה)נ"א קודם שניתנין( )הח' אורות, ואז מזדווגים שם במקומן **זכר ונקבה של חכמה, ומוציאין על ידי זווגם אור אחד הנקרא יו"**ד, ואז ניתן למטה בהפיכת פניהם לבינה, **ואז אותו היו"**ד מתלבש תוך אור הבינה** על דרך)נ"א בדרך(האחרות, ונעשה היו"**ד זכר והבינה נוקבא, ואחר כך כאשר נתנו הז' אורות בכלי של בינה, אז ניתן בה אור של החסד, ונשאר בה אור החסד תמיד בבחינת מ"ן)בס"א כמן בצנצנת(. ואף על פי שאור זה של הבינה הוא מן האורות הראשונים שנשארו שם, וזו היו"ד שבא לתוכה מזווג דזו"ן שבתוך החכמה הוא מחודש. ואם כן איך תעשה הבינה שהיא השורש נקבה, אל זה אור המחודש שהוא מחכמה. והתשובה הוא שכבר בארנו שזה האור של הבינה אינו אור גדול, אחר שיש ג' מרחקים בינו ובין האור כנ"ל, אף על פי שאינם ג' מרחקים גמורים, מה שאין כן בחכמה שלמעלה. ועוד כי אור הבינה הזו נשארה כאן בעת הסתלקות, אשר לא היתה כוונתו להאיר, אך הנוקבא)נ"א אשר נשארה כאן בעת הסתלקות לא היתה כוונתה להאיר רק הנוקבא(העליונה שבחכמה באתה בעת התפשטות שכוונתו להאיר. לכן הבן היוצאת מבין שניהן יכול להיות יותר פנימי מבינה מבינה זאת, מכל שכן מן החסד שבא עתה, אף על פי שבא גם הוא מבחינת של התפשטות, אבל עם כל זה הנה הוא ג' מדריגות למטה מהחכמה.

שער ההקדמות דט"ו ע"א – וכן שנכנס אור החסד בבינה, אין בכלי דבינה רשימו גדול כמו שהיה בשנים הראשונים דכתר וחכמה, וזה יובן עם הנזכר לעיל, כי אור הבינה נתרחק ממנה ג' מדרגות, או קרוב להם, כי אם היה ג' מדרגות גמורות היתה נעשת תכף כלי גמור בעת הסתלקות אורות, כדוגמת ז' הכלים התחתונים, אבל לא היו אלא קרוב לג' מדרגות. ולכן אור הרשימו שלו קטן מאוד, ועתה בהיכנס שם אור החסד, והוא בן של הבינה כנודע, ואם כן **אי אפשר שהבן שלה יהיה בעלה**, ואם נאמר להפך שיהיה אור הקטן הרשימו של הבינה זכר, ואור החסד נקבה, גם זה אי אפשר. ולכן הוצרך שהזו"ן שבכלי החכמה יהפכו פניהם כלפי מטה, ומזדווגים יחד, ונולד מביניהם **אור אחד חדש**, מורידים אותו למטה, ונותנים אותו בכלי הבינה, על ידי היות פניהם הפוכות למטה. וכמו שיתבאר למטה. **ואז האור החדש הזה מכה באור הקטן הרשימו דבינה, ושניהם**

יהיה בעלה, כי לא יתכן כי אור החסד יהיה הזכר ואור רשימו דבינה נקבה שלו, או להפך, אור הרשימו דבינה זכר, ואור החסד נקבה. לכן כדי להמשיך את השמונה הארות התחתונות מכלי החכמה לכלי הבינה, **הוצרכו** זו"ן דחכמה להתייחד, והולידו אור חדש, הנקרא **יו"ד**, והאור החדש הזה מבטש באור הרשימו דבינה, ואור הרשימו דבינה מבטש באור החדש, ומבטשים אלו נעשים ב' כלים, והם בחינת זו"ן דכלי הבינה. ואחר כך התלבש אור החסד בכלי הבינה, והוא בחינת מ"ן שבבינה. **יוצא מזה** כי האור שבכלי הבינה, שהוא האור החדש, הוא גדול לאין ערך מאור החסד המתלבש בכלי הבינה בהתפשטות השניה, ולכן אור שבכלי הבינה גדול לאין ערך מהאורות דו"ק, כי האור שבכלי הבינה אינו רק אור החסד, אלא גם בחינת האור החדש שנולד מיחוד זו"ן דחכמה. **ואמנם** כאשר האור המתייחס לכלי הבינה, שהוא

האור החדש הנקרא **יו"ד**, עם אור החסד שהתפשט בהתפשטות השניה שהיו עדיין בכלי **הבינה** ר"ל עדיין לא

הסתלקו לכלי החכמה, **לא הפכה** כלי הבינה **פניה** למטה לכלי החסד **להאיר למטה** הארה דאורות

התחתונים **בכלי הזוסד**, כי[98] **לא היה כזו** בכלי הזוסד ובכל הו"ק **לקבל אור גדול**

כזה מכלי הבינה בבחינת **פנים בפנים** כאשר האור המתייחס לכלי הבינה, שהוא האור החדש נמצא בכלי

הבינה, וכלי הבינה מאיר את הארת שבע האורות בכלי החסד **רק**[99] מבחינת **אזור**[100] **באזור** ר"ל[101] אחור

באחור, כי הפנים דכלי החסד עומד באחור כלי הבינה, **כי הלא יש כאן** את **אור שֶׁל** הכלים

מכים זה בזה, ועושים ב' כלים, אחד לזה ואחד לזה, ואחר כך מתלבש אור החדש תוך זה הרשימו, ונעשים כעין זו"ן, ושניהם תוך כלי אחד דבינה בלבד, **ואור זה החדש נקרא יו"ד**, וכמו שנבאר עתה. ואמנם אור החסד שנכנס בכלי הבינה, כיון שהוא בן שלה כנזכר, לכן נשאר בתוכה תמיד לעולם בבחינת מיין נוקבין שבה, **וזכור הקדמה זו היטב**.
98

בית לחם יהודה ש"ז פ"ב – כי לא היה כח בחסד ובו"ק לקבל אור גדול כזה פנים בפנים, רק אחור באחור. בע"ח כתב יד נ"ב הר"מ פאנצרירי הגיה אחור בפנים עד כאן לשונו. והביאו בהגוב"י אות ה'. והטעם הוא לפי שכל הכלים היו פניהם למעלה, כמו שכתוב בדבור הראשון.
99

תרשים ב – כ"ג.
100

הגהות וביאורים)ה(– הרא"ש מפנצלירי הגיה אחור בפנים.
101

האמת היא כי אפשר להעמיד את גירסת הרב ז"ל, שהיא אחור באחור, ולא לשנות אותה לאחור בפנים, לפי שכבר הרב ז"ל לפעמים כותב שהפרצופים עומדים אחור באחור, והם בעצם עומדים פנים באחור, כי בעצם הרב ז"ל **רוצה להדגיש** שאין בבחינת זיווג בין ב' הספירות, לכן הוא כותב אחור באחור, כי גם בבחינת פנים באחור, או אחור בפנים אין בחינת זיווג. וכן הוא בפרק ג' דשער העקודים, שם הרב ז"ל מבאר כי לפני שהסתלק אור דאבא למאציל, היה בו ג' בחינות דנר"ן, ולאימא היו ד' בחינות דנרנ"ח, וכותב הרב ז"ל כי או"א עומדים אחור באחור, ובאמת כאשר אימא קבלה את בחינת החיה, שהיא בחינת פנים, היא עומדת פנים באחור עם אבא, ר"ל פני האימא באחור דאבא, ועם כל זאת הרב ז"ל קורא לבחינה זאת אחור באחור.
ע"ח ש"ו פ"ג מ"ת דכ"ו ע"ג – והנה כאן בעולם העקודים היו זו"ן גדולים מאו"א, כי זו"ן היו פנים בפנים, **ואו"א היו אחור באחור**, והענין כי הנה זו"ן השלימו כל צרכם הצריך להם, שהם ה' אור פנימי, וב' מקיפין, קודם שחזרו לעלות במאצילם, מה שאין כן באו"א כי עדיין לא היו שלימים, שהרי **לאבא לא היו רק ג' פנימים** לבד ובלי שום מקיף, **ולאימא לא היה רק ארבע פנימים** ובלי שום מקיף. ועוד כי אפילו קודם שתחזור שום ספירה להתעלות במאצילה, כבר היה מה שצריך להם אל זו"ן לצורך הזיווג. והענין **הוא כי כבר ידעת כי הזיווג הוא נמשך מן המוחין שהוא מחכמה ולמטה**, וכבר היה לז"א בחינת חכמה שהיא חיה פנימית, קודם שיתעלה כתר במאציל. ואף על פי שהמלכות היתה גדולה ממנו, שהיה לה יחידה פנימית, אין בזה חשש, **מה שאין כן באבא שאין לו בחינת חיה** אפילו אחר שמתעלה הכתר אל המאציל.

דו"ק והאור המתייחס לכלי המלכות הנקרא ד', **ועוד** נמצא בכלי הבינה **אור** החסד המשמש בבחינת מ"ן לכלי **הבינה,** והאור החדש שנולד מזיווג זו"ן דחכמה, **שׁהיא יותר גׁדולה מכולם יזׁוׁד,** ר"ל מכל האורות המתייחסים לכלים דו"ק והמלכות. כמו שלפני שכלי הכתר נתן את עצמות האורות בכלי החכמה, נתן קודם לכן הארה דתשע הספירות התחתונות, כך גם כלי החכמה עשה, לכן לפני שנתן כלי החכמה את **עצמות** האורות, נתן כלי החכמה לכלי הבינה את בחינת ההארה של האורות שהיא בחינת המלכות[102] דכל ספירה וספירה. ומבאר הרב ז"ל, **אך תזזלה כאשׁר לא היו עדיין** עצמות **האורות בכלי הבינה, רק שׁנתנה** כלי הכתר את כל התשע האורות התחתונים **לכלי הׁזׁכמה, אז** כאשר יש את כל התשע אורות התחתונים שהם האור המתייחס לכלי החכמה, והוא אור הבינה, ושאר האורות המתייחסים לכלים התחתונים, שהם האורות דחג"ת נהי"ם והאור המתייחס לכלי המלכות בתוך כלי החכמה, **הׁפׁכה** כלי **זׁכמה פׁנׁיה** כלפי מטה כנגד פני הבינה, **והׁאירה אׁל** כלי **הבׁינה הׁארה לבׁד** של כל התשעה אורות, **כׁולל** את האור המתייחס לכלי החכמה, שהוא אור הבינה **(נׁ"א יזׁוׁד וׁזׁהו)** וההארה הזאת היתה בבחינת **פׁנׁים בׁפׁנׁים,** אחר כך מטי האור המתייחס לכלי הכתר, שהוא אור החכמה בכלי הכתר, ואז האור המתייחס לכלי החכמה, שהוא אור הבינה, לא מטי בכלי החכמה, ר"ל מסתלק מכלי החכמה ונעלם בכלי הכתר, ואז כלי החכמה הופך פניו שוב כלפי מטה לכלי הבינה, ונותן לה את **עצמות** שמונה האורות התחתונים, והם האור המתייחס לכלי הבינה, שהוא אור החסד, והאורות המתייחסים לכלים דחג"ת נהי"ם, שהם האורות דגבורה, תפארת, נהי"ם, והאור המתייחס לכלי המלכות. וכל זה הוא היחס בין כלי הכתר לכלי החכמה, וכן בין כלי החכמה לכלי הבינה. **מה שׁאין כן** בכלי הׁזׁסד, **לׁפׁי שׁיׁישׁ** בכלי **הבׁינה** כׁזׁ לׁקׁבׁל את **הׁארת** תשע האורות, וכן יש כח בכלי הבינה לקבל את **עצמות** כל שמונה **האׁורות הׁהׁם, לׁפׁי שׁזׁ אׁורות תׁזׁתׁונׁים** והאור המתייחס לכלי המלכות הנקרא ד', **הׁיׁו בׁטׁלׁים לׁגׁבׁי הׁאׁור** של הׁכׁלׁי **שׁלׁה** שהוא האור החדש הנולד מזיווג זו"ן דכלי החכמה, **וׁגׁם** את הארה של **הׁאׁור שׁלׁה וׁדׁאׁי שׁתׁוׁכׁל לׁקׁבׁל** כלי הבינה, וגם הארה של **הׁאׁור שׁל הׁזׁכׁמה** שהיא הארה דאור הבינה הנמצא בכלי החכמה, יכול כלי הבינה לקבל, **אׁף עׁל פׁי שׁ**ההארה של **הׁאׁור שׁלׁו** ר"ל של כלי החכמה **גׁדׁול מהׁאׁור שׁלׁה** כי בכלי החכמה מתלבש אור הבינה, ובכלי הבינה מתלבש אור החסד, **עׁם כׁל זׁה** כׁבׁר[103] יׁדׁעׁת כׁי אבׁא ואמא כׁזׁדׁא שׁריׁיׁן, וכׁזׁדׁא נׁפׁקׁיׁן, ויׁכׁולׁה הׁיׁא ר"ל

102

ע"ח שׁט"ל דרוש י"ׁג דע"ז ע"ׁג, הגׁהה למהרׁח"ו – ונראה לעניות דעתי שזה מובן במה שכתב, **כי הרשׁימו הוא מלכות,** ולכן המלכות דחסדים יש בה ממש, אבל חמש גבורות אין בהם רק כך הארה. וגם תבין מכאן שחמש גבורות וחמש חסדים היורדין מהדעת, והניתנין לנוקבא בסוד זווג (הם מ"ד(, ונתנין לנוקבא לתיקון גופה, ויורדין ביסוד, אחר כך הם מ"ן, גם תבין שכל זמן שלא כלו המ"ד והמ"ן אינם באים אחרים חדשים לצרכו ולצרכה, למ"ד בו ולמ"ן בה.
כלל – הארה, רשׁימו הם בחינת מלכות דאותו שיעור קומה.

103

ע"ח שׁי"ד פ"ׁז מ"ב דע"ׁג ע"ׁג – ה' חלוקים יש בין או"א לזו"ן, והם מבוארים בזׁוהר. **א'** או"א כחדא נפקין, פירוש שהם שוין בקומתן, מה שאין כן בזו"ן, כי הנוקבא לא יצאת רק אחר שהוא יצא, עד חצי תפארת שבו, ואחר כך יצאה היא משם ולמטה, ובערך זו אמרו כחדא נפקין. **ב'** כי או"א אחר התקון כנזכר באדרא, היו תמיד פנים בפנים, מה שאין כן בזו"ן, ובערך זה אמרו כחדא שריין. **ג'** כי או"א זווגם תדיר, מה שאין כן בזו"ן, ובערך זה אמרו ולא מתפרשין. **ד'** שׁאו"א לעולם רחמים, כי אפילו בינה שׁדינין מתערין מינה, אינה אלא אחר צאת זו"ן ממנה, אבל בהיותה למעלה הכל היא רחמים, אבל זו"ן לפעמים הוא רחמים ולפעמים הוא

כלי הבינה **לקבל** הארה ד**אור הזזכמה** בזמן שמטי בכלי החכמה. וכאשר נתן כלי החכמה את האורות לכלי הבינה, יכול היה כלי הבינה לקבל את כל **עצמות** האורות, **מה שאין כן** ב**כלי הזזסד** שלא היה יכול לקבל פנים בפנים את ה**הארה** של האורות התחתונים ביחד עם ה**הארה** דבינה, **כי יש הפרש גדול בינו** ר"ל בין כלי החסד ל**כלי** הבינה שבו מתלבש **אור בינה** החדש הבא מיחוד זו"ן דחכמה, וכלי החסד **אינו יכול**

לקבלו ר"ל את ה**הארה** של האורות התחתונים עם ה**הארה** דבינה **פנים בפנים**, אלא רק בבחינת פנים באחור, ר"ל פנים דכלי החסד באחור דכלי הבינה. ורק אחרי שהאור לא מטי בכלי הבינה, כלומר האור המתייחס לכלי הבינה מסתלק לכלי הכתר, הופך כלי הבינה פניו כלפי מטה, פנים בפנים עם כלי החסד, ונותן את **עצמות** שבע האורות התחתונים בכלי החסד, כמו שהרב ז"ל מבאר לקמן.

הרב ז"ל מבאר[104] איך כלי הבינה נותן את **עצמות** האורות התחתונים לכלי החסד. **ונחזור**[105] **אל העניין** של נתינת **עצמות** האורות התחתונים מכלי הבינה לכלי החסד, וכבר ביאר הרב ז"ל כי אין בכח שום כלי תחתון לקבל **עצמות** האורות מהכלי העליון, כל עוד האור המתייחס לכלי העליון נמצא בכלי העליון, לכן צריך האור המתייחס לכלי העליון להסתלק ממנו, ואז הכלי מחזיר פניו כלפי מטה אל הכלי התחתון, ונותן לו את **עצמות** האורות התחתונים, ולכן

דין, וזה סוד הנזכר פרשת חיי שרה דקכ"ג ע"א ק' שנה, כ' שנה, וז' שנים, כי בכתר ואו"א הם ק"ך שנה, והיינו ק' בכתר, וך' באו"א, ונה הם כולם בסוד שנה, אך הז"ו"ן שהם ז' תחתונים, ז' שנים, הנה הם שנים ולא שנה, משום דאית בהו דין דין ורחמים. **ה'** כי באו"א לעולם יש חיבוק, כנזכר בזוהר כתרין רחימין דאינון מתחבקין. עוד יש חילוק אחר והוא כי או"א חד גופא ממש מתדבקין דא בדא, והנה כבר הודעתיך שיש ב' מיני זווגים אחד להוריד נשמות חדשות, ואחד לתת חיות לעולמות התחתונים, ואמנם הזווג שהוא כדי לתת חיות זה אינו נפסק לעולם מאו"א, כדי שלא יתבטלו העולמות ח"ו. אבל בז"ן אפילו הזווג זה נפסק לפעמים, וזה סוד לא ידון רוחי באדם, ר"ל לא ימשוך רוח חיות העליון באדם שהוא ז"א לעולם, כי אם ימשוך זה לעולם יאריכו ימים ויהיו רשעים, אך בראותן שהם מתים בקצרות שנים, אז על ידי זה יחזרו בתשובה, לכן אין רוח חיות זה נמשך תמיד בז"א.

104

כרם שלמה ש"ז פ"ב אות ד' – ונחזור אל העניין. מפני שכבר הפסיק העניין בנתינת טעם של שלא הפכה כלי הבינה והאירה לחסד, והאריך בזה, לזה שפיר נופל עליו לשון **ונחזור**, כי לעיל הגיע בסיפור של מטי בכתר, דהיינו שחזר אור הכתר להיכנס בו, ואז אור החכמה עלה אליו, ולזה החכמה מסרה את השמונה אורות לכלי הבינה, ועכשיו הגיע עת מסירת האורות מן הבינה אל כלי החסד. וצריך שאור הבינה יעלה בתחילה אל החכמה, ואחר כך ימסור כלי הבינה את השבע אורות אל כלי החסד, וזה אי אפשר לעלות אור של הבינה אל כלי החכמה, בלתי שתראה תועלת לעצמה. ולכן הוי כי לא מטי בכתר, כי אור של הכתר שהיה בו עלה למעלה אל המאציל, וזה נקרא לא מטי בכתר, כי נסתלק ממנו אורו, ואז בראות אור של החכמה כי אין לה תועלת עוד להישאר בכלי הכתר, כי מה שהיתה שם קודם לכן היתה מפני החשק שיש לה להידבק באור של הכתר, והוא כדי לקבל ממנו הארה, אבל עכשיו שכבר אור הכתר נסתלק למעלה, והוי לא מטי בכתר, אז אור החכמה הוא קרוב אל עצמו יותר, והולך לו אל הכלי שלו כדי להאיר לו, הואיל ואין לו תועלת עוד מן הכתר, ולכן חוזר אור החכמה שהיה בכלי הכתר והולך לו אל הכלי שלו, וזה נקרא מטי בחכמה, כי אור של החכמה חוזר ומטי אל הכלי שלו. ואז בראות אור של הבינה כי חזר אור החכמה אל הכלי שלו, אז עולה אליו לקבל ממנו הארה, וזה נקרא לא מטי בבינה, כי אור של הבינה לא נשאר בה, ועולה לו אל החכמה. ואז הואיל וחסר אור הבינה ממנה, כי היו ח' אורות, ועכשיו נשארו ז' אורות בלבד, ואור הבינה הגדול עלה למעלה לחכמה, אז הופכת כלי הבינה את פניה, ומוסרת את השבע אורות לכלי החסד.

105

בית לחם יהודה ש"ז פ"ב – ונחזור אל העניין וכו'. ונמצא שסדרם בפעם רביעית, לא מטי בכתר, ומטי בחכמה, ולא מטי בבינה, ומטי בחסד.

כי כאשר חזר להיות לא מטי בכלי **הכתר** ר"ל הסתלק אור החכמה מכלי הכתר למאציל כדי לקבל הארה[106] מן השורשים דעקודים הנמצאים בפה דא"ק, **הנה אז** אור הבינה שהיה בכלי הכתר **הוא מטי** בכלי **החכמה** כדי להאיר בכלי דחכמה, **ויורד** ה**אור** ש**ל** ה**חכמה בה** ר"ל האור המתייחס לכלי החכמה, שהוא אור הבינה, מתפשט בכלי החכמה, **ואז כבר השבעה בנים שיש** בכלי ה**בינה** **הם גדולים, ואינם צריכין לאמם** כי כבר ינקו כל הצריך להם[107], וכלי[108] הבינה לא היה צריך להפוך פניו לכלי החסד, כי כבר היה עומד הפנים דכלי הבינה באחור דכלי החכמה, כי כלי הבינה לא הפך פניו למטה

106

ע"ח ש"ז פ"ד מ"ד דל"ג ע"א – ועתה צריכין אנו לבאר מציאות לא מטי בכתר מה ענינו, והענין כי אחר שבארנו שיש בכלי של כתר זו"ן, והם כתר חכמה, **ואלו צריכין לעלות אל שורשים לינק משם**. ואמנם חשק הזה שיש להם ליקח אור מן השורש שלהם, הוא הגורם להם לעלות, שהרי כל העשר שרשים כולם פניהם למטה להאיר לעקודים הללו. ואמנם אחר שעולין ויונקים משם, אז אותו הכתר דעקודים הנשאר בסוף השרשים, הוא הופך אחוריו להם, ואז אינם יכולים עוד לינק, ולכן חוזרין ויורדין ונכנסין בכלים שלהם כמו שנבאר בע"ה. והענין כי הנה כל השרשים העליונים הופכין פניהם למטה להשפיע אור, בסוד חיות לבד שלהם ולא לצורך זווג. אמנם גם שורש הכתר עליון יש לו חשק להשפיע למטה, כי לעולם השרשים רצונם להאיר בענפים, אך סיבת הדבר הוא היות אור הכתר בסוף אותן השרשים כולן, הופך אחוריו למטה, ואז כראות השורש העליון בכתר העליון כי אור הניתן שם אינו משפיע למטה, אז הוא אוסף חלקו למעלה, כמו שכתוב - הצדיק אבד, כי כאשר אינו מזדווג עם המלכות, גם הוא מפסיד, כי אין נותנין לו או"א רק כאשר ישפיע למטה, וכן על דרך זה בכאן,)כי(כאשר הכתר אינו משפיע למטה, אז גם השורש של כתר עליון אוסף חלקו, ולא ברצונו, כי רצונו להשפיע רק בשביל חסרון התחתונים שאינן יכולין לקבל. וגם טעם הדבר שאם ימשך האור ההוא תמיד, הנה יחזרו הכלים אל בחינת אורות כבתחלה ויתבטלו כבתחלה, אבל עתה שאין אור נמשך בכלים, רק אחר עליית אור הכלים למעלה לינק, ובזה אין הכלים בטלים. והנה אחר שינקו אלו האורות למעלה, אז חוזר הכתר ההוא להפוך פניו למעלה, ואז יורדין למטה בעשר כלים, כי אין להם מה לינק. ועוד טעם אחר, לפי שגם אלו האורות יש להם חשק לחזור אל הכלים, דוגמת הנשמה כשיוצאת מן הגוף, לכן אחר יניקתן חוזרין לירד, ואז אין אותו כתר דעקודים שבסוף השרשים יונק מן השורש של כתר עליון של השרשים, רק חיות לבד הצריך לו ולא יותר.

107

כרם שלמה ש"ז פ"ב אות ד' – והוקשה לו לרב ז"ל, כי לעיל אמרנו בזמן שהיו האורות בכלי החכמה, ועלה אור של חכמה לכלי הכתר, הקשינו לעיל ולמה אור של בינה לא עלה עם החכמה להכתר. ואמרנו מפני חשק הבנים שהיא אמם, ואינה יכולה לעזוב אותם. ואם כן הכא בזמן לא מטי בכתר, איך אור הבינה עלה לחכמה, ועזבה את שבעה בניה, ונשארו לבדם. **לזה אמר** ואז כבר השבעה בנים שיש בבינה הם גדולים, ואינם צריכים לאמם. פירוש, כי כבר נגדלו במשך הזמן הזה, שנשארו מתעקבים שם עם אמם, שהיא אור של הבינה, וכבר ינקו כל הצריך להם, ואינם עוד צריכים לאמם, שהיא אור של הבינה, וכבר ינקו כל הצריך להם, ואינם עוד צריכים לאמם, ולזה מפני שהיא קרובה אל עצמה ותועלתה, לזה עוזבת אותם ועולה אל החכמה כדי לקבל הארה.

108

כרם שלמה ש"ז פ"ב אות ד' – ומה שלא כתב כאן כי הפכה כלי הבינה פניה למעלה, ועלה האור שלה לחכמה, כמו שכתב בכולם. מפני שכבר כתב לעיל שהבינה לא הפכה פניה למטה להאיר להחסד, כדי שתצטרך עכשיו לחזור ולהפוך פניה למעלה, כי כבר מקודם זה היו פניה למעלה, ולזה לא כתב כאן שהפכה הבינה פניה למעלה. וזה מפורש בהדיא בשער ההקדמות בענין שלנו וז"ל שם - אחר כך חזור להיות לא מטי בכתר וכו', ואז כלי הבינה שעדיין פניה כלפי מעלה, הנה האור שלה עולה בכלי החכמה, כי חושקת ומתאווה להתחבר עמה וכו', ואז נקרא לא מטי בבינה, עד כאן לשונו. ולכן אחר שאור הבינה עלה לחכמה, אחר כך הופכת הבינה פניה למטה, ונותנת את השבע אורות לכלי החסד, וזה נקרא מטי בחסד, כי השבע אורות שהיו בבינה נתנו בכלי החסד, וזה נקרא מטי בחסד, ופשוט.

לכלי החסד לתת לו הארה דשבע האורות התחתונים, **אז** האור המתייחס לכלי ה**בינה** שהוא האור החדש הנולד מייחוד זו"ן דחכמה, הנקרא י' **עולה** לכלי ה**חכמה מזומת וזשק שיש' לה** ר"ל לאור המתייחס לכלי הבינה **להדבק עמה** עם האור המתייחס לכלי החכמה, שהוא אור הבינה, ולכן מסתלק האור המתייחס לכלי הבינה לכלי החכמה, **וזה נקרא לא מטי** לא[109] גורסים ב**אור** אלא צריך לגרוס ב**כלי הבינה**, **ו**אחרי שהסתלק האור המתייחס לכלי הבינה למעלה לכלי החכמה, **אז**[110] **כלי הבינה** שהיה עומד אחור עם הפנים דכלי החסד **הפכה פניה למטה** כלפי כלי החסד, ועומד פנים בפנים כלי הבינה עם כלי החסד,]דל"א ע"ב 61[**ויורדין**[111] **השבע אורות** שהם גבורה, תפארת, נהי"מ, והאור החדש הנקרא אות ד' **שבה** ר"ל שבכלי הבינה, **וניתנין כולם אל** ה**חסד** כלי הזה**סד פנים בפנים**, וזה נקרא **מטי בכלי החסד**, וכלי החסד יכול היה לסבול את כל האורות התחתונים, וזה הפך עולם הנקודים שהכלים לא יכלו לסבול את האורות שהתלבשו בהם ונשברו[112]◆ כמו כלי הכתר וכלי החכמה, שלפני שנתנו את **עצמות** האורות לכלי התחתון מהם, הם נתנו קודם את

109

כרם שלמה ש"ז פ"ב אות ד' – ומה שכתוב כאן לא מטי באור הבינה, הוא טעות סופר. וצריך לאמר **לא מטי בבינה**, פירוש **לא מטי האור בכלי הבינה**, כי מסתלק ועולה למעלה, ואי אתמר הכי אתמר, לא מטי האור בבינה, והגירסא בשער ההקדמות, וזה נקרא לא מטי בבינה, ואין שם מלת אור, ונכון.
110

תרשים ב – כ"ד.
111

בית לחם יהודה ש"ז פ"ב – ויורדים הז' אורות שבה וניתנים כולם אל החסד פנים בפנים. עיין להרב יפה שעה לקמן באות ב' שהקשה היכי סבל כלי החסד ולא נשבר כבזמן עולם הנקודים, מאחר שכל הכלים דו"ק הם שום, ותרץ לפי שלא היה אור הכתר עמהם, וגם היו האורות בבחינת מטי ולא מטי, יעו"ש באורך.
112

הרב ז"ל מבאר כי בעולם הנקודים שום כלי מהכלים דשבע תחתונות לא היה יכול לסבול את האורות השיכים לכלים האחרים, וזה הפך עולם העקודים כמו שמבואר בפרקין, כי כאן בעולם העקודים לא נשברו הכלים דשבע תחתונים שהתלבשו בהם האורות, ומתרץ הרב יפה שעה ומסכים איתו הרב בית לחם יהודה בשתיקה כי הסיבה לכך היא כי האורות המתפשטים בכלים היו בבחינת מטי ולא מטי.
ע"ח ש"ח פ"ד מ"ת דל"ח ע"א – הנה כאשר יצאו אלו הנקודות שהם מכתר עד מלכות, היתה יציאתן היפך יציאת העקודים, כי שם ביציאת העקודים יצאת מלכות תחילה, וכתר באחרונה, וכאן בנקודים הוא להיפך, כי הכתר שלהם יצא בראשונה, ובו היו כלולים כל הט' אחרים, ואחר כך יצאה החכמה ובו כלולים כל הח', וכן על דרך זה יצאה אמא, ובה היו כלולים כל הז' אורות, ואז היתה היא נקראת אם הבנים. ואחר כך הוצאיה היא הז' כולם כלולים בחסד, ואחר כך מתגלים בגבורה, וכן על דרך זה עד לסוף, עד שנמצאת שיוצאת המלכות באחרונה מכולם. עוד יש הפרש שני, והוא כי בעקודים תחלה יצאו האורות, ואחר כך נעשו הכלים כנ"ל, אבל בנקודים יצאו תחלה עשר כלים, ונעשה על ידי הסתכלות העינים בג' אורות של אח"פ כנ"ל, לכן אחר שיצאו העשר כלים והונחו במקומן זה תחת זה, כל אחד לבדו, אז יצא האור אחר כך)נ"א אח"פ(על דרך זה שיצא הכתר תחלה, ונכנס בכלי שלו, ובו כלולים כל הט' אורות. וכן החכמה יצאה אחר כך, ובו כלולים כל הח'. וכן על דרך זה עד שיצאה המלכות לבדה באחרונה. נמצא שיצא הכתר תחלה ונכנס בכלי שלו, והיו כלולים בו כל הט' אורות, ואחר כך נשאר אור הכתר בכלי שלו, ויצא אור החכמה עם הח' אחרים כלולים בו, ונכנס בכלי החכמה, ועל דרך זה עד שסיימו כולם לכנוס בכלים שלהם. אבל דע כי כאשר אור הכתר נכנס תחלה בכלי שלו, היו שאר האורות בטלים בו בערכו, שהוא גדול מכולם יחד, **ולכן היה יכולת בכלי שלו לסובלו ולסבול ט' אורות האחרים, ולא נשבר**. וכן כאשר יצאה אור החכמה, ונכנס בכלי שלו, **היו הח' אורות כלולים בו**, וכן בצאת אור הבינה כלולה מז' אורות, ונכנסים בכלי שלה, **היו הכלים יכולים לסבול, ולא נשברו**, כי כולם הם בטלים בערך או"א, דמיון הבנים שבתחלה עומדים כלולים במוח אביהם

ההארה של האורות, כך [113] גם כל הכלים התחתונים מחסד ולמטה לפני שהם נותנים את **עצמות האורות**, הם נותנים תחילה בכלי התחתון מהם **הארה** של האורות, ואחר כך את **עצמות האורות**. לכן אחרי שכלי החסד קבל בתוכו את שבע האורות השייכים לכלים דו"ק ולכלי המלכות, הופך פניו כלי החסד למטה כלפי כלי הגבורה, ומאיר [114] לו **הארה** דשבע האורות התחתונים בכלי דליה דליה פנים בפנים [115], ואחר [116] שגמר כלי החסד להאיר לכלי הגבורה את ההארה דשבע

בסוד טיפת מוח, וכן בהיות בנים בסוד עיבור במעי אמן, יכולין להיות שם והיא יכולה לסובלם)ונתנה החכמה בבינה בסוד זווג פנים בפנים, והיו כולם בכלי הבינה כי תחלה היו אחור באחור, ונזדווג הכתר מניה וביה, והמשיך מוחין להם, ואז חזרו פנים בפנים, וזו"ן ניתנו בה, והיו בה בסוד מ"ן, והיו מעמידין מוחין דאו"א על עמדן, ואחר כך נזדווגו יחד או"א והוציאו ז' מלכים אלו(, ולכן היה בחינת התיקון בג"ר ולא נשברו כלל. וכאשר היו הז' תחתונים כלולין במעי אמם אם היו שם בבחינת מ"ן, המעוררין זווג עליון, אמנם בצאת משם השבע תחתונים, שהם הז' מלכים שמלכו בארץ אדום, ורצו ליכנס בכלים שלהם, **ולא יכלו הכלים לסבול, ונשברו ומתו**, כמו שנבאר בע"ה.

ע"ח ש"ח פ"ח מ"ת דט"ל ע"א – ונחזור לבאר סדר יציאת ז' מלכים אלו מתוך הבינה, ואיך נשברו. הנה ראשונה יצאו כולם מתוך הבינה, והיו כלולים באור הדעת, ונכנסו עמו בכלי שלו. והנה נודע כי ו')נ"א ז'(מלכים אלו הם בחינת ו"ק דז"א, **וכל אחד אינו גדול מחביריו, כי כל אחד הוא קצה אחד גדול כחבירו, ולכן לא היה כח בשום כלי מהתחתונים לסבול בתוכו יותר מחלק אור המגיע לחלקו בלבד**, וכאשר יצאו כולם כלולים **בדעת**, לא היה יכול **הכלי לסבול את כולם ונשבר וירד למטה** כמו שנבאר בע"ה. אחר כך יצאו ו' אורות האחרים **בכלי חסד**, וגם הוא לא היה יכול לסובלם, ונשבר וירד למטה, כמו שנבאר בע"ה. וכבר נתבאר לעיל כי ז' אורות הם, אלא שנצח הוד נחשבין לאחד, כי ב' פלגי דגופא הם. ואחר כך ירדו הה' אורות בכלי של גבורה, וירד גם כן עמהם הרשימו של חסד, פירוש כי נודע שכל הה' ספירות מחסד עד הוד כל אחד מהם נותן חד רשימו שלו בספירת יסוד, כי לסבה זאת נקרא יסוד כל, לפי שהוא כולל כולם, ועל כן כל אחד מוריד רשימו חד ליסוד, **ולא יכול לסבול ומת ונשבר**. ואחר כך ירדו הד' אורות וב' רשימין של חסד וגבורה **בכלי התפארת, ונשבר גם הוא, וירד**. וכן על דרך זה, עד שירדו שני)נ"א ב'(אורות וה' רשימין **בכלי היסוד, ולא היה יכול לסובלם, ונשבר וגם הוא ירד**. וכשבא אור **המלכות**, לא בא אלא הוא לבדו, ועם כל זאת **לא היה יכול לסבול, ונשבר גם הוא וירד**.

ע"ח ח"ב של"ד פ"ב כלל ט' דמ"ו ע"ב – והנה בצאת המלכים יצאו מבחינת ב"ן מעיני א"ק, והיו בו עשר אורות של עשר ספירות דב"ן, שהם כללות כל עולם אצילות, ותחלה נעשה בחינת כלים, ואחר כך יצאו האורות לכנוס בכלים. ואמנם העשר כלים האלו היו קטנים, ונקרא נקודות, פירוש כי לא היה כל כלי וכלי מהם גדול כדי שיוכלו כל העשר חלקי האור הנקודה ההיא להתפשט בתוכו, דמות צורת אדם, כמו שהוא עתה אחר זה התיקון, רק חלק העשירית שבה לבד, באופן שכל כלי מהם היה גדול כשיעור כלי של כתר של עתה של הנקודה ההיא, שהיא עשירית אחד מעשר חלקי הכלי, ואותו עשירית נקרא נקודה, כי הנקודה היא עשר, שהיא עשירית, ולכן נקרא עשר נקודות, וכולן בחינת הכתרים לבד, וכנ"ל.
113

כרם שלמה ש"ז פ"ב אות ה' – וצריך שתדע ותזכור מה שכתבנו לעיל, כי מחסד ולמטה **כל אחד מהם צריך להאיר להתחתון ממנו הארה בלבד**, בעוד האורות כולם בתוכו, קודם הסילוק הנקרא לא מטי, וקודם זמן נתינת האורות אליו, וצריך היה הרב ז"ל לכתוב זה הענין כאן, אלא שהניחו אחר כך, וכתב אותו לקמן בסמוך. ובשער ההקדמות כתובה כאן, וז"ל - ואז נקרא מטי בחסד, ואחר כך הופך כלי החסד את פניו כלפי מטה עם כלי הגבורה, ומאיר לו הארה בלבד.
114

שער ההקדמות דט"ו ע"ג – ואחר כך הופכת פניה כלפי מטה אל כלי החסד פנים בפנים עמו, ונותן בו ז' אורות תחתונים, ואז נקרא מטי בחסד. **ואחר כך הופך כלי החסד את פניו כלפי מטה עם כלי הגבורה, ומאיר בו הארה בלבד.**
115

תרשים ב – כ"ה.
116

כרם שלמה ש"ז פ"ב אות ה' – אחר שכלי החסד האיר לכלי הגבורה הארה בלבד, והיא מכח האורות שהיו בתוכו, עכשיו הגיע זמן של מסירתו לכלי הגבורה את הששה אורות, ואי אפשר למוסרם לה כל זמן שעודו

התחתונות, מחזיר[117] כלי החסד פניו כלפי מעלה, אל אחורי כלי הבינה. **דע כי יש**[118] **כלל גדול** והוא כי הג"ר חשובים כאחת בערך השבעה תחתונות. **ואזור**[119] **כך חוזר להיות מטי**[120] **האור** המתייחס לכלי הכתר, והוא אור החכמה **בכלי הכתר, ואז האור** המתייחס לכלי **החכמה** שהוא אור הבינה, **והאור** המתייחס לכלי **הבינה** שהוא האור החדש הנקרא אות י' הנולד מזיווג זו"ן דחכמה, **שניהם** ר"ל גם האור המתייחס לכלי החכמה וגם האור המתייחס לכלי הבינה **עולין שם** בכלי הכתר **מזומת וזשיק שייש להם** לקבל שפע ולינק[121] משורשם, מהאור המתייחס לכלי הכתר, שהוא אור החכמה שירד זה עכשיו מהמאציל, וגם אור החסד המשמש למ"ן דבינה עולה לכלי הכתר, **ואז נמצא שייש הרוזק גדול בין הבנים** שהם האורות של שבע הכלים התחתונים **לבין אורות** של **הג"ר** שהם אורות המתייחסים לכלי הכתר, חכמה ובינה, כי הג"ר נחשבים לאחד, **כי יש ביניהם ב' מרוזקים** של ב' כלים, שהם הכלים **דבינה וזחכמה, שאין בהם (נ"א ביניהם) אור** המתייחס לכלי שלהם, כי האורות דכלי החכמה וכלי הבינה עלו כולם לכלי הכתר

אורו בתוכו. ולכן צריך שאורו יעלה למעלה לכלי הבינה, כדי שישאר בו ששה אורות בלבד, שהם מן הגבורה ולמטה. ואז ימסור אותם לכלי הגבורה, כי תוכל לסובלם. וכדי שיעלה אור החסד לכלי הבינה, אי אפשר לעמוד עמה, כי אורה גדול, אף על פי שקודם לזה היה עמה בכלי אחד, על כל פנים שבתחילה היה נקרא על שם הבינה, כי היה בדקות גמור, וכמו דקות אור הבינה יחשב. אבל עכשיו אחר שירד לכלי החסד, ונקרא על שם החסד, וקנה עביות יותר, לכן אי אפשר עוד לישב עם אור הבינה בכלי אחד, ובפרט שעכשיו אור הבינה קנתה הארה יתירה בהיותה עם החכמה בכלי אחד. ולכן כדי שיעלה אל כלי הבינה, צריך שכלי הבינה יתרוקן מן האור שלו ויעלה למעלה, ואם יעלה לכלי החכמה, אינו חפץ בזה, כי מה יתרון הארה יקנה לו משם, כי בלאו הכי היה נמצא עמה קודם לזה, וקנה ממנה ההארה שהיה צריך לקנותה ממנה, ועכשיו אם צריך לו לעלות הוא רוצה לעלות למדרגה מעולה מן החכמה, והיא להכתר, ולכן הוצרך שיחזור אור הכתר אל כלי שלו, והוי מטי בכתר, וכראות החכמה שמטי בכתר, וחזר אורו אליו ממולא מכל טוב, אז עולה שם החכמה, ואז הואיל ואו"א כחדא נפקין, אז אור הבינה גם כן עולה אחריה, ויהיה עמה, ושניהם יושבים בכלי הכתר עם האור של הכתר לקבל ממנו הארה יתירה על מה שהיה להם.
117

תרשים ב – כ"ו.
118

שער ההקדמות, דרוש ב' בעניין מטי ולא מטי דט"ו ע"ד – ועם מה שהקדמנו בכלל זה, יתבאר לך היטב ההקדמה הנודעת, **כי עשר ספירות יש בהם ב' מדרגות**, והם ג' **ראשונות שהם חשובים כאחד**, ושבעה תחתונות מדרגה אחרת. ועוד יש חלוק אחר בין הג' ראשונות עצמם, בעניין מטי ולא מטי, והוא כי מן הראוי היה שכשהוא מטי בכתר יהיה לא מטי בחכמה, ומטי בבינה, כמו שהוא בסדר ז' תחתונות. וכן כשהוא לא מטי בכתר, יהיה מטי בחכמה, ולא מטי בבינה. אבל אין זה העניין כך, והטעם הוא לסיבה הנזכרת, **כי הג' ראשונות חשובות כאחת**, ולכן כשהוא מטי בכתר, אז הוי לא מטי בחו"ב, כי שתיהם עולות שם יחד בכתר. וכשלא מטי בכתר אז מטי בחכמה. והיה ראוי שישאר אור בינה בחכמה, ויהיה לא מטי בבינה כנזכר לעיל, אבל הטעם הוא כנזכר לעיל, כי חפץ חסד הוא, ורוצה לירד אצלו להאיר בו, ולכן הוי גם כן מטי בבינה.
119

בית לחם יהודה ש"ז פ"ב – ואחר כך חוזר להיות מטי האור בכתר. ונמצא סדרם בפעם החמישית מטי בכתר, ולא מטי בחו"ב ובחסד, ומטי לגבורה.
120

תרשים ב – כ"ז.
121

שער ההקדמות דט"ו ע"ג – אחר כך חוזר להיות מטי בכתר, ולא מטי בחו"ב וחסד, לפי שאור החו"ב שניהם לבד מסתלקים ועולים יחד לכלי הכתר, **מרוב חשקם ותאותם לינק משרשם.**

כדי לקבל שפע הארה מן אור המתייחס לכלי הכתר, שהוא אור החכמה שהתפשט זה עתה והמאציל, **לָכֵן** הָאוֹר המתייחס לכלי **הַחֶסֶד** שהוא אור הגבורה, **עוֹלֶה אָז** לכלי **הַבִּינָה**, וזה **נִקְרָא לֹא מָטֵי** בְּכלי הַחֶסֶד, **וְאָז הוֹפֵךְ** כלי הַחֶסֶד **אֶת פָּנָיו** למטה כלפי כלי הגבורה **וְנוֹתֵן** עֲצְמוּת הָעֶשֶׂה **אוֹרוֹת לְמַטָּה** בְּכלי **הַגְּבוּרָה** פנים בפנים, כי כל עוד האור המתייחס לכלי החסד, שהוא אור הגבורה, נמצא בכלי החסד, כלי החסד לא יכול לתת את **עצמות** האורות לכלי הגבורה, לכן היה צריך האור המתייחס לכלי החסד להסתלק, כדי שכלי החסד יתן את **עצמות** האורות לכלי הגבורה. ואחרי שנותנן כלי החסד את **עצמות** האורות לכלי הבינה, הופך[122] את פניו כלפי מעלה, ופניו עומדים באחורי כלי הבינה. ● לפני שכלי הגבורה יעביר לכלי התפארת את **עצמות** האורות התחתונים, צריך כלי[123] הגבורה לתת תחילה את **ההארה** לכלי התפארת ואחר כך את **עצמות** האורות. לכן[124] הופך כלי הגבורה את פניו כלפי מטה אל פני כלי התפארת ונותן לו **הארה** פנים בפנים, וחוזר מיד והופך[125] פניו כלי הגבורה כלפי מעלה, ועומד פני כלי הגבורה באחורי כלי החסד. אחרי שקבל כלי הגבורה את **עצמות** האורות, הגיע תורו של כלי התפארת לקבל את **עצמות** האורות התחתונים, לכן כדי שכלי הגבורה ימשיך את **עצמות** האורות לכלי התפארת, צריך האור המתייחס לכלי הגבורה, שהוא אור התפארת להסתלק מכלי הגבורה לכלי החסד, ולהיות בבחינת לא מטי בגבורה. ומבאר הרב ז"ל כי **אָזוֹר**[126] **כָּךְ** ר"ל אחרי שכלי התפארת קבל את ההארה של האורות התחתונים, **חָזַר לִהְיוֹת** האור המתייחס לכלי הכתר, שהוא אור החכמה **לֹא**[128] **מָטֵי** בְּכלי הַכֶּתֶר, **וְאָז** הָאוֹר המתייחס לכלי החכמה, **שֶׁהוּא** אור הבינה **מָטֵי בְּכלי הַחָכְמָה, אָז** הָאוֹר המתייחס לכלי **הַבִּינָה**

122

תרשים ב – כ"ח.

123

שער ההקדמות דט"ו ע"ג – ואחר כך כלי הגבורה הופכת פניה למטה, **להאיר הארה בלבד לכלי התפארת** פנים בפנים.

כרם שלמה ש"ז פ"ב אות ו' – צריך לזכור מה שכתבנו למעלה העל ההארה של הכלי העליון בתחתון ממנו, בעוד כל האורות בתוכו, וכאן נמי בעת שניתנו הששה אורות בכלי הגבורה, קודם מה שחוזר לא מטי בכתר, **הפכה כלי הגבורה פניה למטה, והיתה פנים בפנים עם כלי התפארת, והאירה לו הארה בלבד**, ובשער ההקדמות כתוב זה הסדר כל אחד זה הסדר כל אחד במקומו. וז"ל שם - ואחר כך חוזר כלי החסד להפוך פניו כלפי כלי הגבורה, ונותן בו שש אורות התחתונים. ואחר כך **כלי הגבורה הופכת פניה למטה להאיר הארה בלבד לכלי התפארת** פנים בפנים.

124

תרשים ב – כ"ט.

125

תרשים ב – ל.

126

בית לחם יהודה ש"ז פ"ב – אחר כך חזר להיות לא מטי בכתר. ונמצא שסדרם בפעם ששית לא מטי בכתר, ומטי בחו"ב ובחסד, ולא מטי בגבורה, ומטי בתפארת.

127

שער ההקדמות דט"ו ע"ג – אחר כך חוזר להיות לא מטי בכתר, ומטי בחכמה, ואז גם אור הבינה מחמת חשקה בבנה הגדול הנקרא אור החסד העומד בכלי שלה, מתפשטת ויורדת בכלי שלה, וזהו סוד פסוק כי חפץ חסד הוא, ואין **הוא** אלא בינה, כמה דאתאמר - ועבד הלוי הוא. ואז הוי מטי גם בבינה, ואז כבר החסד ינק ממנה, ובפרט כי הוא קרוב אליה, לכן גם הוא יורד לכלי שלו, והוי מטי גם בחסד, והוי לא מטי בגבורה, כי הופכת פניה למעלה, ועולה אור שלה לכלי החסד. ואז כלי הגבורה חוזרת והופכת פניה למטה פנים בפנים עם כלי התפארת, ונותנת בו חמש אורות תחתונים, והוי מטי בתפארת.

128

תרשים ב – ל"א.

שהוא האור החדש הנקרא י' **היה ראוי להיות נשארת שם** בכלי **החכמה** עם האור המתייחס לכלי החכמה **כבתחלה** ר"ל לפני שהסתלקו האורות המתייחסים לכלי החכמה ולכלי הבינה לכלי דכתר, **אך מזומת אור** המתייחס לכלי **החסד** שהוא אור הגבורה **אשר** נמצא **במקומה** ר"ל בכלי הבינה, לכן יורדת להיות שם עמו, וזהו[129] **כי חפץ חסד הוא** בסוד הפסוק[130] ועבד הלוי הוא[131], **וכבר ידעת כי** הבינה **נקרא הו"א**[132], וכאשר ירדה הבינה **במקומה**, אז האור המתייחס לכלי **החסד** שהוא אור הגבורה **אין צריך אליה** אל אור הבינה, כי כבר ינק ממנה, **ויורד** אור הגבורה **למקומה** בכלי החסד, וזה **נקרא מטי** בכלי **החסד, ואז עולה האור** המתייחס לכלי **הגבורה** שהוא אור התפארת **בכלי החסד** כדי לקבל הנאה מאור הגבורה הנמצא בכלי החסד, והקרוב לכלי הבינה, **וזה נקרא לא מטי** בכלי **הגבורה, ואז הופכת כלי הגבורה פניה למטה** כלפי כלי התפארת, **ונותנת הזומש אורות למטה** בכלי **התפארת** פנים בפנים, **וזה נקרא מטי** בכלי **התפארת,** אחר[133] כך הופך כלי התפארת פניו כלפי מטה לכלי הנצח, מאיר[134] בכלי הנצח את ההארה בלבד פנים בפנים, וחוזר כלי התפארת והופך פניו כלפי מעלה, ופניו באחורי כלי הגבורה[135]. ♦ כדי שכלי הנצח יקבל את **עצמות** האורות, צריך **שעצמות האור**[136] המתייחס לכלי התפארת, שהוא אור

129

כרם שלמה ש"ז פ"ב אות ו' – וחוזר אור החכמה לירד לכלי שלו, ואז היה ראוי שאור הבינה יהיה נשאר מחובר עם אור החכמה בכלי החכמה, לקבל ממנו הארה עוד. אבל בראותה כי בנה הגדול, שהוא החסד עלה כבר וישב בכלי שלה, מחמת חשקו ותאוותו לינק ממנה מפני המרחק שהיה ביניהם, ולכן היא עושה לפנים משורת הדין, ויורדת ויושבת עמו בכלי אחד, והוא הכלי שלה, כי עודו שם אור החסד ומשפעת לו דבר הצריך לו. וזה נקרא מטי בבינה, וזהו סוד הפסוק **כי חפץ חסד הוא**, כי הבינה נקראת **הוא**, כדכתיב **ועבד הלוי הוא**, כי הלוי שורשו בבינה, וקרא אותו הכתוב הוא. נמצא כי הבינה נקראת הוא, לכן ההוא שהיא הבינה חפץ חסד, כי חפצה להשפיע בחסד שפע רב, מפני שהוא בנה הגדול, והוא ראש הו"ק, מפני שכל התחתונים צריכים אליו. ולכן יורדת ויושבת עמו זמן מה, ומותר להתייחד הא עם בנה. ואחר שינק ממנה, אז גם הוא יורד לכלי שלו.

130

במדבר י"ח כ"ג – ועבד הלוי הוא את עבדת אהל מועד והם ישאו עונם חקת עולם לדרתיכם ובתוך בני ישראל לא ינחלו נחלה.

131

ספר טעמי המצות, פרשת בעלותך – מצות העברת תער בלוים. רישא דז"א כולו דינים, לכן בעי לגלחא יתהון, כנזכר בויחי רי"ו, והוא אימא, דמינה דינין מתערין, עד הוד אתפשטא בסז"א. ולוי בסוד אימא, גבורות דז"א, שנאמר ועבד הלוי הוא, מפני שהוא לוים דינים, וכן לוים גימטריא אלהי"ם, צוה להעביר תער על כל בשרם.

132

בכל שיעור קומה של עשר ספירות, יש ג' מדרגות. הג"ר נקראים **הו"א**, מלשון נסתר ונעלם. הו"ק נקראים **אתה**, מלשון נוכח. והמלכות שהיא שלמות הגילוי נקראת **אני.** **תרשים ב – ל"ב.**

133

שער ההקדמות דט"ו ע"ג – ואחר כך הופך כלי התפארת פניו למטה עם כלי הנצח, להאיר בו הארה בלבד.

134

תרשים ב – ל"ג.

135

הנצח יסתלק לכלי הגבורה. לכן **אזר**[137] **כך חזר להיות** האור[138] המתייחס לכלי הכתר, שהוא אור החכמה **מטי בכלי הכתר, ואז** אור הבינה המתייחס לכלי החכמה **לא הוי מטי בכלי החכמה**, והאור המתייחס לכלי הבינה, שהוא האור החדש הנקרא י', לא מטי בכלי ה**בינה, כי ב'** האורות המתייחסים לכלי החכמה ולכלי הבינה, שהם אור הבינה, והאור החדש הנקרא י' **עולין שם ביזוד לכתר** עם אור החסד שהוא מ"ן לבינה, **ואז** האור המתייחס לכלי החסד, שהוא אור הגבורה **הוי לא מטי ב**כלי ה**חסד, כי הוא עולה למקום ה**כלי ד**בינה כאשר בתחלה, מפני ב' מרוזקים שביניהם** ר"ל בין אור החכמה בינה ואור החסד הנמצאים בכלי הכתר, לבין אור הגבורה הנמצא בכלי החסד **כנ"ל, ואז** אור התפארת הנמצא בכלי החסד, מתפשט בחזרה לכלי שלו, שהוא כלי הגבורה, וזה **הוי מטי בגבורה, ואז לא הוי מטי בתפארת, כי אור** הנצח הנמצא בכלי ה**תפארת, עולה** ומסתלק ב**כלי הגבורה במזומת הזושק** שיש לא לינק מאור התפארת שירד לשם, **ואז כלי התפארת הופך פניו** כלפי מטה ועומד פנים בפנים עם כלי הנצח, **ונותן הארבע אורות ב**כלי ה**נצח, וזה נקרא מטי בנצח**, אחרי שכלי הנצח קבל את **עצמות** האורות, **הופך**[139] את פניו כלפי מטה אל כלי ההוד, ונותן לו

תרשים ב – ל"ד.
136

שער ההקדמות דט"ו ע"ג – ואחר כך חזר להיות מטי בכתר, ולא מטי בחו"ב, כי שניהם עולם בכתר לקבל הארה, וגם לא מטי בחסד, כי עולה בכלי הבינה, מחמת חשקו מפני ההרחק הגדול אשר יש עתה בינו לבין האורות חו"ב שעלו, והוי מטי בגבורה, **ולא מטי בתפארת, כי אור התפארת חושק לעלות בכל הגבורה**, וזה על ידי שהפך פניו כלי התפארת למעלה. ואחר כך חוזר כלי התפארת להפוך פניו כלפי כלי הנצח, ונותן בו ארבע אורות תחתונים, והוי מטי בנצח.

137

בית לחם יהודה ש"ז פ"ב – אחר כך חזר להיות מטי בכתר. ונמצא שסדרם בפעם השביעית מטי בכתר, ולא מטי בחו"ב ובחסד, ומטי בגבורה, ולא מטי בתפארת, ומטי בנצח.

138

כרם שלמה ש"ז פ"ב אות ז' – ולכן חוזר אור הכתר להיות מטי בכלי שלו, והוי מטי בכתר, וממילא אור החכמה ואור הבינה עוזבים הכלים שלהם, ועולים אליו בכלי הכתר לקבל שפע ממנו, כי בא ממולא שפע ואורה, ומרוב חשקם עולים אליו, וזה נקרא לא מטי בחכמה ולא מטי בבינה, כי שניהם עולים להכתר. ואז כראות החסד שנהיה מרחק גדול בינו לבין הבינה, כי היא חונה בכתר, והוא חסד, לכן הוכרח לעלות לכלי הבינה כדי שיהיה מדרגה אחת יותר קרוב אל הכתר, ויקבל הארה משם, וזה נקרא לא מטי בחסד גם כן. וכראות אור הגבורה שהיתה עד עכשיו בכלי החסד כי אור החסד עלה למעלה ונתרחק ממנה, ואין לה עכשיו כל תועלת שיהיה שוה לעזיבת הכלי שלה, ותהיה עוד מטלטלת, ולכן מפני טלטולה ומפני תועלת הכלי שלה, חוזרת לביתה ויורדת ונכנסת בכלי שלה, ואז הוי מטי בגבורה, כי אורה חזר אליה וכבר ינק די סיפוקו. ואז בראות אור התפארת שאור הגבורה חזר במקומו ממולא שפע ואורה שקבל מן החסד, אז הופך פני הכלי שלו למעלה כלפי הגבורה, ועולה אורו לבדו של התפארת אליו, אל כלי הגבורה. ואחר ששלח אורו ועלה למעלה לגבורה, שזה נקרא לא מטי בתפארת, אז נשארו ד' אורות לבד בכלי התפארת, ואז יוכל כלי הנצח לקבל אלו הארבע אורות, שהם שלו ושל התחתונים ממנו. ולכן חוזר כלי התפארת להפוך פניו למטה כלפי פני כלי הנצח, ומסר אליו אלו הארבע אורות שנשארו בו, והוי מטי בנצח, כי התפארת נתן להנצח האורות. ואחר כך הופך כלי הנצח את פניו למטה כלפי פני כלי ההוד, ומאיר אליו מן האורות האלו שבתוכו הארה בלבד כמו שעשו אבותיו הקודמים אליו, שהאירו כל אחד לחביריו בעת שנתנו האורות אליהם, ופשוט.

139

43

הארה דאורות הנמצאים בכלי שלו[140], ואחרי שכלי הנצח מאיר לכלי ההוד, הופך כלי הנצח את פניו, ועומד פניו באחורי כלי התפארת[141] • עכשיו הגיע תורו של כלי ההוד לקבל את **עצמות** האורות, וכדי לקבל אותם חייב אותם המתייחס לכלי הנצח, שהוא אור ההוד, להסתלק מהכלי דנצח, לכן כל אותה מערכת חוזרת על עצמה[142]. ומבאר הרב ז"ל כי כדי שכלי ההוד יקבל את **עצמות** ג' האורות התחתונים, חייב תחילה האור המתייחס לכלי הכתר שהוא אור החכמה, להסתלק למאציל, לכן **אזר**[143] **כך** ר"ל אחרי שכלי ההוד קבל הארה **זווו"ר**[144] **להיות** האור המתייחס לכלי הכתר, שהוא אור החכמה מסתלק למאציל, וזה נקרא **לא מטי בכלי הכתר, ואז** האור המתייחס לכלי החכמה, שהוא אור הבינה, הנמצא בכלי הכתר, חוזר ומתפשט בכלי החכמה כדי להאיר לכלי שלו, וזה **הוי מטי**

שער ההקדמות דט"ו ע"ג – והופך כלי הנצח פניו כלפי מטה, להאיר הארה בלבד לכלי ההוד.
140

תרשים ב – ל"ו.
141

תרשים ב – ל"ז.
142

כרם שלמה ש"ז פ"ב אות ח' – אחר שכלי הנצח האיר בכלי ההוד הארה בלבד, עכשיו הגיע עת מסירת האורות מן הנצח אל כלי ההוד. וכדי ליתן לו הג' אורות, צריך שתתחלה יעלה אור הנצח אל כלי התפארת, כדי שיישארו בו ג' אורות, ויוכל כלי ההוד לקבל אותם, וזה אי אפשר להעשות זאת, כי לא יחפוץ כלי הנצח להפסיד לכליו ולסלק ממנו אורו, ולשלחו למעלה לתפארת לתתי שיראה שהוא מרויח משם, מן אור התפארת שפע והארה יתירה ממה שהיה לו. והתפארת אין אורו שם בתוכו, כי עלה להגבורה בעת שמסר האורות להנצח, ועלה שם כדי לקבל שפע מן אור הגבורה אשר שם שם בביתו, ואינו חפץ לירד בהכלי שלו כל זמן שמקבל שפע מן אור הגבורה. ואי אפשר לירד בכלי שלו עד שיעלה אור הגבורה לכלי החסד, והוא על ידי שיראה שאור החסד שם בביתו, ויעלה לקבל שפע ממנו, ועכשיו האור החסד אינו שם בביתו, כי עלה לבינה לקבל הארה מן הג"ר שבכלי הכתר מפני המרחק אור הבינה שעלה לכתר. ואי אפשר לחזור החסד במקומו עד שתחזור הבינה במקומה, ואינה רוצה לחזור במקומה כל עוד שעדיין שהוי האור מטי בכתר, ואור הכתר במקומו ומקבלת הארה ממנו. ולכן כדי דיעשה המאציל רצון כל יראיו, שהם מן הבינה עד ההוד, לכן עושה המאציל אופן אחד, ומחזיר הגלגל של היומי, והוי לא מטי האור בכתר, ומסתלק ממנו אורו ועולה למעלה לשורשו לקבל עוד הארה יתירה, ממה שהיה לו עד עכשיו. וכראות אור החכמה שאור הכתר נסתלק, אז היא רוצה לתועלת ביתה, וחוזרת להכלי שלה כדי להשפיע בו, הואיל ואינה מקבלת עוד הארה מן אור הכתר, כי אינו שם, ולכן הוי מטי בחכמה, וחוזר אורו בתוכו. וכן אור הבינה היתה ראויה שתישאר בתוך כלי החכמה, מפני שכחדא שריין, אבל מפני שרוצה להשפיע בכלי שלה, ועוד בלאו הכי מן טעם אחר, והוא כי חפץ חסד הוא, וחושקת להיות עם בנה שהוא החסד, אשר שם בביתה, לכן יורדת בהכלי שלה, והוי מטי בבינה. וכראות אור החסד כי נתמלא אורה, ועוד שאמו קרובה אליו, כי היא בביתה, ולכן מפני תועלת הכלי שלו, אז ירד החסד למקומו, ואז הוי מטי בחסד. ואז כראות אור הגבורה כי בא החסד לביתו, וממולא אורה, אז הוא עולה אליו כדי לקבל ממנו הארה, ואז הוי לא מטי בגבורה, ועוזב את ביתו ואת בנו, כי אור התפארת שהוא בנו, עד עכשיו היה שם בכלי הגבורה. וכראות אור התפארת כי אין לו עוד לקבל הארה מן אור הגבורה, כי עלה אל כלי החסד, אז הוא יורד להשפיע להכלי שלו שהיה ריקם עד עכשיו, ולכן אז הוי מטי בתפארת. ואז בראות אור הנצח כי חזר אור התפארת לביתו, אז הופך פניו למעלה כנגד כלי התפארת, ומשלח אורו לשם כדי לקבל שפע מן אור התפארת שבא ממולא אורה, ואז הוי לא מטי בנצח, כי עלה אל כלי התפארת. ואז הואיל ולא נשארו בכלי הנצח כי אם ג' אורות, ויוכל כלי ההוד לסובלם, לכן הופך כלי הנצח את פניו למטה כנגד פני כלי ההוד, ומוסר הפקדון לבעליו, ונותן הג' אורות לכלי ההוד, ואז הוי מטי בהוד.
143

בית לחם יהודה ש"ז פ"ב – אחר כך חזור להיות לא מטי בכתר. ונמצא שסדרם בפעם השמינית לא מטי בכתר, ומטי בחו"ב וחסד, ולא מטי בגבורה, ומטי בתפארת, ולא מטי בנצח, ומטי הוד.
144

תרשים ב – ל"ח.

בחכמה, גם אור המתייחס לכלי הבינה, שהוא האור החדש הנקרא י' עוזב את כלי הכתר ומתפשט **בכלי הבינה,** וזה **הוי מטי** בכלי הבינה **בחכמת** האור המתייחס לכלי **החסד** שהוא אור הגבורה, **אשר** נמצא **שם** כנ"ל, **כי זופץ זחסד הוא,** ואחרי שאור הגבורה מקבל ויונק את השפע הצריך לו מאור הבינה, מתפשט אור הגבורה בחזרה לכלי החסד, **אז הוי גם כן מטי בכלי החסד, כי אז** האור המתייחס לכלי **החסד** שהוא אור הגבורה **יורד למקומו** לכלי החסד. **ואז** האור המתייחס לכלי הגבורה, שהוא אור התפארת, מסתלק לכלי החסד, כדי לקבל ממנו שפע שזה עתה קבל מאור הבינה, וזה **הוי לא מטי** בכלי **הגבורה, כי** האור המתייחס לכלי **הגבורה** שהוא אור התפארת **עלה** ומסתלק לכלי החסד, ונמצא שם **עם** אור הגבורה בכלי **החסד. ואז** האור המתייחס לכלי התפארת שהוא אור הנצח, עוזב את כלי הגבורה, אחרי שקבל שפע ממנו, וזה **הוי מטי** בכלי **התפארת** כדי להאיר בכלי שלו, **ויורד אור** המתייחס לכלי התפארת, שהוא אור הנצח, **בכלי התפארת. ואז** כאשר האור המתייחס לכלי התפארת, שהוא אור הנצח, חזר למקומו, מסתלק האור המתייחס לכלי הנצח, שהוא אור ההוד לכלי התפארת כדי לקבל שפע מאור הנצח שחזר זה עתה לכלי התפארת, וזה **הוי לא מטי** בכלי **הנצח, כי** ה**אור** המתייחס לכלי **הנצח** שהוא אור ההוד, **עולה** ומסתלק לכלי התפארת, ונמצא שם **עם** אור הנצח בכלי **התפארת. ואז** כלי הנצח מוסר לכלי ההוד את **עצמות** האורות השייכים לכלים התחתונים פנים בפנים, וזה **הוי מטי** בכלי **ההוד, כי אז** הופך כלי **הנצח פניו** כלפי מטה אל פני כלי ההוד, **ונותן** לו את **עצמות השלוש אורות** השייכים לכלים התחתונים **לכלי ההוד, ואז** כלי[145] כלי[146] **ההוד הופך פניו**[147] כלפי מטה **אל** פני כלי **היסוד, ומאיר בו** הארה בלבד[148], כמו שכלי הכתר האיר בכלי החכמה, וכלי החכמה האיר בכלי הבינה, וכלי החסד בכלי הגבורה וכו' **[ל"ג נ"א בחכמה],** ואחר שכלי ההוד האיר הארה בלבד של ג' האורות לכלי היסוד, הופך פניו כלפי מעלה, ועומד פניו באחורי כלי הנצח[149]. **וכן העניין בכל הכלים** דו"ק דעקודים, כי כאשר **עצמות האורות נתנין בהם** ר"ל בכל כלי וכלי מהם, **הם הופכים פניהם** כלפי מטה, אל פני הכלי שעמד מתחת להם, **ומאירים** בו הארה **למטה** פנים בפנים, **כי דוקא** רק כלי **הבינה היא** שלא **הפכה פניה** למטה לכלי **החסד** להאיר בו פנים בפנים, **כי אין כזה** בכלי **החסד**

145

בית לחם יהודה ש"ז פ"ב — ואז ההוד הופך פניו אל היסוד ומאיר בו כחכמה. ר"ל כמו שעשתה החכמה שהפכה והאירה פניה בבינה.

146

תרשים ב — ט"ל.

147

הגהות וביאורים)ו(— ר"ל קודם נתינת האורות מאיר הארה בלבד כנ"ל בחכמה, כן נראה לפי עניות דעתי, יצחק.

148

שער ההקדמות דט"ו ע"ג — ואחר כך כלי ההוד הופך פניו למטה בכלי היסוד, להאיר בו הארה בלבד.

149

תרשים ב — מ.

לקבל ההארה ד**אור הבינה**, שהוא האור חדש הנקרא אות י', עם ההארה דכל האורות השייכים לכלים התחתונים פנים בפנים, אלא כלי הבינה האיר לכלי החסד בבחינת אחור בפנים, ר"ל אחור דכלי הבינה בפנים דכלי החסד, **אך ה**כלים דו"ק הם בעצמם יש להם יכולת לקבל אחד את האור** של חבירו זה מזה, כי כל הכלים דו"ק הם שוין.** כעת[150] הגיע תורו של כלי היסוד לקבל את **עצמות** האורות מכלי ההוד, וכדי שכלי ההוד ימסור את **עצמות** האורות לכלי היסוד חייב האור המתייחס לכלי ההוד, שהוא אור היסוד להסתלק מכלי ההוד, ואז כלי ההוד ימסור את **עצמות** האורות לכלי היסוד, לכן **אזר**[151] **כך** ר"ל אחרי שכלי ההוד האיר הארה לכלי היסוד **וחזר להיות מטי**[152] האור המתייחס לכלי הכתר, שהוא אור החכמה להתפשט שוב **בכלי ה**כתר** וזה נקרא **מטי** בכלי הכתר, וכאשר האור המתייחס לכלי הכתר, והוא אור החכמה מתלבש בכלי הכתר, האור המתייחס לכלי החכמה, והוא אור הבינה, חשקו וחפצו לעלות וכלי הכתר כדי לקבל שפע מאור החכמה שנמצא שם, לכן עוזב אור הבינה את הכלי שלו, שהוא כלי החכמה ומסתלק לכלי הכתר, וכן עשה זאת האור המתייחס לכלי הבינה, והוא האור החדש הנקרא אות י', ומסתלק גם הוא לכלי הכתר, **ואז** זה **לא מטי ב**כלי ה**חכמה,** ולא מטי כלי ה**בינה, כי שניהן עולין שם** הכלי הכתר, **גם** האור המתייחס לכלי החסד שהוא אור הגבורה, רואה כי יש ב' מדרגות בינו לבין הג"ר, לכן הוא מסתלק ועולה לכלי הבינה, כדי להיות קרוב לג"ר כדי לקבל הארה ויניקה משם, לכן גם ב**כלי ה**חסד** נמצא במצב של **לא מטי, כי עלה** האור המתייחס לכלי החסד, והוא אור הגבורה **לכלי ה**בינה,** בגלל שהסתלק האור המתייחס לכלי החסד, שהוא אור הגבורה לכלי הבינה, אור התפארת השייך לכלי הגבורה, שהיה נמצא ביחד עם אור הגבורה בכלי החסד, חוזר ומתפשט למטה ומתלבש בכלי שלו, וזה **והוי מטי ב**כלי ה**גבורה, ואז** האור המתייחס לכלי התפארת, שהוא אור הנצח, מסתלק ועולה לכלי הגבורה, כדי לקבל שפע והארה מאור התפארת הנמצא שם, וזה **הוי לא מטי ב**כלי ה**תפארת, ואז** האור המתייחס לכלי הנצח, והוא אור ההוד עוזב את כלי התפארת, וחוזר לביתו שהוא כלי הנצח, וזה **הוי מטי ב**כלי ה**נצח,** וכאשר אור ההוד התפשט לתוך הכלי דנצח, שהוא ביתו, הסתלק אור היסוד מכלי ההוד להיות קרוב לאור ההוד הנמצא בכלי הנצח, וזאת כדי לקבל ממנו שפע והארה, וזה **ולא מטי בהוד, ואז הפך** כלי ה**הוד פניו** כלפי מטה אל פני כלי היסוד **ונותן** לו **עצמות הב' אורות** הנמצאים בכלי ההוד לכלי[153] ה**יסוד** שהם האור השייך לכלי היסוד שהוא אור המלכות, והאור השייך לכלי המלכות, שהיא אות ד' שנולדה מזיווג זו"ן דכלי

150

כרם שלמה ש"ז פ"ב אות ט' – עכשיו אחר שהאיר ההוד הארה לכלי היסוד, עכשיו הגיע זמן היסוד לקבל בתוכו האורות האלו הממשית, ולא הארה בלבד. ולא יוכל היסוד לקבל כל השלוש אורות, ולכן צריך שתחילה כלי ההוד לשלח אורו למעלה לכלי הנצח, ואז יישארו בו ב' אורות בלבד, ואז ימסור אותם לכלי היסוד, כי אז יוכל לקבלם.

151

בית לחם יהודה ש"ז פ"ב – אחר כך חזר להיות מטי בכתר. ונמצא שסדרם בפעם התשעית מטי בכתר, ולא מטי בחו"ב ובחסד, ומטי בגבורה, ולא מטי בתפארת, ומטי בנצח, ולא מטי בהוד, ומטי ביסוד.

152

תרשים ב – מ"א.

153

כרם שלמה ש"ז פ"ב אות ט' – לכן מחזיר כלי ההוד פניו כלי היה עד עתה למעלה, וחזר והופך אותו למטה כנגד פני כלי היסוד, ומוסר לו הב' אורות שנשארו בו, שהם אור היסוד ואור המלכות שהיא אותה **אות ד'** לצורך המלכות.

הבינה, **ואז הוי מטי ביסוד, צריך לדעת** כי[154] אי אפשר שבכלי היסוד יהיה רק אור המלכות, שהוא אור דנקבה, כי בחינת היסוד הוא זכר, לכן יחד עם אור המלכות, מתלבש אות ו' שנולד מזיווג זו"ן דכלי הבינה, והאות ו' משמש בחינת זכר בכלי היסוד, כמו שהרב ז"ל יבאר בפרקים הבאים. **ואחרי שקבל כלי היסוד את עצמות האורות,**

אז[155] כלי **היסוד הפך פניו** כלפי מטה **ומאיר לכלי המלכות הארה**[156] בלבד פנים בפנים **כנזכר לעיל** כמו **בכל הכלים דו"ק,** ואז מחזיר כלי היסוד פניו כלפי מעלה, ועומד פני היסוד באחורי ההוד[157]. הכלי האחרון שמקבל את **עצמות** האור הוא כלי המלכות, והוא מקבל את **עצמות אור**[158] **אות ד'** שנולד מזיווג זו"ן דבינה, גם כאן אין בי באפשרות כלי המלכות לקבל את **עצמות** האור כל עוד האור המתייחס לכלי היסוד, שהוא אור המלכות נמצא בכלי היסוד, לכן[159] האור המתייחס לכלי היסוד, שהוא אור המלכות, צריך להסתלק ולעלות לכלי ההוד, כדי שיישאר בכלי היסוד רק האור המתייחס לכלי המלכות, והוא האות ד' הנזכרת. לכן **אזור**[160] **כך** ר"ל אחרי שכלי המלכות קבל את הארה של האורות הנמצאים בכלי היסוד. **זוזר** האור[161] המתייחס לכלי הכתר, שהוא אור החכמה **להיות**

---

¹⁵⁴

ע"ח ש"ז פ"ד מ"ק דל"ג ע"א – אמנם בשאר ספירות לא היה בהם שום מציאות זו"ן, כי כולם זכרים, וגם שם הם כלים גמורים, ואין בהם אותו רק אור שנכנס מחדש. נמצא אור הגבורה נכנס בחסד, וכן על דרך זה שנמצא כי אור המלכות בכלי של יסוד. ובכאן יש קושיא ראשונה גם כן איך יעשה מזכר נקבה, אך דע שלכן **הוצרכו זו"ן שבבינה להזדווג** להוציא ה' אחד דוגמתה, ונחלק לשנים, שהם ד"ו, **ואות ו' נכנסה בכלי יסוד בסוד זכר של מלכות,** אשר שם כי יותר גבוה כמה מדרגות הוא אות ו' זו מן אור המלכות שביסוד, לכן הם זו"ן, ואחר כך אות ד' ירדה במלכות והשלימה שם במקומה.

¹⁵⁵

שער ההקדמות דט"ו ע"ג – אחר כך חוזר להיות מטי בכתר, ולא מטי בחו"ב ובחסד, ומטי בגבורה, ולא מטי בתפארת, ומטי בנצח, ולא מטי בהוד, שאז הופך פניו למעלה לעלות אורו. ואחר כך חוזר והופך פניו למטה, ונותן ב' האורות בכלי היסוד, ואז הוי מטי ביסוד. **ואחר כך הופך כלי היסוד פניו למטה, להאיר הארה בלבד בכלי המלכות.**

¹⁵⁶

תרשים ב – מ"ב.

¹⁵⁷

תרשים ב – מ"ג.

¹⁵⁸

שער ההקדמות דט"ו ע"ג – אחר כך חוזר להיות לא מטי בכתר, ומטי בחו"ב ובחסד, ולא מטי בגבורה, ומטי בתפארת, ולא מטי בנצח, ומטי בהוד, ולא מטי ביסוד, כי הופך עתה פניו למעלה, ועולה אורו בכלי ההוד לקבל הארה, ואחר כך הופך כלי היסוד פניו למטה ונותן במלכות אור שלה, שהוא אותה אות **ד'** שנעשית מזיווג זו"ן שבכלי הבינה הנזכר לעיל, והוי מטי במלכות. והרי נשלם עתה התפשטות כל העשר ספירות דאורות דעולם העקודים.

¹⁵⁹

כרם שלמה ש"ז פ"ב אות י' – אחר שהשאיר היסוד הארה במלכות לבדה בהמלכות, והרויאה נפשה מהארת האורות שביסוד, ועתה הגיע זמנה למלוך ולקבל האור שלה מן הכלי של היסוד, והואיל והיסוד יש בו שני אורות, אי אפשר להמלכות להכילם להכיל בתוכה, כי אינה יכולה לסובלם, אלה צריך שבתחילה ישלח אורו של היסוד למעלה, ואז ישאר בו אור אחד, ואחר כך יתנו למלכות.

¹⁶⁰

בית לחם יהודה ש"ז פ"ב – אחר כך חוזר להיות לא מטי בכתר. ונמצא שסדרם בפעם העשירית לא מטי בכתר, ומטי בחו"ב ובחסד, ולא מטי בגבורה, ומטי בתפארת, ולא מטי בנצח, ומטי בהוד, ולא מטי ביסוד, ומטי במלכות.

¹⁶¹

תרשים ב – מ"ד.

לא מטי בכלי ה**כתר** ר"ל שאור החכמה המתייחס לכלי הכתר הסתלק לפה דא"ק, ובגלל שאור החכמה עזב את כלי הכתר, אז האור המתייחס לכלי החכמה, שהוא אור הבינה, עוזב את כלי הכתר ומתפשט בחזרה לכלי שלו, כי כבר ינק את השפע הצריך לו מאור החכמה שהיה בכלי הכתר, **ואז** זה **הוי מטי** בכלי ה**חכמה**, וגם האור המתייחס לכלי הבינה, שהוא אות י' הנזכר, שהיה עם אור המתייחס לכלי החכמה בכלי הכתר, חוזר ומתפשט בחזרה בכלי ה**בינה** וזה הוי מטי בכלי הבינה, ו**אור הגבורה** המתייחס לכלי החסד, שהיה שנמצא בכלי הבינה, עוזב את כלי הבינה, כי כבר אור הבינה נמצא שם, והוא ינק כל השפע הצריך לו, וחוזר לכלי שלו, שהוא כלי החסד, וזה הוי מטי בכלי ה**חסד**, כאשר האור המתייחס לכלי הגבורה, שהוא אור התפארת, רואה כי אור הגבורה חזר מלא שפע מכלי הבינה לכלי שלו, שהוא כלי החסד, הסתלק אור התפארת הנמצא בכלי הגבורה, והתחבר עם אור הגבורה הנמצא בכלי החסד, **ואז הוי לא מטי** בכלי ה**גבורה**, אחרי שאור התפארת הסתלק לכלי הגבורה, ואור הנצח המתייחס לכלי התפארת קבל את שפע מאור התפארת בכלי דתפארת, חזר והתפשט אור הנצח בכלי שלו שהוא כלי התפארת, להאיר לכלי שלו, ולתת שפע לאור המתייחס לכלי הנצח, **ואז מטי** אור הנצח ב**כלי ה**תפארת**, בראות אור ההוד הנמצא בכלי הנצח, כי אור הנצח חזר לכלי שלו, חושק גם הוא לקבל שפע והארה מאור הנצח, לכן מסתלק אור ההוד מכלי דנצח לכלי דתפארת, **וזה לא מטי** אור ההוד בכלי ה**נצח**, בראות אור היסוד הנמצא בכלי הנצח, כי אור ההוד הסתלק מהכלי שלו, ועלה לכלי התפארת, חוזר ומתפשט בחזרה בכלי שלו כלי ההוד, כדי להאיר בו, ו**זה מטי** אור היסוד בכלי ה**הוד**, וכראות האור הנמצא בכלי היסוד, שהוא אור המלכות, והאות ו' שנולדה מזיווג זו"ן דכלי הבינה, כי אור היסוד חזר לכלי שלו, שהוא כלי ההוד, מסתלק ההוד המתייחס לכלי היסוד, לכלי ההוד, לקבל שפע והארה מאור היסוד הנמצא שם. **וזה לא מטי** אור המלכות ב**כלי ה**יסוד**, כי עלה האור המתייחס לכלי היסוד שהוא אור המלכות ואות ו' ב**כלי ה**הוד, **ואז הופך פניו** כלי היסוד כלפי מטה כנגד כלי המלכות, **ונותן** בכלי המלכות את ה**אור** המתייחס לכלי ה**מלכות** שהיא אות ד' שנולדה מזיווג זו"ן דכלי הבינה כנזכר לעיל **למטה במקומה**, **ואז הוי מטי** אור אות ד' ב**כלי ה**מלכות**[162], ואז[163] כלי המלכות הופך פניו כלפי מטה, ומשפיע לעולמות הנמצאים מהטבור דא"ק ולמטה. אחרי[164] שכלי היסוד נתן לכלי המלכות את **עצמות** האור, הופך פניו כלפי מעלה ועומד פניו באחורי כלי ההוד. **כללו**[165] **של דבר** כי כאשר האור **לא מטי בכתר**, הוי מטי בחכמה, ומטי בבינה, ומטי בחסד. ולא מטי בגבורה, ומטי בתפארת, ולא מטי בנצח, ומטי בהוד, ולא מטי ביסוד ומטי במלכות. וכאשר האור **מטי בכתר**, הוי לא מטי בחכמה, ולא מטי בבינה, ולא מטי בחסד. ומטי בגבורה, ולא מטי בתפארת, ומטי בנצח, ולא מטי בהוד, מטי ביסוד ולא מטי במלכות. **זאת**[166] **ועוד** כי כאשר האור מטי בכתר, הוי לא מטי בחכמה, מטי בבינה, ומטי בחסד, והשישה התחתונות יהיו בסדר של מטי ולא מטי אחת אחרי השניה. וכאשר האור לא מטי בכתר הוי מטי בחכמה, מטי בבינה, ומטי בחסד, והשבעה תחתונות יהיו בסדר של לא מטי ומטי אחת אחרי השניה.

162

הגהות וביאורים)ז(– ז"ל בשער הקדמות - ואחר כך הופך כלי היסוד פניו למטה ונותן במלכות אור שלה, שהוא אות ד', שנעשית מזיווג זכר ונקבה שבכלי הבינה, כנזכר לקמן פ"ג. ואז הוי מטי במלכות. שמן ששון.

163

תרשים ב – מ"ה.

164

תרשים ב – מ"ו.

165

תרשים ב – מ"ז.

166

תרשים ב – מ"ח.

סיכום[167] **סוגית התפשטות האורות בהתפשטות השניה, בסוד מטי ולא מטי.**

א – **מטי בכתר,** אור החכמה המתייחס לכלי בכתר, עם כל הספירות שתחתיו הנמצא במאציל, יורד ונכנס לכלי הכתר עם כל האורות שתחתיו. כלי הכתר הופך פניו כנגד פני כלי החכמה, להאיר האורות שבתוכו בבחינת **הארה בלבד** פנים בפנים בכלי החכמה. אחר כך מחזיר כלי הכתר פניו למעלה כלפי המאציל.

ב – **לא מטי בכתר,** אור החכמה הנמצא בכלי הכתר עולה לכלי למאציל, כלי הכתר הופך פניו למטה נגד פני כלי החכמה, ומוסר את בחינת **עצמות** האור המתייחס לכלי החכמה, שהוא אור הבינה, עם האורות שתחתיו בבחינת פנים בפנים. כלי החכמה הופך פניו למטה כנגד פני כלי הבינה, להאיר האורות שבתוכו בבחינת **הארה בלבד** פנים בפנים בכלי הבינה. אחר כך מחזיר כלי החכמה פניו למעלה כלפי אחורי כלי הכתר.

ג – **מטי בכתר,** אור החכמה יורד מהמאציל לכלי הכתר, שהוא ביתו. אור הבינה המתייחס לכלי החכמה, עולה לכלי הכתר להיות ביחד עם אור החכמה, וזה בחינת **לא מטי בחכמה.** כלי החכמה הופך פניו למטה כנגד פני כלי הבינה, ומוסר את בחינת **עצמות** האור המתייחס לכלי הבינה, הנקרא אות **י'** שנולד מזיווג זו"ן דכלי החכמה, עם האורות שתחתיו בבחינת פנים בפנים, וזה בחינת **מטי בבינה.** כלי הבינה **לא הופך** פניו כנגד פני כלי החסד, להאיר לכלי החסד, אלא נותן את **ההארה** דאורות אשר בתוכו בבחינת אחור בפנים.

ד – **לא מטי בכתר,** אור החכמה עולה למאציל, אור הבינה שבכלי הכתר יורד לכלי דליה שהוא כלי החכמה, וזה בחינת **מטי בחכמה.** האור המתייחס לכלי הבינה, הנקרא אות **י'** עולה לכלי החכמה, וזה בחינת **לא מטי בבינה.** כלי הבינה הופך את פניו למטה כנגד פני כלי החסד, ומוסר לו את **עצמות** האור המתייחס לכלי דליה, שהוא אור הגבורה עם כל האורות שתחתיו, וזה בחינת **מטי בחסד.** כלי החסד הופך פניו למטה כנגד פני כלי הגבורה, להאיר האורות שבתוכו בבחינת **הארה בלבד** פנים בפנים בכלי הגבורה. אחר כך מחזיר כלי החסד פניו למעלה, כלפי אחורי כלי הבינה.

ה – **מטי בכתר,** אור החכמה יורד מהמאציל לכלי הכתר שהוא הכלי שלו. אור הבינה המתייחס לכלי החכמה, מסתלק לכלי הכתר, וזה בחינת **לא מטי בחכמה.** האור המתייחס לכלי הבינה, הנקרא אות **י'** עולה גם או לכלי הכתר, וזה בחינת **לא מטי בבינה.** האור המתייחס לכלי החסד, והוא אור הגבורה עולה לכלי הבינה כדי להיות קרוב ב' מדרגות מאור דכלי הבינה הנמצא בכלי הכתר, וזה בחינת **לא מטי בחסד.** כלי החסד הופך את פניו למטה כנגד פני כלי הגבורה, ומוסר לו את **עצמות** האור המתייחס לכלי דליה, שהוא אור התפארת עם כל האורות שתחתיו, וזה בחינת **מטי בגבורה.** כלי הגבורה הופך פניו למטה כנגד פני כלי התפארת, להאיר האורות שבתוכו בבחינת **הארה בלבד** פנים בפנים בכלי התפארת. אחר כך מחזיר כלי הגבורה פניו למעלה, כלפי אחורי כלי החסד.

ו – **לא מטי בכתר,** אור החכמה המתייחס לכלי הכתר מסתלק למאציל. אור הבינה המתייחס לכלי החכמה שבכלי הכתר יורד לכלי דליה, שהוא כלי החכמה, וזה בחינת **מטי בחכמה.** האור המתייחס לכלי הבינה, שהוא אות **י'**, הנמצא בכלי הכתר, יורד בחזרה לכלי שלו, והוא כלי הבינה, וזה בחינת **מטי בבינה.** אור הגבורה המתייחס לכלי החסד, הנמצא בכלי הבינה, חוזר בחזרה ויורד לכלי דחסד, וזה בחינת **מטי בחסד.** אור התפארת שמתייחס לכלי הגבורה עולה לכלי החסד לקבל שפע מאור הגבורה שירד זה עתה מכלי הבינה, וזה בחינת **לא מטי בגבורה.** כלי הגבורה הופך את פניו למטה כנגד פני כלי התפארת, ומוסר לו את **עצמות** האור המתייחס לכלי דליה, שהוא אור הנצח עם כל האורות שתחתיו, וזה בחינת **מטי בתפארת.** כלי התפארת הופך פניו למטה כנגד פני כלי הנצח, להאיר האורות שבתוכו בבחינת **הארה בלבד** פנים בפנים בכלי הנצח. אחר כך מחזיר כלי התפארת פניו למעלה, כלפי אחורי כלי הגבורה.

ז – **מטי בכתר,** אור החכמה יורד מהמאציל לכלי הכתר שהוא הכלי שלו, מסתלק לכלי הכתר, וזה בחינת **לא מטי בחכמה.** האור המתייחס לכלי הבינה, הנקרא אות **י'** עולה גם או לכלי הכתר, וזה בחינת **לא מטי בבינה.** האור המתייחס לכלי החסד, וזה בחינת **לא מטי בחסד.** אור הגבורה עולה לכלי הבינה כדי להיות קרוב ב' מדרגות מאור דכלי הבינה הנמצא בכלי הכתר, וזה בחינת **לא מטי בחסד.** אור התפארת המתייחס לכלי הגבורה, הנמצא כעת בכלי דליה, יורד בחזרה להאיר לכלי דליה, וזה בחינת **מטי בגבורה.** האור המתייחס לכלי התפארת, והוא אור הנצח, הנמצא בכלי דליה, מסתלק לכלי הגבורה להיות קרוב לאור התפארת ולקבל הארה ממנו, וזה בחינת **לא מטי בתפארת.** כלי התפארת הופך את פניו למטה כנגד פני כלי הנצח, ומוסר לו את **עצמות** האור המתייחס לכלי דליה, שהוא אור ההוד עם כל

תרשים ב – מ"ט.

האורות שתחתיו, וזה בחינת **מטי בנצח**. כלי הנצח הופך פניו למטה כנגד פני כלי ההוד, להאיר האורות שבתוכו בבחינת **הארה בלבד** פנים בפנים בכלי ההוד. אחר כך מחזיר כלי הנצח פניו למעלה, כלפי אחורי כלי התפארת.

ח – לא מטי בכתר, אור החכמה המתייחס לכלי הכתר מסתלק לכלי הכתר שבכלי הכתר יורד לכלי דליה, שהוא כלי החכמה, וזה בחינת **מטי בחכמה**. האור המתייחס לכלי הבינה, שהוא אות **י'**, הנמצא בכלי הכתר, יורד בחזרה לכלי שלו, והוא כלי הבינה, וזה בחינת **מטי בבינה**. אור הגבורה המתייחס לכלי החסד, הנמצא בכלי הבינה, חוזר בחזרה ויורד לכלי דחסד, וזה בחינת **מטי בחסד**. אור התפארת שמתייחס לכלי הגבורה עולה לכלי החסד לקבל שפע מאור הגבורה שירד זה עתה מכלי הבינה, וזה בחינת **לא מטי בגבורה**. האור המתייחס לכלי התפארת, והוא אור הנצח, הנמצא בכלי הגבורה, יורד בחזרה לכלי שלו עם שפע ההארה שקבל בכלי הגבורה, וזה **מטי בתפארת**. האור המתייחס לכלי הנצח, והוא אור ההוד, הנמצא בכלי דליה, מסתלק לכלי התפארת להיות קרוב לאור הנצח ולקבל הארה ממנו, וזה בחינת **לא מטי בנצח**. כלי הנצח הופך את פניו למטה כנגד פני כלי ההוד, ומוסר לו את **עצמות** האור המתייחס לכלי דליה, שהוא אור היסוד עם כל האורות שתחתיו, וזה בחינת **מטי בהוד**. כלי ההוד הופך פניו למטה כנגד פני כלי היסוד, להאיר האורות שבתוכו בבחינת **הארה בלבד** פנים בפנים בכלי היסוד. אחר כך מחזיר כלי ההוד פניו למעלה, כלפי אחורי כלי הנצח.

ט – מטי בכתר, אור החכמה יורד מהמאציל לכלי הכתר שהוא הכלי שלו. אור הבינה המתייחס לכלי החכמה, מסתלק לכלי הכתר, וזה בחינת **לא מטי בחכמה**. האור המתייחס לכלי הבינה, הנקרא אות **י'** עולה גם או לכלי הכתר, וזה בחינת **לא מטי בבינה**. האור המתייחס לכלי החסד, והוא אור הגבורה עולה לכלי הבינה כדי להיות קרוב בב' מדרגות מאור הבינה הנמצא בכלי הכתר, וזה בחינת **לא מטי בחסד**. אור התפארת המתייחס לכלי הגבורה, הנמצא כעת בכלי החסד, יורד בחזרה להאיר לכלי דליה, וזה בחינת **מטי בגבורה**. האור המתייחס לכלי התפארת, והוא אור הנצח, הנמצא בכלי דליה, מסתלק לכלי הגבורה להיות קרוב לאור התפארת ולקבל הארה ממנו, וזה בחינת **לא מטי בתפארת**. האור המתייחס לכלי הנצח, והוא אור התפארת, שהיה עד עתה בכלי הגבורה, חוזר לכלי שלו, וזה **מטי בנצח**. אור נצח המתייחס לכלי ההוד, מסתלק מהכלי שלו להיות קרוב לאור הנצח ולקבל ממנו שפע והארה, ועולה לכלי הנצח, וזה **לא מטי בהוד**. כלי ההוד הופך את פניו למטה כנגד פני כלי היסוד, ומוסר לו את **עצמות** האור המתייחס לכלי דליה, שהוא אור המלכות ואות **ו'** הנולד מזיווג זו"ן דכלי הבינה, ועם כל האורות שתחתיו, וזה בחינת **מטי ביסוד**. כלי היסוד הופך פניו למטה כנגד פני כלי המלכות, להאיר האורות שבתוכו בבחינת **הארה בלבד** פנים בפנים בכלי המלכות. אחר כך מחזיר כלי ההוד פניו למעלה, כלפי אחורי כלי הנצח.

י – לא מטי בכתר, אור החכמה המתייחס לכלי הכתר מסתלק לכלי הכתר שבכלי הכתר יורד לכלי דליה, שהוא כלי החכמה, וזה בחינת **מטי בחכמה**. האור המתייחס לכלי הבינה, שהוא אות **י'**, הנמצא בכלי הכתר, יורד בחזרה לכלי שלו, והוא כלי הבינה, וזה בחינת **מטי בבינה**. אור הגבורה המתייחס לכלי החסד, הנמצא בכלי הבינה, חוזר בחזרה ויורד לכלי דחסד, וזה בחינת **מטי בחסד**. אור התפארת שמתייחס לכלי הגבורה עולה לכלי החסד לקבל שפע מאור הגבורה שירד זה עתה מכלי הבינה, וזה בחינת **לא מטי בגבורה**. האור המתייחס לכלי התפארת, והוא אור הנצח, הנמצא בכלי הגבורה, יורד בחזרה לכלי שלו עם שפע ההארה שקבל בכלי הגבורה, וזה **מטי בתפארת**. האור המתייחס לכלי הנצח, והוא אור ההוד, הנמצא בכלי דליה, וזה בחינת **לא מטי בנצח**. האור המתייחס לכלי ההוד, והוא אור היסוד, שהיה עד עתה בכלי הנצח, חוזר לכלי שלו להאיר בו, וזה בחינת **מטי בהוד**. האור המתייחס לכלי היסוד, והוא המלכות, עולה לכלי ההוד כדי להיות קרוב לאור היסוד הנמצא שם, וזה בחינת **לא מטי ביסוד**. כלי היסוד הופך את פניו למטה כנגד פני כלי המלכות, ומוסר לו את **עצמות** האור המתייחס לכלי דליה, שהוא אור הנקרא אות **ד'** הנולד מזיווג זו"ן דכלי הבינה, וזה בחינת **מטי במלכות**. כלי המלכות הופך פניו למטה כנגד עולמות אבי"ע, להאיר להם שפע. אחר כך מחזיר כלי המלכות פניו למעלה, כלפי אחורי כלי ההוד.

בשער העקודים ביאר הרב ז"ל את התפשטות האורות דעקודים מפה דא"ק, וסילוקם בחזרה למקורם בפה דא"ק כדי לקבל שם תשלום[168] חלקי הנרנח"י והמקיפין החסרים להם, והתפשטות האורות מהמאציל, וסילוקם בחזרה לפה דא"ק

168

ע"ח ש"ו פ"ג מ"ת דכ"ו ע"ב – ואמנם בבוא כתר נמצא המלכות שלימה מכל ה' אורות פנימים, שהם נרנח"י, ועתה היו חסרים עדיין כל הספירות כנ"ל שיצאו חסרים בלי תשלומין, והיה זה ממש בכוונה גמורה כנ"ל, **ולכן הוצרכו לחזור ולעלות אל המאציל לקבל ממנו תשלומיהן.**

נקראים בדברי הרב ז"ל[169] **התפשטות והסתלקות ראשונה**. אחר שהאורות דעקודים חזרו למקורם בפה דא"ק, חזרו
והתפשטו בפעם השניה מפה דא"ק **בסוד מטי ולא מטי**[170] לעיל בפרק א' ובפרקין, והתפשטות זאת נקראת

התפשטות שניה, ואחריה צריכה לבוא בחינת **הסתלקות שניה** של האורות המבוארת לקמן. **והרי**[171] אחרי שנשלמו
כל הבחינות של ההתפשטות הראשונה של האורות מפה דא"ק, וההסתלקות הראשונות של האורות לפה דא"ק כדי
שהשתלמו בבחינת נרנח"י ומקיפין, וחזרו האורות דעקודים להתפשט שוב בפעם השניה מפה דא"ק בסוד מטי ולא מטי,

עָתָה נִשְלַם כל **הַבְּחִינוֹת הָרִאשוֹנוֹת, שֶׁהִיא מְצִיאוּת הַהִתְפַּשְׁטוּת** האורות מפ"ה דא"ק
בהתפשטות השניה, **וְהִנֵה** בהתפשטות השניה **הִגִּיעוּ כָּל עֶשֶׂר אוֹרוֹת** דעקודים מכלי הכתר **עַד** כלי

הַמַלְכוּת ואז נשלמה בחינת ההתפשטות השניה, **וְעַתָה**[172] **הַבְּחִינָה**[173] **הַשֵנִיה** של הסתלקות האורות,

---

169

ע"ח ש"ז פ"א מ"ק ד"ל ע"ב – ונתחיל לבאר מציאות העקודים מה ענינו. דע כי האור העליון אשר הוא
חלק הראוי להתלבש באצילות. אשר יש בו כח העשר ספירות, אף על פי שעדיין לא ניכר היותם עשר אורות
רק אחר גמר העקודים, וכמו שנבאר בע"ה. אמנם ודאי שהכח של עשר אורות אלו היה בהם תחלה, רק לפי
שלא היה האור נגבל תוך הכלי, לא היה ניכר עדיין מציאת היותן עשר. והנה כאשר רצה המאציל העליון
להוציא בחינת הכלי ההוא הנקרא עקודים, מה עשה, **המשיך האור שלו למטה עד מציאות סיום שיעור
הראוי להיות נעשה ממנו בחינת עקודים, שהוא עד הטבור, ואחר שהמשיכו חזר ונסתלק האור ההוא
למעלה במקורו בפה**, ונודע הוא כי האור העליון כשהוא מתפשט וחוזר ונעלם, מניח רושם חותם למטה
בהכרח. והנה אותו האור שהוא הרשימו הנשאר למטה, כאשר נסתלק אור עליון ונעלם במקורו, אז נשאר אור
רשימו ההוא למטה בלתי אור עליון ההוא)הנסתלק(, ואז על ידי התרחקו ממנו אור עליון, אז נעשה אותו
)נ"א באותו(אור הנשאר ונתהווה בחינת כלי, כי סיבת **התפשטות האור והסתלקותו אחר כך** גרם להעשות
מציאות כלי.

170

ע"ח ש"ז פ"א מ"ק ד"ל ע"ד – והרי בארנו בזה ד' בחינות, שהם התפשטות הראשון והסתלקותו,
והתפשטות השני והסתלקותו. וגם בארנו שזה התפשטות והסתלקות השני נקרא מטי ולא מטי, ולכן נקרא
הכלי ההוא עקודים, לפי שהוא כלי אחד והוא מקשר ועוקד עשר אורות בתוכו.............. והנה ד' בחינות אלו
הם מציאות ד' אותיות הוי"ה, כי י"ו הם ב' בחינות התפשטות, וה' ה' הם ב' בחינות הסתלקות, וכבר ידעת כי
שם הוי"ה אינו מתחיל אלא מחכמה ולמטה. והטעם לפי שד' בחינות אלו לא שייכים אלא מחכמה ולמטה, אבל
בכתר לא יש בו רק ב' בחינות בלבד, וכנגדן נקרא י"ה הוי"ה, וזה סוד כי בי"ה הוי"ה צור עולמים, לפי שבהם
התחיל לצייר ולברוא את העולם מתחלה, שהוא סוד עקודים אשר הם סוד י"ה הוי"ה, כי י"ה בכתר, והוי"ה
בשאר פרצופים כולם.

171

כרם שלמה ש"ז פ"ב אות י"א – מה שכתב נשלם בחינת הראשונה, פירוש **של ההתפשטות השניה**, כי כן
כתב לעיל כי בחינת התפשטות מטי ולא מטי נקרא התפשטות והסתלקות שנים, כמו שהארכנו לעיל פרק א'.
וכתב לעיל גם כן, כי תמיד הוא העולם הזה של העקודים, הוא נוהג כסדר זה של בחינת מטי ולא מטי. וזהו
שכתב כאן נשלם בחינה הראשונה, ר"ל הפעם הראשונה של בחינת מטי ולא מטי, והוא כל זמן שלא הגיעו
עדיין עד כלי המלכות, לא נקרא שנשלם בחינה הראשונה, אבל עכשיו שכבר נתפשטו האורות בכל הספירות
שמכתר ועד המלכות, עד שהגיע האור אל המלכות, אז נשלמת בחינה הראשונה של מטי ולא מטי.

172

בית לחם יהודה ש"ז פ"ב – ועתה הבחינה הב' היא פשוטה וכו', ואחר כך חוזר כבתחלה וכו'. פירוש חוזר
כבתחלה להיות לא מטי בכתר וכו', ויהיה מטי במלכות על דרך הנ"ל. וסדר זה הוא מתמיד והולך בלא שום
שינוי כלל, ואם יהיה הדור זכאי או חייב, יבואר בדברינו בסמוך.

173

כרם שלמה ש"ז פ"ב אות י"א – ומה שכתב ועכשיו הבחינה השניה היא פשוטה. ר"ל המדרגה באחרונה
שהיא מטי האור במלכות, היתה על ידי שלא מטי האור בהכתר, אבל הבחינה השניה והוא כשמטי האור
בהכתר, אז מוכרח להעשות שלא מטי במלכות, והוא כסדר ראשון ממש, על דרך הנזכר לעיל. **והוא כשיהיה**

שהיא הסתלקות האורות בפעם השניה, הנגרמת על ידי ח"ו פגם בתחתונים **הִיא פְּשׁוּטָה, כִּי עַתָּה** האור המתייחס לכלי המלכות, שהוא האור הנולד מזיווג זו"ן דכלי הבינה הנקרא אות **ד'** נמצא בכלי דליה, וכדי שיסתלק האור המתייחס לכלי המלכות מהכלי שלו **יַזֲזֹר** האור[174] המתייחס לכלי הכתר, שהוא אור החכמה, שהיה נמצא בפה דא"ק **לִהְיוֹת מַטֹּי בכלי הכתר** ר"ל אור החכמה חזר להתלבש בכלי החכמה, **וְאָז** האור המתייחס לכלי החכמה, שהוא אור הבינה, עוזב את הכלי דחכמה, ומסתלק להיות קרוב לאור הנמצא בכלי הכתר, שהוא אור החכמה, מפני החשק שיש לו אליו, וכדי לקבל הארה ולינוק ממנו, ובחינה זאת נקראת **לֹא מַטֹּי** בכלי [דל"א ע"ג 62] **הַחֹכְמָה,** וגם האור המתייחס לכלי הבינה, שהוא אות **י'** שנולד מזיווג זו"ן דכלי החכמה, מסתלק לכלי הכתר, לפי הכלל כי כל הג"ר חשובים כאחד, וזה נקרא **לֹא מַטֹּי** בכלי הַ**בִּינָה,** וגם האור המתייחס לכלי החסד שהוא אור הגבורה, מסתלק ועולה לכלי הבינה, כי רואה הוא שיש יותר מב' מרחקים בינו ובין האור המתייחס לכלי הבינה, שנמצא בעת הזאת בכלי הכתר, וזה נקרא **לֹא מַטֹּי** בכלי הַ**חֹסֶד,** זֹאת וְעֹוד הרב ז"ל ביאר כי כאשר האור מטי בכלי הכתר, האורות שבכלים דחכמה בינה וחסד הם בבחינת **לֹא מַטֹּי,** וכאשר האור **לֹא מַטֹּי** בכלי הכתר, האורות המתייחסים לכלי החכמה, בינה וחסד הם בבחינת **מַטֹּי, ו**האור המתייחס לכלי הגבורה, והוא אור התפארת, שהיה נמצא עד עתה בכלי החסד, עם האור המתייחס לכלי החסד, והוא אור הגבורה, עוזב את כלי הכתר אחרי שקבל את ההארה הצריכה לו, ומתפשט בחזרה בכלי שלה שהוא כלי הגבורה, וזה נקרא **מַטֹּי** בכלי הַ**גֲּבוּרָה, ו**האור המתייחס לכלי התפארת, והוא אור הנצח, רואה כי אור השייך לכלי הגבורה, שהוא אור התפארת, חזר לכלי דליה, הוא מסתלק אליו כדי לינוק את השפע הראוי לו, וזה נקרא **לֹא מַטֹּי** בכלי הַ**תִּפְאֶרֶת.** וכאשר אור ההוד המתייחס לכלי הנצח, שהיה עד עתה בכלי התפארת רואה כי הסתלק האור המתייחס לכלי התפארת, והוא אור הנצח לכלי הגבורה, עוזב את כלי התפארת וחוזר לביתו, שהוא כלי הנצח, וזה נקרא **מַטֹּי** בכלי הַ**נֵּצַח, ו**כן הוא באור המתייחס לכלי ההוד, שהוא אור היסוד, אשר עד עתה היה נמצא בכלי שלו, כאשר ראה כי אור דכלי הנצח, שהוא אור ההוד חזר לביתו, מיד הוא מסתלק ועולה אליו, כדי לקבל שפע והארה ממנו, וזה נקרא **לֹא מַטֹּי** בכלי הַ**הֹוד,** וכאשר רואה האור המתייחס לכלי היסוד, והוא אור המלכות שהיה עד עתה נמצא בכלי ההוד, כי האור המתייחס לכלי ההוד, שהוא אור היסוד הסתלק ועלה לכלי הנצח, יורד אור המלכות בחזרה לכלי דליה, שהוא כלי היסוד, כדי להאיר בכלי דליה, וזה נקרא **מַטֹּי** בכלי הַ**יְסֹוד, ו**האור המתייחס לכלי המלכות והוא האור החדש הנקרא האור אות **ד',** מיד מסתלק לכלי היסוד, וזה מב' טעמים, טעם אחד הוא מפני הפגם של התחתונים המגיע עד כלי המלכות, והטעם השני הוא כדי להיות ביחד עם האור המתייחס לכלי היסוד, והוא אור המלכות, כדי לקבל שפע והארה ממנו, **וזה נקרא לֹא מַטֹּי** בכלי הַ**מלכות. וְאֲזֹור כָּךְ** ר"ל אחרי שהאור לא מטי בכלי המלכות **יַזֲזֹר** הכל **כְּמִתְּזִילָה**[175]**, מטי** בכלי

ח"ו **פגם בתחתונים שמגיע עד המלכות בלבד,** אז צריך שלא יהיה מטי במלכות, ולכן צריך שיתנועעו כולם מן הכתר ולמטה, עד המלכות. ואז יהיה מטי בכתר, וחוזר האור אליו, **וממילא** החו"ב מפני החשק עולים אליו לקבל ממנו, ונקרא לא מטי בחו"ב, וגם החסד מפני המרחק של החו"ב שעלו לכתר ונתרחקו ממנו, אז גם הוא עולה לבינה, והוי לא מטי בחסד, וממילא אור הגבורה שהיה עד עתה בהחסד, חוזר ויורד להכלי שלו, ונקרא מטי בגבורה. וכראות אור התפארת שחזר אור הגבורה לביתו, אז עולה אור התפארת אליו, והוי לא מטי בתפארת. ואור הנצח שהיה עד עתה בכלי התפארת, הואיל ואורו של התפארת עלה להגבורה, אז הוא חוזר להכלי שלו, והוי מטי בנצח. וכראות אור ההוד שחזר אור הנצח לביתו שהוא להכלי שלו, אז הוא עולה אליו לקבל ממנו הארה. והוי לא מטי בהוד. וכראות אור היסוד שהיה עד עתה עם ההוד שעלה להנצח, אז הוא חוזר לביתו, שהוא להכלי של היסוד, והוי מטי ביסוד. **וממילא המלכות הואיל והגיע הפגם אליה,** ויש לה דרך ומקום לעלות, לכן עולה אל היסוד, והוי לא מטי במלכות.

174

תרשים ב – נ.

175

הכתר, **ולא מטי** בכלי החכמה, בינה, וחסד, **לא מטי** בכלי הגבורה, **ומטי** בכלי התפארת, **לא מטי** הכלי הנצח, **ומטי** בכלי ההוד, **לא מטי** בכלי היסוד, **ומטי** בכלי המלכות. הרב ז"ל מבאר[176] מספר כללים המתייחסים לסוגיה דמטי ולא מטי. **והרי עתה** יש **כמה בחינות** וכללים בסוגיה דמטי ולא מטי, הכלל[177] **הראשון** הוא **כי לעולם** כאשר האור של הכלי העליון **מטי** בכלי שלו, אז **זושק האור** הנמצא בכלי **התחתון** לעלות **ולהדבק** באור הנמצא **בכלי העליון** ולקבל ממנו שפע והארה, **וכמו**[178] בדרך משל **כאשר** האור המתייחס לכלי היסוד, שהוא אור המלכות **הוי מטי בכלי היסוד**, אז האור המתייחס לכלי המלכות, שהוא אות ד' הנולד מזיווג זו"ן דכלי הבינה, מסתלק ועולה לכלי היסוד, כדי להיות קרוב לאור השייך לכלי היסוד, וזה **הוי לא מטי בכלי המלכות, כי אז אור המלכות** הנקרא אות ד' **עולה שם בכלי** היסוד להתחבר באור המתייחס לכלי היסוד, וכל זה **מזומת הזושק** שיש לאור המתייחס לכלי המלכות להתחבר עם האור המתייחס לכלי היסוד, ולינק ולקבל ממנו שפע יותר ממה שהיה לה. **וכן** כלל זה הוא **בכל שאר הספירות** של השבע התחתונים, כי כאשר האור הוי[179] **מטי** בכלי היסוד, הוי **לא מטי** בכלי המלכות. וכאשר האור הוי[180] **מטי** בכלי ההוד, הוי **לא מטי** בכלי היסוד. כאשר האור הוי[181] **מטי** בכלי הנצח, הוי **לא מטי** בכלי ההוד. וכאשר הוי[182] **מטי** בכלי התפארת, הוי **לא מטי** בכלי הנצח. וכן כאשר הוי[183] **מטי** בכלי הגבורה, הוי **לא מטי** בכלי התפארת. וכאשר הוי[184] **מטי** בכלי החסד, הוי **לא מטי** בכלי הגבורה. **זושק**[185] **מן ה**אור המתייחס לכלי **החסד** שהוא אור

הגהות וביאורים)א(— ר"ל לא מטי בכתר על דרך הנ"ל.
176

כרם שלמה ש"ז פ"ב אות י"ב — כאן הרב ז"ל בא ליתן קצת כללים הנמצאים כאן, שהם לכאורה משונה
סדרה כפי שאר הסדר הנמצא באצילות או בי"ע, אבל אחר האמת כולם שווים.
177

כרם שלמה ש"ז פ"ב אות י"ב — ופשט דבריו הוא כן, והוא כי מה שתראה כשמטי האור בספירה אחת, אז
הספירה התחתונה היא עולה אליו, והוי לא מטי בתחתון, והוא מפני רוב החשק של התחתון להדבק בעליון
בהיותו בביתו, ובכלי שלו.
178

כרם שלמה ש"ז פ"ב אות י"ב — כמו דרך משל, כשמטי האור ביסוד, אז הוי לא מטי במלכות, ואור המלכות
עולה אליו, והטעם הוא מרוב החשק להדבק בו ולקבל שפע ממנו יותר ממה שהיה לה.
179

תרשים ב – נ"א.
180

תרשים ב – נ"ב.
181

תרשים ב – נ"ג.
182

תרשים ב – נ"ד.
183

תרשים ב – נ"ה.
184

תרשים ב – נ"ו.
185

כרם שלמה ש"ז פ"ב אות י"ב — ומה שכתב חוץ מן החסד עם הבינה, ר"ל היה ראוי כאשר הוי מטי בבינה,
הוי לא מטי בחסד, והחסד עולה אליה כמו שאר הספירות של הו"ק. וכן כאשר לא מטי בבינה, היה ראוי שמטי

עִם הָהגבורה האור המתייחס לכלי ה**בִּינָה** שהוא האור הנקרא אות י' הנולד מזיווג זו"ן דכלי החכמה, **כִּי כַּאֲשֶׁר הֲוֵי לֹא מַטֵי בְּכלי הַבִּינָה** ר"ל שהאור המתייחס לכלי הבינה, שהוא אות י' מסתלק לכלי הכתר, היה צריך האור המתייחס לכלי החסד, שהוא אור הגבורה, **מַטֵי** בכלי החסד, כמו כל שאר האורות, אלא לא כן הוא, ההפך הוא, כי האור המתייחס לכלי החסד, שהוא אור הגבורה, עולה ומסתלק לכלי הבינה, **אָז הֲוֵי לֹא מַטֵי בְּכלי הַחֶסֶד,** והסיבה שהאור המתייחס לכלי החסד עולה לכלי הבינה **מִפְּנֵי בּ' מְרֻחָקִים** שיש בין אור המתייחס לכלי הבינה, שעלה זה עתה לכלי הכתר, לבין האור המתייחס לכלי החסד, שהוא אור הגבורה, כי אי אפשר שיהיה יותר מב' מרחקים בינהם. ● **ו**כן הוא כאשר האור המתייחס לכלי הבינה, שהוא אות י', חוזר ויורד לכלי דליה, כי האור המתייחס לכלי הכתר מסתלק בחזרה למאציל, אז **כְּשֶׁהוּא** האור דכלי הבינה **מַטֵי בְּכלי הַבִּינָה, אָז** האור המתייחס לכלי החסד, שהוא אור הגבורה חוזר בחזרה לכלי החסד, כי לא יוכל לסבול להיות ביחד עם האור המתייחס לכלי הבינה, וזה **הֲוֵי גַם כֵּן** אור הגבורה **מַטֵי בְּכלי הַחֶסֶד, כִּי אֵין שֲׁוֵה**[186] **הָאוֹר** המתייחס לכלי הַ**חֶסֶד** שהוא חלק מהו"ק, והו"ק[187] הם גוף בערך הג"ר שהם נשמה[188], **לְכָל אוֹר** המתייחס לכלי הַ**בִּינָה** הנקרא נשמה בערך הו"ק. ● **אָמְנָם**[189] אף על פי שהאור המתייחס לכלי החסד אינו מתעכב בכלי הבינה, וכאשר האור המתייחס לכלי הבינה **מַטֵי** בכלי הבינה, האור המתייחס לכלי החסד **מַטֵי** בכלי החסד, עם כל זאת **בְּאוֹתוֹ רֶגַע לְבַד שֶׁיּוֹרֵד** האור המתייחס לכלי הַ**בִּינָה** והוא האור הנקרא אות י' **וּמַטֵי בִּמְקוֹמָה** ר"ל בכלי הבינה, **אָז** באותו רגע[190] את אור **מוֹצֵאת** הגבורה המתייחס לכלי הַ**חֶסֶד בִּמְקוֹמָה** ר"ל בכלי

בחסד, אבל עכשיו אינו כן, כי כאשר הוי מטי בחסד בבינה, הוי מטי בחסד גם כן, וכאשר לא מטי בבינה, הוי לא מטי בחסד גם כן. ולמה שינוי זה, לזה כתב הטעם מפני שאין שוה אור החסד לאור הבינה, ואינו יכול לסבול אורה, ולכן כאשר מטי אור בבינה אף על פי שמן הראוי היה שיעלה אור החסד אליה, ויהיה לא מטי בחסד, כדי שיקבל שפע ממנה, אף על פי כן מפני גודל האור של הבינה אינו יכול לישב עמה יחד, אלא ממקומו מקבל האור שלה, והוא מספיק לה.
186

כרם שלמה ש"ז פ"ב אות י"ב – והטעם מפני שהחסד הוא אחד מן הו"ק, וידוע כי הו"ק הם מדרגה בפני עצמם, והג"ר הם מדרגה אחרת בפני עצמם. כי הג"ר הם בחינת נשמה אל הגוף שהם ו"ק. והו"ק הם בערך הגוף אל הנשמה שהם ג"ר. ולזה אינם יכולים להדבק הו"ק בהג"ר, כי החסד הוא אחד מן הו"ק, והבינה היא אחת מן הג"ר.
187

תרשים ב – נ"ז.
188

כלל – שיעור קומה של עשר ספירות מתחלק לב' חלקים, הג"ר הם בחינה בפני עצמה, ונקראים **נשמה** בערך הו"ק. והו"ק בחינה בפני עצמה, ונקראים **גוף** בערך הג"ר.
189

כרם שלמה ש"ז פ"ב אות י"ב – אף על פי שאמרנו אין החסד יכול לישב עם הבינה יחדיו, ולכן כאשר מטי בבינה הוי מטי בחסד, אף על פי כן זמן מועט שיכול לישב עמה, והוא אותו רגע שיורדת הבינה במקומה, ומוצאת שם אור החסד במקומה, ותכף אחר זמן מועט הוא יורד למקומו. אבל באותו זמן המועט הוא מקבל שפע גדול, אבל אינו יכול להתעכב שם.
190

בית לחם יהודה ש"ז פ"ג – ונשאר בה אור החסד תמיד בחינת מ"ן. מ"ן הנזכר הם לצורך זווג הדוכרא ונוקבא שבכלי הבינה עצמו, כך נראה לעניות דעתי. **וחסד הנזכר הוא חסד העיקרי של העשר ספירות.** ומה שכתוב בפרק ב' דלעיל, אמנם אותו רגע לבד שיורד בינה למקומה **אז מוצאת החסד במקומה, וברגע יורד החסד למקומו וכו', הכוונה על אור הגבורה שהיה בכלי החסד.**

הבינה, **ובְרֶגַֿע** הזה שאור המתייחס לכלי החסד נמצא בכלי הבינה עם האור המתייחס לכלי הבינה, מקבל שפע גדול מהאור המתייחס לכלי הבינה, שהוא אור הנקרא אות י', ואז **יוֹרֵד** אור הגבורה המתייחס לכלי **הַחֶסֶד לִמְקוֹמוֹ** בכלי החסד, כי לא יוכל האור המתייחס לחסד שהוא ממדרגת הו"ק, להדבק[191] באור המתייחס לבינה והיא ממדרגת הג"ר, **וזֶה עִנְיָן שֶׁהו"ק הֵם בִּפְנֵי עַצְמָם מַדְרֵיגָה אַזֹאת** הנקראת גוף בערך הג"ר הנקרא נשמה, **וְאֵינָֿם יְכוֹלִים לְהִדָבֵק בַּבִּינָה שֶׁהִיא** חלק מג"ר שהם נשמה בערך הו"ק הנקראים גוף, ורק כאשר האור המתייחס לכלי הבינה מסתלק ועולה לכלי הכתר, אז יכול האור המתייחס לכלי החסד שהוא אור הגבורה לעלות לכלי הבינה, בסוד[192] הפסוק[193] הוא ידע את מקומה. הרב ז"ל ביאר את החילוק שיש בין הג"ר לבין הז"ת, כאן מבאר הרב ז"ל את החילוק שיש בג"ר עצמם[194]. **גַם עִנְיָן מטי ולא מטי בַּג"ר, הוא בְּעִנְיָן אֵזֶזר** לעומת הז"ת, **כִּי כַּאֲשֶׁר הוא מטי** בכלי **הֲכֶּתֶר, אָז עוֹלִין שְׁנֵיהֶן** לכלי הכתר, האחד האור המתייחס לכלי **הֲזֹחֿכמה,** והוא אור הבינה, **וֹ**השני האור הנקרא אות י' שנולד מזיווג זו"ן דכלי החכמה המתייחס לכלי **הֲבִּינָֿה,** וב' האורות האלו עולים **לְמַעְלָֿה** בכלי **הֲכֶּתֶר. וּלְטַעַם**[195] **זֶה נִקְרָא ג"ר זֶשׁוּבִֿים כָּאֶזָֿד**[196] כי שלושתם חונים יחד בכלי הכתר, **וּכֲאֲשֶׁר** האור המתייחס לכלי הכתר, שהוא אור החכמה, מסתלק למאציל, והוי **לֹא מטי** בכלי **הֲכֶּתֶר, אָז** האור המתייחס לכלי החכמה, שהוא אור הבינה המתייחס לכלי **הֲזֹחֿכמה,** כי אחרי שינק את השפע הראוי לו, חוזר להכלי שלו, ומאיר בו, היה **מִן הֲרָאוּי שֶׁ**הֲאור המתייחס לכלי הבינה, שהוא אות י' **תִּשָׁאֵר שָׁם הָאוֹר** המתייחס לכלי **הֲבִּינָֿה** עם האור המתייחס לכלי החכמה, כי כחדא שריין, **וֹ**אז האור המתייחס לכלי הבינה **תִּהְיֶה לֹא מטי** בכלי **הֲבִּינָֿה** ותעלה בכלי החכמה, אבל **רֵק מִשׁוּם כִּי זֹפִֿיץ** [דל"א ע"ד 62] **הֲזֶסֶד הוּא כנזכר**[197]

191

כרם שלמה ש"ז פ"ב אות י"ב – והטעם לזה שאינו יכול החסד להדבק בבינה, כי הו"ק הם מדרגה אחרת בפני עצמה, והג"ר הם מדרגה אחרת. ואין כל העשר ספירות מדרגה אחת, והוא על פי הקדמה שיש לנו בעלמא, כי העשר ספירות כולם הם נחלקים ב' מדרגות, והם ג"ר שהם חשובות כאחת, ושבעה תחתונות מדרגה אחרת, וזאת ההקדמה היא שורשה מכאן.

192

שם **אלה"ים** רומז לאור הגבורה, **הבין** רמז לבינה, **דרכה** סוד מטי ולא מטי, **מקומה** הכלי דליה.

193

איוב כ"ח כ"ג – אלהי"ם הבין דרכה והוא ידע את מקומה.

194

כרם שלמה ש"ז פ"ב אות י"ג – כי עד עכשיו ביאר החילוק בין הו"ק ובין הג"ר, ועכשיו מבאר החילוק בהג"ר עצמם, בין הכתר לחכמה ולהבינה. והוא כי מן הראוי היה שמטי האור בהכתר, הוי לא מטי בחכמה, ומטי בבינה. או כשלא מטי בכתר, היה ראוי שמטי בחכמה, ולא מטי בבינה, כמו סדר הו"ק. והטעם כשהוא מטי בכתר אז לא מטי בחכמה, ולא מטי בבינה, ושלושתם עולים בכתר, מפני שהג"ר חשובים כאחד.

195

כרם שלמה ש"ז פ"ב אות י"ג – וזה הוא שכתב ולטעם זה נקרא ג"ר חשובים כאחד, ר"ל והטעם שהם כך שלשלושתם חונים בכתר יחד, מפני שבעלמה יש לנו הקדמה שהג"ר הם חשובים כאחד, ומכאן נלמוד אותה.

196

כלל – הג"ר הם בחינה בפני עצמה, וחשובים כאחד. וכן הו"ק הם בחינה בפני עצמה.

197

55

לעיל ר"ל האור המתייחס לכלי הבינה חפץ להאיר לתחתונים, כי הבינה היא האימא שלהם, **הוי מטי' גם כן בכלי הבינה.בינה,** והאור המתייחס לכלי הבינה, חוזר לכלי הבינה כדי להיות קרוב לתחתונים ולאיר בהם. **כל זה הוא** כאשר התחתונים עושים רצונו של מקום, אבל אם ח"ו יש פגם בתחתונים, והתחתונים עושים הפך רצונו של מקום, הם לא יכולים לקבל את עצמות האורות, אלא רק בחינת אור דחיות העולמות. אז מסתלקים כל האורות דעקודים למאציל בסוד מטי ולא מטי, הנקרא **הסתלקות השניה**, וזה נעשה במספר שלבים. **שלב א'**[198] – האור המתייחס לכלי המלכות מסתלק מהכלי המלכות, כיצד, האור החכמה הנמצא בפה דא"ק, חוזר לכלי דליה, כלי הכתר, וזה הוי **מטי בכתר**, אז האור המתייחס לכלי החכמה מסתלק לכלי הכתר, וזה הוי **לא מטי בחכמה**, גם האור המתייחס לכלי הבינה, והוא אות י' מסתלק לכלי הכתר, וזה הוי **לא מטי בבינה**, האור המתייחס לכלי החסד, והוא אור הגבורה, עולה לכלי הבינה כדי להיות קרוב לפחות ב' מדרגות מהאורות דג"ר, וזה הוי **לא מטי** בחסד, אז אור התפארת המתייחס לכלי הגבורה, שנמצא כעת בכלי החסד, חוזר לכלי הגבורה, וזה הוי **מטי בגבורה**, אור הנצח המתייחס לכלי התפארת, מסתלק לכלי דגבורה, וזה הוי **לא מטי בתפארת**, אור ההוד המתייחס לכלי הנצח, שנמצא עתה בכלי התפארת, חוזר לכלי הנצח, וזה הוי **מטי בנצח**, האור המתייחס לכלי ההוד, והוא אור היסוד, מסתלק לכלי הנצח, וזה הוי **לא מטי בהוד**, האור המתייחס לכלי היסוד, והוא אור המלכות, הנמצא עתה בכלי ההוד, חוזר לכלי היסוד, וזה הוי **מטי ביסוד**, ואז האור המתייחס לכלי המלכות, שהוא אות **ד'** שנולד מזיווג זו"ן דכלי הבינה, מסתלק מכלי המלכות ועולה לכלי היסוד, וזה הוי **לא מטי במלכות**, ואז כלי המלכות נשאר ללא האורות דעקודים. **שלב ב'**[199] – אחר כך צריך שהאורות שבכלי היסוד הסתלקו ממנו לכלי ההוד, וזה נעשה על ידי שהאור שמתייחס לכלי הכתר, והוא אור החכמה, מסתלק למאציל, וזה הוי **לא מטי בכתר**, ואז האור דכלי החכמה, שהוא אור הבינה חוזר לכלי דחכמה, וזה הוי **מטי בחכמה**, גם האור המתייחס לכלי הבינה, הנקרא אות י' עוזב את כלי הכתר וחוזר לכלי הבינה, וזה הוי **מטי בבינה**, וכאשר האור המתייחס לכלי הבינה חוזר לכלי דליה, אור הגבורה המתייחס לכלי החסד עוזב את כלי הבינה, ויורד לכלי החסד, וזה הוי **מטי בחסד**, האור המתייחס לכלי הגבורה, והוא אור התפארת עולה לכלי החסד, וזה הוי **לא מטי בגבורה**, והאור המתייחס לכלי התפארת, שהיה בכלי הגבורה עד עתה, יורד בחזרה לכלי התפארת, וזה הוי **מטי בתפארת**, אור ההוד המתייחס לכלי דנצח עוזב את כלי הנצח ועולה לכלי התפארת, וזה הוי **לא מטי בהוד**, האור המתייחס לכלי ההוד, והוא אור היסוד חוזר ויורד לכלי דהוד, וזה הוי **מטי בהוד**, אז האורות הנמצאים בכלי היסוד, שהם אור המלכות המתייחס לכלי היסוד, ואור הנקרא אות **ד'** המתייחס לכלי המלכות, עולים ומסתלקים לכלי ההוד, וזה הוי **לא מטי ביסוד**, ואז גם כלי היסוד נשאר ללא האורות דעקודים. **שלב ג'**[200] – אחר כך צריך שהאורות שבכלי ההוד הסתלקו לכלי הנצח, וזה נעשה על ידי שהאור החכמה הנמצא בפה דא"ק, חוזר לכלי דליה, כלי הכתר, וזה הוי **מטי בכתר**, אז האור המתייחס לכלי החכמה מסתלק לכלי הכתר, וזה הוי **לא מטי בחכמה**, גם האור המתייחס לכלי הבינה, והוא אות י' מסתלק לכלי הכתר, וזה הוי **לא מטי בבינה**, האור המתייחס לכלי החסד, והוא אור הגבורה, עולה לכלי הבינה כדי להיות קרוב לפחות ב' מהאורות דג"ר, וזה הוי **לא מטי** בחסד, אז אור התפארת המתייחס לכלי הגבורה, שנמצא כעת בכלי החסד, חוזר לכלי הגבורה, וזה הוי **מטי בגבורה**, אור הנצח המתייחס לכלי התפארת, מסתלק לכלי דגבורה, וזה הוי **לא מטי בתפארת**, אור ההוד המתייחס לכלי הנצח, שנמצא עתה בכלי התפארת, חוזר לכלי הנצח, וזה הוי **מטי בנצח**, ואז כל האורות הנמצאים בכלי ההוד, והם האורות המתייחסים לכלים דהוד יסוד מלכות, והם אור היסוד, אור המלכות, ואות **ד'** עולים ומסתלקים לכלי הנצח, וזה הוי **לא מטי בהוד**, ואז כלי ההוד נשאר ללא האורות דעקודים. **שלב ד'**[201] – אחר כך צריך שהאורות שבכלי הנצח הסתלקו ממנו לכלי התפארת, וזה נעשה על ידי שהאור שמתייחס לכלי הכתר, והוא אור החכמה, מסתלק למאציל, וזה הוי **לא מטי בכתר**, ואז האור דכלי החכמה, שהוא אור הבינה חוזר לכלי דחכמה, וזה הוי **מטי**

ע"ח ש"ז פ"ב מ"ק דל"א ע"ב – אחר כך חזר להיות לא מטי בכתר, ואז הוא מטי בחכמה, אז הבינה היה ראוי להיות נשארת שם בחכמה כבתחלה, אך מחמת אור החסד אשר במקומה, לכן יורדת להיות שם עמו, **וזהו כי חפץ חסד הוא.** וכבר ידעת כי בינה נקרא הו"א, וכאשר ירדה הבינה במקומה, אז החסד אין צריך אליה, ויורד למקומה ונקרא מטי בחסד.
198

תרשים ב – נ"ח.
199

תרשים ב – נ"ט.
200

תרשים ב – ס.
201

תרשים ב – ס"א.

בחכמה, גם האור המתייחס לכלי הבינה, הנקרא אות י' עוזב את כלי הכתר וחוזר לכלי הבינה, וזה הוי **מטי בבינה**, וכאשר האור המתייחס לכלי הבינה חוזר לכלי דליה, אור הגבורה המתייחס לכלי החסד עוזב את כלי הבינה, ויורד לכלי החסד, וזה הוי **מטי בחסד**, האור המתייחס לכלי הגבורה, והוא אור התפארת עולה לכלי החסד, וזה הוי **לא מטי בגבורה**, והאור המתייחס לכלי התפארת, שהיה בכלי הגבורה עד עתה, יורד בחזרה לכלי התפארת, וזה הוי **מטי בתפארת**, כל האורות הנמצאים בכלי הנצח, שהם האורות המתייחסים לכלי נצח, הוד, יסוד, ומלכות מסתלקים ועולים לכלי התפארת, ואז גם כלי הנצח נשאר ללא האורות דעקודים. **שלב ה'**[202] — אחר כך צריך שהאורות שבכלי התפארת הסתלקו לכלי הגבורה, וזה נעשה על ידי שהאור החכמה הנמצא בפה דא"ק, חוזר לכלי דליה, כלי הכתר, וזה הוי **מטי בכתר**, אז האור המתייחס לכלי החכמה מסתלק לכלי הכתר, וזה הוי **לא מטי בחכמה**, גם האור המתייחס לכלי הבינה, והוא אות י' מסתלק לכלי הכתר, וזה הוי **לא מטי בבינה**, האור המתייחס לכלי החסד, והוא אור הגבורה, עולה לכלי הבינה כדי להיות קרוב לפחות ב' מדרגות מהאורות דג"ר, וזה הוי **לא מטי** בחסד, אז אור התפארת המתייחס לכלי הגבורה, שנמצא כעת בכלי החסד, חוזר לכלי הגבורה, וזה הוי **מטי בגבורה**, ואז כל האורות הנמצאים עולים ומסתלקים לכלי הגבורה, וזה הוי **לא מטי בתפארת**, ועתה גם כלי התפארת נשאר ללא האורות דעקודים. **שלב ו'**[203] — אחר כך צריך שכל האורות שבכלי החסד הסתלקו ממנו לכלי הבינה, וזה נעשה על ידי שהאור שמתייחס לכלי הכתר, והוא אור החכמה, מסתלק למאציל, וזה הוי **לא מטי בכתר**, אז האור דכלי החכמה, שהוא אור הבינה חוזר לכלי דחכמה, וזה הוי **מטי בחכמה**, גם האור המתייחס לכלי הבינה, הנקרא אות י' עוזב את כלי הכתר וחוזר לכלי דליה, וזה הוי **מטי בבינה**, וכאשר האור המתייחס לכלי הבינה חוזר לכלי דליה, כל האורות המתייחסים לכלים דחג"ת, נהי"מ חוזרים בחזרה לכלי הבינה, אור הגבורה המתייחס לכלי החסד עוזב את כלי הבינה, ויורד לכלי החסד, וזה הוי **מטי בחסד**, האור המתייחס לכלי הגבורה, והוא אור התפארת עולה לכלי החסד, וזה הוי **לא מטי בגבורה**, ואז גם כלי החסד נשאר ללא האורות דעקודים. **שלב ז'**[204] — אחר כך צריך שהאורות שבכלי החסד הסתלקו מכלי החסד, וזה נעשה על ידי שהאור החכמה הנמצא בפה דא"ק, חוזר לכלי דליה, כלי הכתר, וזה הוי **מטי בכתר**, אז האור המתייחס לכלי החכמה מסתלק לכלי הכתר, וזה הוי **לא מטי בחכמה**, גם האור המתייחס לכלי הבינה, והוא אות י' מסתלק לכלי הכתר, וזה הוי **לא מטי בבינה**, **וגם כל האורות** הנמצאים בכלי החסד, המתייחסים לכלים של השבעה תחתונים, מסתלקים ועולים לכלי הכתר, וזה הוי **לא מטי בחסד**, כי כאשר האור מטי בכתר, הוי לא מטי בחכמה, בינה וחסד. ועתה גם כלי החכמה והבינה והחסד נשארו ללא האורות דעקודים. **שלב ח'**[205] — כל האורות המתייחסים לכלים של כח"ב נהי"ם, הנמצאים בכלי הכתר, עולים ומסתלקים למאציל, וזה הוי **לא מטי בכתר**, ועתה גם כלי הכתר נשאר ללא האורות דעקודים. וכל זה בגלל מעשה התחתונים שוכני בתי חומר, הגורמים חורבן ושממון, במעשיהם הלא טובים, וגורמים לפגום ח"ו במקום גבוה כמו זה. וכל ההסתלקות הזאת של האורות לא נשאר כך כלל, כי אם רגע בלבד, בסוד כי רגע באפו, ותכף ומיד חוזרים לצאת האורות שנסתלקו מתוך פה א"ק, המתפשטים שוב בכלים דעקודים. הרב ז"ל מבאר את שעור זמן הסתלקות האורות מהכלים דעקודים, [206]**גַם דַע**[207] **כִּי שִׁיעוּר הַזְּמַן אֲשֶׁר לֹא מָטֵי הָאוֹר**

202

תרשים ב – ס"ב.

203

תרשים ב – ס"ג.

204

תרשים ב – ס"ד.

205

תרשים ב – ס"ה

206

יפה שעה)א(— גם דע כי שיעור הזמן אשר לא מטי האור בספירה, היא רגע אחד לבד, והוא סוד כי רגע באפו חיים כו'. כי הסתלקות האור שהוא לא מטי הוא מחמת זעם ואף מחמת התחתונים שאין בהם כח, אך המשך בחינת מטי שהוא חזרת האור למטה להחיות העולמות, אין בו שיעור, כי כפי מעשה בני אדם כך יהיה. וזהו חיים ברצונו, כפי הרצון שיהיה אז, ר"ל כפי מעשה בני אדם, כך ימשך זמן החיים ההם, יע"ש. הנה כמה מאד יש להעמול על כל דברי רז"ל אלה. **חדא**, שהרי כתב כי בחינת מטי ימשך זמן ארוך כפי כשרון מעשה התחתונים, וזה סוד חיים ברצונו. ובחינת לא מטי הוי רגע, וזה סוד כי רגע באפו, שבחינת לא מטי הוא מחמת זעם ואף מחמת התחתונים. אם כן שהכל תלוי ביד בני אדם התחתונים, צריך להיות כפי מה שיהיו בני האדם. הגע עצמך אם יהיו בני אדם צדיקים, חסידים יום אחד ולא יותר, ואחר כך יהיו זמן גדול וארוך רשעים ח"ו, צריך להיות בחינת מטי רגע, או יום אחד, ובחינת לא מטי כל אותו זמן שהם רשעים ח"ו, והיאך יתקיים כי

רגע באפו חיים ברצונו. אדרבא צריך להיות בהפך רגע ברצונו. **שנית,** נחזי אנן היכי משכחת לה להיות בחינת מטי בלא בחינת לא מטי, או בחינת לא מטי בלא בחינת מטי, הא בלא הא לא אפשר, על כרחין כשהוא בחינת מטי בכתר צריך להיות לא מטי בחכמה ובינה ובחסד, כי שלשתן עולים. וכשהוא לא מטי בכתר צריך להיות מטי בחכמה ובינה ובחסד, כי שלשתן יורדים כל אחד למקומו כמו שכתב רז"ל. וכן בז"ת, כשהוא מטי בחסד צריך להיות לא מטי בגבורה. וכשהוא לא מטי בחסד צריך להיות מטי בגבורה, כי צריך אור הגבורה לירד בכלי שלו כמו שכתב רז"ל. ובאופן לבחינת מטי בלא בחינת לא מטי לא משכחת לה כלל. וכן בחינת לא מטי בלא בחינת מטי. ואם כן איך הדבר תלוי בכשרון מעשה התחתונים או להפך. ועוד שרז"ל כתב לעיל ז"ל - ולעולם יש בטבע האור הזה לבא ולהאיר, ואחר כך מסתלק, כמו שיש בטבע שלהבת הנר שהיא מנענעת, וכן נשאר תמיד בטבע האור הזה להיות מטי ולא מטי בכלים אלו הנקרא עקודים, כי לסיבת היותם בכלי אחד אין כח בכלי הזה לסובלו, אם לא בהיותו מטי ולא מטי, יע"ש. ואשר נראה לעניות דעתי הוא שלעולם לסיבת חולשת הכלי, כי הוא כלי אחד ובו עקודים עשרה אורות, אין הכלי יכול לסובלם. ואם יעמדו בתוכו תמיד, יש לחוש שמא ח"ו ישבר הכלי. לכן עלה ברצון המאציל העליון, כמו שעלה ברצונו שיעמדו כולם בתוך כלי אחד, כך עלה גם כן ברצונו והטביע בטבע האורות האלו למען יעמדו בבחינת מטי ולא מטי כל הימים. וזה אינו תלוי בכשרון מעשה התחתונים או להפך ח"ו, כי היותם כל הימים גם הלילות בסוד זה דמטי ולא מטי הוא מצד הטבע, כי כך עלה ברצון המאציל והטביע להם מדרגתם בכך, חק וזמן שלא ישנו את תפקידם. ומה שתלוי ביד בני אדם הוא אם אם יעמדו האורות בסוד התפשטות למטה בחינת מטי ולא מטי, או אם יעמדו בסוד הסתלקות למעלה, והכל הוא בבחינת מטי ולא מטי. שאם התחתונים מטיבים מעשיהם ויש בהם מצות, באופן שראויים להתפשטות האורות, אז האורות עומדין על זה הדרך מטי בכתר ואז לא מטי בחכמה ובינה ובחסד, כי חו"ב עולים לכתר, וחסד עולה לבינה, כמו שכתב רז"ל, מטי בגבורה לא מטי בתפארת, מטי בנצח לא מטי בהוד, מטי ביסוד לא מטי במלכות. הרי הגיע התפשטות האורות עד היסוד, ואחר כך חוזר להיות לא מטי בכתר, ומטי בחו"ב ובחסד, כנודע כמו שכתב רז"ל בסוד כי חפץ חסד הוא. לא מטי בגבורה מטי בתפארת, לא מטי בנצח מטי בהוד, לא מטי ביסוד מטי במלכות. הרי הגיע התפשטות האורות עד המלכות. ואלו השני צדדים נקראים התפשטות, כי פעם מתפשטים עד היסוד, ופעם מתפשטים עד המלכות. פעם ראשונה מטי בכתר, ובגבורה, ובנצח, וביסוד, ופעם שנית מטי בחו"ב, ובחסד, ובתפארת, ובהוד ובמלכות. וכל זמן שהתחתונים ראויים להתפשטות האורות קיימי האורות בכהי גונא. פעם מתפשטים עד היסוד, ופעם מתפשטים על המלכות. בטבע שהטביע להם המאציל להיותם בסוד מטי ולא מטי. ואם ח"ו גורמין עוונותיהם של החתתונים, אז האורות קיימי בבחינת מטי ולא מטי, והוא בסוד הסתלקות האורות למעלה במקורם, ושורשם המאציל העליון, תוך פה א"ק, והוא על דרך זה - מטי בכתר, מטי בגבורה, מטי בנצח, מטי ביסוד, ונסתלק אור המלכות ונשאר ביסוד. ואחר כך לא מטי בכתר, ומטי בחו"ב ובחסד, ומטי בתפארת, ומטי בהוד, והרי עלו אורות דיסוד ומלכות בהוד. חוזר להיות מטי בכתר, מטי בגבורה, ומטי בנצח, ונשארו שם האורות. חוזר להיות לא מטי בכתר, ומטי בחו"ב ובחסד, ומטי בתפארת, ונשארו האורות בתפארת. חוזר להיות מטי בכתר, ומטי בגבורה, ונשארו האורות בגבורה. חוזר להיות לא מטי בכתר, ומטי בחו"ב ובחסד. חוזר להיות מטי בכתר, לא מטי בחו"ב ובחסד. הרי נשארו כל האורות בכתר לבדו, חוזר להיות לא מטי בכתר, כי עלה במאציל תוך פה א"ק, ועלו כלולים עמו כל האורות כולם, והרי נסתלק האור מכולם. ונמצא בהיותם בסוד מטי ולא מטי היו מסתלקים האורות אחד לאחד, כל אחד בלמעלה הימנה, על שנסתלקו כולם, ונשארו כל הכלים כולם ריקנים מאורות. וכל זאת מסיבת עונותיהם של תחתונים. **וזה לא נשאר כך כלל, כי אם רגע**, ותכף ומיד חוזרים לצאת האורות שנסתלקו מתוך פה א"ק וחוזרים להיות בסוד התפשטות. ואם תאמר איך מעשה התחתונים שוכני בתי חומר מגיע מעשיהם אשר לא טובים, לפגום ח"ו במקום גבוה כמו זה, שהוא קודם לכל האצילות, ואפילו באצילות עצמו כתב רז"ל שאין אנו מגיעים כי אם עד זו"ן, בסוד בנים אתם להוי"ה אלהיכ"ם, ואפילו באו"א דאצילות אין אנו מגיעים, ואיך הוא אומר שמעשה התחתונים גורם לא מטי בסיבת זעם ואף כו'. ויש לומר שמה שכתב רז"ל שאין אנו מגיעים כי אם עד זו"ן דאצילות ולא יותר, היינו ח"ו להרע או להטיב, להמשכת המוחין בזו"ן, או להסתלקות המוחין מזו"ן. אבל כשיש רוגז בעולם ומסתלקין המוחין מזו"ן, ועל ידי כן אין או"א משפיעין בזו"ן, וכן א"א אינו משפיע באבא ואימא, ועולמות העליונים אינם משפיעים בא"א, באופן כי מניעת השפע הוא בעליונים מרום המעלות. ועיין מה שכתב רז"ל לקמן פרק ד' גבי

בְּכלים של הַסְּפִירוֹת הוּא רֶגָע[208] אֶחָד לְבַד[209], וְזֶה סוֹד הַפָּסוּק[210] כִּי רֶגַע בְּאַפּוֹ חיים ברצונו, כִּי הִסְתַּלְּקוּת הָאוֹר שֶׁהוּא לֹא מְטִי בכלי הָיָה מְזוֹמֶת זֹעַם וחרון אף

הצדיק אבד, יע"ש. והוא עצמו כאן, כי בעולם העקודים האורות הם בסוד הסתלקות, שלא להשפיע בעולם הנקודים שהוא עולם האצילות.
207

בית לחם יהודה ש"ז פ"ב – גם דע כי שיעור הזמן אשר לא מטי האור בספירות הוא רגע אחד לבד, וזה סוד כי רגע באפו. כי הסתלקות האור שהוא לא מטי הוא מחמת זעם ואף, מחמת התחתונים שאין בהם כח. עיין להרב יפה שעה ז"ל שהאריך מאד בהבנת דברי רז"ל, ותוכן דבריו הוא שכל זמן שהתחתונים הגונים וראוים להתפשטות האורות, אז קיימי האורות בכהאי גוונא, פעם מתפשטין עד היסוד ופעם מתפשטין עד המלכות, כטבע שהטביע להם המאציל להיותם בסוד מטי ולא מטי. ואם ח"ו גורמין עונותיהם של תחתונים, אז האורות קיימי בבחינת מטי ולא מטי, והוא בסוד הסתלקות האורות למעלה במקורם ושרשם תוך פה דא"ק, והוא על דרך זה מטי בכתר, מטי בגבורה, מטי בנצח, מטי ביסוד, ונסתלק אור המלכות, ונשאר ביסוד. ואחר כך לא מטי בכתר, ומטי בחו"ב ובחסד, ומטי בתפארת, ומטי בהוד. והרי עלו אורות דסוד ומלכות בהוד. חוזר להיות מטי בכתר, מטי בגבורה, מטי בנצח, ונשארו שם האורות. חוזר להיות לא מטי בכתר, ומטי בחו"ב ובחסד, ונשארו האורות בתפארת. חוזר להיות מטי בכתר, ומטי בגבורה, ונשארו האורות בגבורה. חוזר להיות לא מטי בכתר, ומטי בחו"ב ובחסד, ונשארו האורות בחסד. חוזר להיות מטי בכתר, לא מטי בחו"ב ובחסד, הרי נשארו כל האורות בכתר לבדו. חוזר להיות לא מטי בכתר, כי עלה במאציל תוך פה דא"ק, ועלו כלולים עמו כל האורות כולם, והרי נסתלק האור מכולם, וזה לא נשאר כך כי אם רגע אחד לבד, כי רגע באפו. ותכף ומיד חוזרים האורות שנסתלקו לצאת מפה דא"ק, וחוזרים ומתפשטים, ואם עדיין אין הדור הגון, חוזרים ומסתלקין כנזכר, עד כן מהות לשונו, יעוין שם בביאורו. והנה אף על פי דלשון רז"ל דהכא דייק כפירוש הרב יפה שעה ז"ל, מכל מקום לא משמע הכי מסגיות דלקמן. ולעניות דעתי נראה לפרש באופן אחר, והוא כי אורות העקודים תמיד הם קיימי בבחינת מטי ולא מטי, פעם מתפשטין עד היסוד, ופעם מתפשטין עד המלכות, בין אם יהיה הדור זכאי או חייב, וההפרש שבין שני הדורות הוא זה, כי בזמן שהדור הגון הנה כאשר לא הוי מטי בכתר ומטי במלכות, אז בכל פעם שעולה אור הכתר למאציל הוא מתעכב שם עד שינק שפע רב, וממילא גם מאי דהוי מטי במלכות הוא מתעכב במלכות, ואז המלכות שופעת שפע גדול בעולם האצילות שתחתיה, והאצילות שופעת בבי"ע. וכשאין הדור הגון, בכל פעם שעולה אור הכתר למאציל, דאז לא מטי בכתר, ומטי במלכות להניק לאבי"ע, אין אור הכתר מתעכב במאציל כי אם זמן מועט, ואינו יונק כי אם כדי קיום העולם, וממילא גם מאי דהוי מטי במלכות, אינו מתעכב להשפיע לאבי"ע כי אם זמן מועט, כי תכף חוזר ויורד אור הכתר למטה, מאחר שאינו מוצא להניק למעלה, וממילא לא הוי מטי במלכות שעולה ביסוד, כמבואר כל זה בסוגיות דלקמן. וקא משמע לן רז"ל הכא ששיעור דלא מטי בספירת המלכות שעולה ביסוד ואינה משפעת באבי"ע, אינו אלא רגע אחד לבד. דלא תימא דכי היכי שבזמן הדור הגון שאז אור הכתר מתעכב במאציל, ואור התחתון דמטי במלכות מתעכב שם, כמו כן בזמן שאין הדור הגון מתעכב אור הכתר למטה בכלי הכתר, וממילא הוי לא מטי במלכות, והיא גם כן מתעכבת ביסוד. קא משמע לן כי רגע באפו, שאפילו בזמן האף אינם מתעכבין בכלי הכתר ובכלי היסוד רק כשיעור רגע אחד כדרכם כשאר הזמנים. והיינו דקתני כי שיעור הזמן אשר לא מטי האור בספירה הוא רגע אחד. שר"ל דלא מטי האור בספירת המלכות שהוא בזמן דהוי מטי בכתר.
208

כרם שלמה ש"ז פ"ב אות י"ד – הואיל ושיעור זעמו של הקדוש ברוך הוא הוא רגע אחד, לזה אמרו במסכת ברכות גבי בלעם, וכמה זעמו, רגע. ואל תחשוב כי הרגע שלו כמו רגע שלנו, שהוא אחד משישים בדקה, שהוא זמן רב, אלא פחות מזה, שהוא כמימריה, כדי שלא יאבדו התחתונים חס ושלום. ולזה כתב הרב לקמן כי בעת החורבן ממש חזר הז"א בסוד תלת כלילין בתלת, והוא באותו זמן דוקא שהוא בעת החורבן ממש, אבל לאחר זמן של החורבן תיכף חזר להיות בו"ק כמנהג. וזה לשונו לקמן בשער כ"ב פרק א' - ובחורבנו שהדין גובר בעולם אז ז"א בן ו"ק, שהוא סוד היניקה. ובזמן החורבן ממש היה הז"א תלת גו תלת, ובהיות בית המקדש קיים והרוחנים גוברים בעולם, אז היה זו"ן כל אחד שלם מעשר ספירות, נמצא כי מה שהיה תלת גו תלת הוא בזמן

מזוזמת פגם **התזזתונים** בסוד[211] הפסוק[212] א"ל זועם בכל יום, **שאין בהם כח** להמשכת המוחין בזו"ן דאצילות, כי שיש רוגז בעולם ומסתלקין המוחין מזו"ן, ועל ידי כן אין או"א משפיעין בזו"ן, וכן א"א אינו משפיע באבא ואימא, ועולמות העליונים אינם משפיעים בא"א, באופן כי מניעת השפע הוא בעליונים מרום[213] המעלות, **אך המשך בזוינת מטי שהוא זזרת האור למטה** בכלים דעקודים כדי **להזזיות העולמות**, וחזרה זאת של האורות **אין בהם שיעור**, כי הכל **כפי מעשה תזזתונים** אם

החורבן ממש, דווקא **באותו הרגע שנחרב** ולא בעת המשך חורבנו. ולעתיד שיהיה שלישי קיים לעולם ולעולי עולמים, **אז לא יהיה עוד חרון אף בעולם, אלא רצון תמידי, במהרה בימינו.**
209

גמרא ברכות ד"ז ע"א — ואמר רבי יוחנן משום רבי יוסי, מנין שאין מרצין לו לאדם בשעת כעסו, דכתיב - פני ילכו והנחותי לך, אמר לו הקדוש ברוך הוא למשה, המתן לי עד שיעברו פנים של זעם ואניח לך, ומי איכא רתחא קמיה דקודשא בריך הוא, אין, דתניא, ואל זועם בכל יום - **וכמה זעמו רגע**, וכמה רגע, אחד מחמשת רבוא ושמונת אלפים ושמונה מאות ושמנים בשעה, וזו היא רגע, ואין כל בריה יכולה לכוין אותה שעה, חוץ מבלעם הרשע, דכתיב ביה - ויודע דעת עליון, השתא דעת בהמתו לא הוה ידע, דעת עליון הוה ידע, אלא מלמד שהיה יודע לכוין אותה שעה שהקדוש ברוך הוא כועס בה. והיינו דאמר להו נביא לישראל - עמי זכר נא מה יעץ בלק מלך מואב וגו', מאי למען דעת צדקות הוי"ה, אמר רבי אלעזר, אמר להם הקדוש ברוך הוא לישראל, דעו כמה צדקות עשיתי עמכם שלא כעסתי בימי בלעם הרשע, שאלמלי כעסתי לא נשתייר משונאיהם של ישראל שריד ופליט, והיינו דקאמר ליה בלעם לבלק - מה אקב לא קבה א"ל ומה אזעם לא זעם הוי"ה, מלמד שכל אותן הימים לא זעם. וכמה זעמו רגע, וכמה רגע, אמר רבי אבין, ואיתימא רבי אבינא, **רגע כמימריה**. ומנא לן דרגע רתח, שנאמר - כי רגע באפו חיים ברצונו. ואי בעית אימא מהכא - חבי כמעט רגע עד יעבור זעם.
210

תהילים ל' ו' — כי רגע באפו חיים ברצונו בערב ילין בכי ולבקר רנה.
211

גמרא עבודה זרה ד"ד ע"א — רב פפא רמי, כתיב - א"ל זועם בכל יום, וכתיב - לפני זעמו מי יעמוד, לא קשיא, כאן ביחיד, כאן בצבור. תנו רבנן א"ל זועם בכל יום, וכמה זעמו, רגע, וכמה רגע אחת, מחמש ריבוא ושלשת אלפים ושמונה מאות וארבעים ושמנה בשעה, זו היא רגע, ואין כל בריה יכולה לכוין אותה רגע, חוץ מבלעם הרשע, דכתיב ביה - ויודע דעת עליון.
212

תהלים ז' י"ב — אלהי"ם שופט צדיק וא"ל זעם בכל יום.
213

שער הפסוקים, וירא ד"י ע"א — ודע, כי אין זו"ן מזדווגים שום זווג כלל, עד שבתחילה יזדווגו או"א. וגם או"א אינם מזדווגים, עד שבתחילה יזדווג א"א מיניה וביה כנודע. וכן על דרך זה **עד רום המעלות, עד המאציל העליון הנקרא אין סוף**. ונמצא, כי בכל זווג תחתון דזו"ן, צריך שבראשונה יזדווגו הבחינות הראשונות המקבלות מא"ס. כי הא"ס לבדו יכול לחדש בכל יום תמיד אורות חדשים, אבל הנאצלים כולם, אין יכולת וכח בשום אחד מהם לחדש שום אור, עד שיקבלוהו תחלה מהא"ס. וממשיכים אותו בכל עת וממדרגה למדרגה, בבחינת הזווגים שלהם כנזכר. ואין כח בשום אחד מהנאצלים, רק מה שנתן להם לעצמם ולצרכם בעת שנאצלו, אבל לחדש אורות חדשים ולהוליד נשמות, אין בהם כח, עד שיקבלוהו מהאין סוף כנזכר. ואז ממשיכים השפע ההיא שקבלו מהא"ס, אל הבחינות שלמטה מהם, ואחר כך גם הם מזדווגים, והם ממשיכים השפע, אל אותם שלמטה מהם, וכן הדבר הולך ונמשך מזווג אל זווג, מן הבחינות הקרובות אל המאציל, עד זו"ן המקבלים השפע והכח מן או"א שלמעלה מהם, שקדמו להזדווג קודם שיזדווג הוא בנוקביה, וחזר להמשיך כח ושפע חדש מלמעלה, משורש התרין עיטרין שלהם, אשר למעלה למעלה, ונותנים אותם בסוד מוחין חדשים לזו"ן, ואז הם מזדווגים ומולידים בנים, על ידי שהוא ממשיך טיפת מ"ד, מן החסדים הראשונים שנמשכו לו בדעת שלו מחדש, וגם נוקביה נותנת טיפת מ"נ, ממה שנמשך לה מחדש בעיטרא דגבורה שבדעת שלה, ומב' טיפות אלו, נוצר הולד ברחם שלה.

לטוב ואם למוטב **כך יהיה, וזהו** סוד המשך הפסוק **זזים ברצונו, כפי הרצון שיהיה אז,** ר"ל **כפי מעשה בני אדם, כך ימשך זמן** השפע **והזזים ההם** מהמאציל• הרב ז"ל ביאר לעיל כי הסתלקות האורות בהסתלקות השניה היתה מחמת זעם וחרון אף, אשר גרמו מעשה התחתונים. כאן הרב ז"ל חוזר ומבאר כי ההסתלקות הראשונה היה לא בגלל חרון אף אלא כדי לעשות[214] כלים לעולם העקודים. **ואמנם** לעיל[215] **ביארנו כי הסתלקות הראשונה של האורות** למאציל **היה כדי לעשות**[216] בחינת **כלי** לעולם העקודים, **ועוד** סיבה היתה לאור הזך להסתלק למאציל, והיא כדי להשתלם בבחינת נרנח"י וב' מקיפין• לפי פשט דברי הרב ז"ל בתחילת דרוש זה מבואר[217] כי עשרה אורות יצאו מפה דא"ק

____

214

כרם שלמה ש"ז פ"ב אות ט"ו – עכשיו בא לרמוז לנו כי אמת הוא כי כתבנו לעיל כי ההסתלקות הוא רומז על הזעם והאף וכו'. אבל ההסתלקות הראשונה היה כדי להתהוות הכלים על ידו, ולא מחמת זעם והאף נסתלקו, וזהו רמז בעלמה, אבל הפשט שלו לומר כמו שכתב אחר כך כי בתחילה יצאו מעורבים יחד אור הזך ואור העב שממנו נתהוו הכלים, ואז לא היו הכלים נראים מרוב האור הזך שהיה מעורב בהם, ומבטל הוויתם, ולכן הוצרכו לעלות ולהסתלק חלק האור הזך למעלה אל המאציל, כדי שיתעבו הכלים, דהיינו החלק האור העב והגס שנשאר למטה יתגשם על ידי סילוק האור הזך ממנו, ויראה כחו בבחינת כלים. נמצא כי עיקר הסתלקות האורות ועלייתם למעלה, הוא כדי לעשות כלים.

215

ע"ח ש"ו פ"ג מ"ת דכ"ה ע"ג – ונבאר יציאת אורות אלו הנקרא עקודים. דע כי בעת שיצאו לא יצאו שלימים וכמו שנבאר בע"ה, וטעם הדבר הוא כי כוונת המאציל היה לעשות עתה התחלת **הוויות הכלים** (נ"א בתחלה הוויות הכלי) להלביש האור לצורך המקבלים, שיוכלו לקבל, ולכן בהיות שיצאו בלתי שלימים וגמורים, חזרו לעלות לשורשן להתתקן ולהשתלם, **ועל ידי כך נעשה כלי** כמו שנבאר. והענין הוא כי בודאי שבחינת הכלים היה בכח, אף כי לא היה בפועל בתוך האור, כי היה בבחינת האור היותר עב וגס, רק שהיה בו מחובר בעצם היטב, ולכן לא נגלה בחינתו (נ"א אבל) כי כאשר יצא האור דרך הפה ולחוץ, יצא הכל מעורב יחד, וכשחזרו לעלות ולהשתלם כנ"ל אז ודאי על ידי יציאת האור חוץ לפה, הנה הנה אותו אור בחינת הכלים שהוא יותר עב, קנה עתה עביות יותר, ועל ידי כך לא יוכל לחזור גם הוא למקורו כבראשונה, **ונתפשט האור הזך ממנו ועלה למקורו כנ"ל**, ואז נתוסף באור עב כנ"ל עביות יותר על עוביו, **ואז נגמר ונשאר בחינת כלי.**

216

ע"ח ש"ו פ"ג מ"ת דכ"ה ע"ב – והנה דע כי כולם **יצאו בבחינת נפש לבד**, וזה סוד פסוק - נשבע הוי"ה בנפשו, כי האצילות הנקרא נקודים כמו שנבאר, והוא הנקרא הוי"ה, נשבע במי שגדול ממנו, והוא עולם העקודים **אשר יצאו בבחינת נפש לבד**, ובזה תעמיק ותראה כמה עמקו מחשבותיו יתברך, כי אפילו עולם עליון של העקודים, אינו רק בבחינת נפש לבד. והנה כל העשר ספירות יצאו, אבל לא יצאו יחד כולם, רק תחלה יצאה בחינת מלכות מעולם העקודים היפך מעולם הנקודים וכמו שנבאר במקומו בע"ה, **ומלכות זו יצאה בבחינת נפש לבד**, כי אין לך ספירה שאין לה בחינת נר"ן כנודע, ואמנם לא יצאו עתה רק בבחינת נפש לבד. והנה תחלה יצאה **מלכות בבחינת נפש**, ואחר כך כאשר יצאה בחינת היסוד, לא נתגלה (בחי' היסוד) ביסוד רק בחינת נפש לבד לעצמו, אבל נתוסף הארה **במלכות שנתגלה בה בחינת רוח**.... ואחר כך יצאה **הבינה בבחינת נפש** לבד לעצמה, ובחינת **רוח לז"א**, ובחינת **נשמה למלכות**. ואחר כך יצאה **החכמה בבחינת נפש לעצמה**, ובחינת **רוח לבינה**, ובחינת **נשמה לז"א**, ובחינת **חיה למלכות**. אחר כך יצאה **הכתר בחינת נפש לעצמה**, ובחינת **רוח לאבא**, ובחינת **נשמה לאמא**, ובחינת **חיה לז"א**, ובחינת **יחידה למלכות**. והרי כי בבוא כתר שהוא אחרונה מכולם, לא יצאה כי אם בבחינת נפש לבד..... ואמנם בבוא כתר נמצא המלכות שלימה מכל חמשה אורות פנימים שהם נרנח"י, ועתה היו חסרים עדיין כל הספירות כנ"ל שיצאו, חסרים בלי תשלומין, והיה זה ממש בכוונה גמורה כנ"ל, ולכן הוצרכו לחזור ולעלות אל המאציל לקבל ממנו תשלומיהן.

217

ע"ח ש"ז פ"ב מ"ק דל"א ע"א – אמנם מציאות מטי ולא מטי צריך לבאר היטב מה ענינו, ונאמר כי **תחלה מתחיל האור לבא בכתר וכל התשע אורות כלולים בו**, ואחר כך חזר להיות בחינת לא (נ"א בחינת מטי

בהתפשטות השניה, ולפי פשט דבריו אפשר להבין כי גם אור הכתר יצא והתלבש בכלי הכתר, וכן אור החכמה בכלי החכמה, וכן על דרך זה בכל הכלים, עד שאור המלכות התלבש בכלי המלכות, כאן הרב ז"ל חוזר ומבאר **כי באמת לא יצאו עשרה אורות מפה דא"ק**, אלה רק תשעה אורות. **וְהִנֵּה**[218] **כַּאֲשֶׁר חזרו** ויצאו **הָאוֹרוֹת** מהמאציל, **לָבֹא** בְּ**פַעַם שְׁנִיָּה** ולהתלבש בכלים דעקודים **בְּהִתְפַּשְׁטוּת הַשְּׁנִיָּה, הִנֵּה** אם היו יוצאים כל העשרה אורות בחזרה מפה דא"ק, ומתלבשים כל אחד בכלי שלו, ר"ל אור הכתר היה מתלבש בכלי הכתר, אור החכמה בכלי החכמה, וכן על דרך זה עד שאור המלכות היה מתלבש בכלי המלכות **הָיוּ זוֹזְרִים הַכֵּלִים** דעקודים, שהם האור העב והגס להזדכך **וּלְהִתְבַּטֵּל** באור הזך שהתפשט בהתפשטות השניה כמו **כָּעֵת** שיצאו בהתפשטות **הָרִאשׁוֹן** ולא זאת בלבד שהיו הכלים מזדככים, אלא בהתפשטות השניה יצאו האורות מפה דא"ק שלמים בתכלית השלמות של חמשה אורות הנרנח"י הפנימיים וב' מקיפין, **לָכֵן** עשה[219] המאציל שֶׁ**הוּצְרַךְ שֶׁיִּשָּׁאֵר אוֹר הָרִאשׁוֹן שֶׁבְּכוּלָּם, שֶׁהוּא אוֹר הַכֶּתֶר לְמַעְלָה** במאציל, תחת המלכות[220] של השרשים דעשר האורות דעקודים הנמצאים תוך פה דא"ק, **וְלֹא יִכָּנֵס** אור הכתר לעולם בְּתוֹך **הַכֵּלִים הָאֵלּוּ** דעקודים, **וְלֹא**[221] **בָּאוּ** והתפשטו מפה דא"ק בהתפשטות השניה אך **רַק תִּשְׁעָה אוֹרוֹת לְבַדָּם** שהם האור המתייחס לכלי הכתר, שהוא אור החכמה, והאורות המתייחסים לכלים התחתונים מכלי הכתר, וכך לא התבטלו הכלים דעקודים, וישארו בהוויתם בבחינת כלים, והאורות הנ"ל התפשטו בהתפשטות השניה, והתלבשו את הכלים

ולא מטי(שחזר ויצא משם אור המגיע אל הכתר, **אך התשע אורות אחרים היו נשארים בכתר**, כי יש כח בכתר לסובלם. ואז בעת אשר לא מטי בכתר, האור אליו אז ממשיך כתר אל החכמה פנים בפנים כנ"ל את התשע אורות, ונתנם בחכמה.
218

כרם שלמה ש"ז פ"ב אות ט"ו – והנה כאשר חזרו האורות לבא פעם שניה בהתפשטות שני, הנה היו חוזרים הכלים להתבטל כעת הראשון, וכדי לתקן זאת ולהשאיר הכלים בבחינת הוויתם ולא יתבטלו, **לכן הוצרך שיישאר אור הכתר למעלה תחת מלכות של השורשים של עשר ספירות אלו, שהם בתוך הפה דא"**ק, ולא חזר עוד וירד למטה בתוך הכלים, אלא נשאר למעלה בתוך הפה, ועל ידי זה אור החכמה נכנס בכלי הכתר וכו'. והואיל והאור הוא אינו של הכלי הזה שנכנס בתוכו, אלא קטון ממנו, לכן עמדו הכלים על הוויתם בבחינת כלים, ולא נתבטלו.
219

ע"ח ש"ו פ"ב מ"ת דכ"ה ע"ב – ואם תאמר כאשר יחזור האור הזך לירד ולהתפשט בכלי, יחזור ויזדכך הכלי כבראשונה, ויתבטל מליהיות בחינת כלי)נ"א ויתבטלו מליהיות בחינת כלים(, התשובה בזה הוא כמו שכתוב במקום אחר, כי לא חזרו כל העשר ספירות שנתעלו למקורם, לחזור וליִרד כולם. אמנם התשע תחתונים לבדם ירדו, והעליונה שהוא הכתר נשארה תמיד עם המאציל, ובזה נמצא שאור החכמה הוא שחזר להתלבש בכלי הכתר, וכן כל שאר הספירות ויכולין הכלים לקבל האור הממועט ממנו עתה, ממה שהיה להם בתחלה.
220

ע"ח ש"ז פ"ג מ"ק דל"ב ע"א – והנה דע כי הלא קודם בחינת העקודים אלו, יש למעלה מהם שרשי אלו העשר, כתר חכמה בינה כו' עד המלכות, **ולמטה משורש מלכות זו שם הוא התחלת אור הכתר הנ"ל**, פניו למעלה נגד השורש שלו ואחוריו למטה נגד כלי הכתר של בחינת העקודים. והנה כל החיות הצריך אל העקודים האלו כולם נמשכין אליהם מהשרשים אלו העליונים, ועוברים דרך אור הכתר הנ"ל, וכל זה בחינת חיות לבד, אך לא בחינת שפע ממש. רק כאשר יהיה אור הכתר לא מטי בכלי שלו, כי אז יעלו ויקבלו שפע גדול מרשרשיהם כמו שנבאר בע"ה.
221

כרם שלמה ש"ז פ"ב אות ט"ו – ומה שכתב כאן ולא באו רק תשע אורות לבדם, אור החכמה בכלי הכתר, ר"ל אור החכמה ושמונה אורות עמו, ואחר כך נשאר אור החכמה לבדו בכלי הכתר.

עַל הַסֵּדֶר זֶה, אוֹר הַחָכְמָה התלבש בְּכלי שֶׁל הַכֶּתֶר, וְאוֹר בִּינָה התלבש דעקודים בְּכלי שֶׁל חָכְמָה, וְכֵן עַל דֶּרֶךְ זֶה כולם, חוץ מכלי הבינה, כנזכר לעיל, שבכלי הבינה האור הנקרא אות י' אשר נולד מזיווג זו"ן דכלי החכמה, וכן התלבש בכלי הבינה אור החסד המשמש כמ"ן לבינה, ובכלי החסד התלבש אור הגבורה, בכלי הגבורה אור התפארת, בכלי התפארת אור הנצח, בכלי הנצח אור ההוד, בכלי ההוד אור היסוד, [222]עַד שֶׁנִּמְצָא שֶׁאוֹר מַלְכוּת נִכְנָס והתלבש בְּכלי יְסוֹד, וכן מבואר לעיל כי בכלי המלכות התלבש אור הנקרא אות ד' שנולד מזיווג זו"ן דכלי הבינה. [223]הסיבה שאור הכתר נשאר בפה דא"ק ולא אור אחר היא, כי אור הכתר גדול שקול ככל שאר האורות שתחתיו, וְעַתָּה אֵזוֹר שֶׁלֹּא חֲזָר בְּכלי הכתר אוֹתוֹ אוֹר הָרִאשׁוֹן הַנּוֹגֵעַ אֵלָיו שהוא אור הכתר, אֲשֶׁר תְּזוּלָה נֶסְתַּלֵּק [דל"ב ע"א 63]

222

יפה שעה)ב(– עד שנמצא שאור המלכות נכנס בכלי היסוד, ועתה אחר שלא חזר בכלי אותו האור הראשון הנוגע אליו כו', אלא הגיע אור אחר זולתו קטן ממנו, עם זו נשארו הכלים בבחינת כלים, ולא חזרו להיות אור כבתחלה כו'. ואם תאמר כל זאת ניחא בכלים הג"ר שאין שוים בערכם, ובכל אחד נכנס אור אחר קטן מערכו. אבל בו"ק שכולם שוין בערכם, כמו שכתב רז"ל בפרקין לעיל, אך הו"ק הם בעצמם שיש בהם יכולת לקבל אחד את אור חבירו זה מזה, כי כל הו"ק שוים, יע"ש. אם כן מה הרווחנו ומה יושיענו, מה שלא נכנס כל אחד בכלי שלו, וכלי החסד אם היה אור החסד נכנס היה מתבטל מתורת כלי, וחוזר להיות אור, השתא שנכנס בו אור הגבורה הרי הוא שוה לאור החסד, אמאי אינו חוזר להיות אור כבתחילה.)ולענינות דעתי דיש שינוי גדול דאפילו שהם שוים בכמות האורות, מכל מקום שום שינוי בטבע האורות, דזה רחמים גמורים, וזה ד,ין וזה ממוצע וכיוצא. ואם כן כאשר נכנס הגבורה בכלי החסד יכול לסבול ואינו חוזר להיות אור כבתחלה, וכן כולם, ש"ש(. והן אמת שרז"ל צרף לזה עוד טעם שני, שכתבת לעיל שלכך האורות עומדות בתוכו בסוד מטי ולא מטי, שבלאו הכי אין כח בכלי לסבול האור. וכן עוד לקמן כתב רז"ל שלכן אל יצא אור הכתר מתוך פה א"ק, והוא נשאר למעלה, לכן עתה יש כח בכלי ליכנס כל האורות ביחד בתוך כלי אחד. נמצא ג' טעמים בדבר, חדא שלא נכנס כל אחד בכלי שלו, אלא נכנס אור קטן מערכו, ועוד שאין אור הכתר מאיר בהם השתא כבתחלה. ועוד שאין שאין עומדין האורות תדיר בתוך הכלים, אלא נכנס ויוצא בסוד מטי ולא מטי . ובהכי ניחא מה שיש להקשות עוד, שהרי לקמן בפרק ה' דשער הנקודים כתב רז"ל וז"ל - והנה נודע כי ו' מלכים אלו הם בו"ק דז"א, וכל אחד אינו גדול מחבירו, כי כל אחד הוא קצה אחד, גדול כחבירו, ולכן לא היה כח בשום כלי אחד מאלו השבעה כלים התחתונים לסבול בתוכו יותר מחלק האור המגיע לחלקו בלבד, יע"ש. והלא בעולם העקודים היו נכנסים כל האורות בקצה אחד, שהרי בפעם ראשונה כשהיה מטי בחסד ונתנה הבינה האורות לכלי החסד, היו אורות כל הו"ק כלולים בחסד. וכן כשהיה לא מטי בחסד ומטי בגבורה, ונתנה החסד כל האורות שתחתיו לכלי הגבורה, כמו שכתב רז"ל לעיל, והיה כל אחד מהו"ק סובל בתוכו כל אורות שבו"ק ממנו ולמטה, והיאך היה יכול לסבול אם לא עם הטעמים האמורים. דע כי בחינת מטי ולא מטי האמור בדברי רז"ל בדרושינו הוא בעולם העקודים, שהוא אורות הפה היוצאים מפה א"ק. אבל לא נזכר בדבריו בחינה זו באורות האזן והחוטם, אלא שלעיל שער אח"ף פרק ב' כתב רז"ל ובודאי כי אף על פי שהכל הוא הבל אחד עם כל זה יש חילוק בין קצת ההבל אשר הוא נגד הפה עצמו, או החוטם אל שאר ההבל המתפשט אל הצדדים כו'. וזהו הנזכר בזוהר לא"ס מטי ולא מטי, כי הוא נדבק תמיד בא"ס על ידי אותו קילוח ההבל, יעויין שם. מתבאר שגם באורות אזן וחוטם שייך זאת הבחינה דמטי ולא מטי.

223

שער ההקדמות די"ד ע"ד דרוש ב' דשער העקודים – ונבאר עתה זו החזרה השניה של האורות איך היתה, דע כי אין חזרתם עתה פעם שנית, כמו ירידתם בפעם ראשונה, כי אז ירדו כולם למקומם, כל העשר אורות. אבל בחזרת ירידה זו השנית, אלו ירדו כולם למקומם, היו כל בכלים אשר נעשו כבר על ידי הסתלקות חוזרים להתבטל כבראשונה, כי לא יוכל לסבול האורות שלהם, כמו שאירע להם אז, **ולכך הוצרך שהאור העליון שבכולם, שהוא הכתר, שהוא גדול ושקול ככל התשעה אורות יחד כולם, שישאר למעלה תמיד דבוק בשרשו המאציל אותו, והוא תוך הפה של א"ק**, ולא חזרו לצאת משם ולירד להתפשט למטה, רק תשע אורות התחתונים בלבד.

מִמֶּנּוּ בהסתלקות הראשונה, **אֶלָּא הִגִּיעַ לוֹ** ר"ל לכלי הכתר **אוֹר אֵזֶר זוּלָתוֹ,** שהוא **קָטָן מִמֶּנּוּ** והוא אור החכמה, וכן לשאר הכלים, כל כלי מקבל אור קטן מהאור שהסתלק ממנו בתחילה, **עַל כֵּן נִשְׁאֲרוּ הַכֵּלִים** דעקודים **בִּבְחִינַת כֵּלִים, וְלֹא זָזְרוּ לִהְיוֹת אוֹרוֹת כְּבָרִאשׁוֹנָה** ר"ל לפני ההסתלקות הראשונה. **וְהִנֵּה כַּאֲשֶׁר הִתְחַזְּקוּ הָאוֹרוֹת לְכָנוּס בַּכֵּלִים אָז נִכְנְסוּ הַתִּשְׁעָה אוֹרוֹת** בְּכלי **הַכֶּתֶר,** שהם אור החכמה המתייחס לכלי הכתר, והאורות מתייחסים לכלים התחתונים, **וְזֶה נִקְרָא מָטֵי** בְּכלי הַכֶּתֶר כנ"ל. **וַאֲזֶר כָּךְ נִסְתַּלֵּק** למאציל **הָאוֹר הַמַּגִּיעַ** לְכלי **הַכֶּתֶר, שֶׁהוּא אוֹר הַזִּוכְבָּה** ונשארו בכלי הכתר שאר האורות המתייחסים לכלים התחתונים, **וְזֶה נִקְרָא לֹא מָטֵי** בכלי הכתר כנ"ל, **וְאֵין לְהַאֲרִיךְ בָּזֶה,** כי כבר הארכנו לעיל בפרקין **בִּבְחִינַת מָטֵי וְלֹא מָטֵי דֵּי סִפּוּקוֹ.**

בשער העקודים[224] מבואר כי בהתפשטות הראשונה יצא אור המלכות ראשון, והאחרון יצא אור הכתר. וגם נתבאר כי כל אור שיצא בהתפשטות הראשונה, יצא[225] בב' בחינות, האחד הוא האור הזך, שהסתלק למאציל בהסתלקות הראשונה, והאחד הוא האור העב והגס שממנו נעשו הכלים דעקודים. כאן הרב ז"ל לכאורה סותר את עצמו, ומבאר כי בהתפשטות הראשונה יצא אור המלכות, והתלבש בכלי הכתר, ואחריו יצא אור היסוד, והתלבש בכלי הכתר כאשר הוא דוחה את אור המלכות לכלי החכמה, וכן יצאו כולם, אחד אחרי השני. **וְקוּשְׁיַה הִיא,** על איזה כלים מדובר, הרי בחינת הכלים יצאו עם האורות. וכבר נתבאר בפרק א' דשער זה, על פי דברי[226] קודשו של הרב שלמה כרם שלמה כי מדובר על

____

224

ע"ח ש"ו פ"ג מ"ת דכ"ו ע"ג – והנה כל העשר ספירות יצאו, אבל לא יצאו יחד כולם, **רק תְּחִלָּה יָצְאָה בְּחִינַת מַלְכוּת** מעולם העקודים היפך מעולם הנקודים, וכמו שנתבאר במקומו בע"ה, ומלכות זו יצאה בבחינת נפש לבד, כי אין לך ספירה שאין לה בחינת נר"ן כנודע, ואמנם לא יצאו עתה רק בבחינת נפש לבד, והנה תחלה יצאה מלכות בבחינת נפש, ואחר כך כאשר יצאה בחינת היסוד, לא נתגלה (בחי' היסוד) ביסוד רק בחינת נפש לבד לעצמו......עד שיצאו כל הו"ק שהוא מיסוד עד החסד, ואז נגמר בחינת הרוח כולו של מלכות....ואחר כך יצאה הבינה בבחינת נפש לבד לעצמה, ובחינת רוח לז"א, ובחינת נשמה למלכות. ואחר כך יצאה החכמה בבחינת נפש לעצמה, ובחינת רוח לבינה, ובחינת נשמה לז"א, ובחינת חיה למלכות. אחר כך יצאה הכתר בחינת נפש לעצמו, ובחינת רוח לאבא, ובחינת נשמה לאימא, ובחינת חיה לז"א, ובחינת יחידה למלכות. **וְהֲרֵי כִּי בְּבוֹא כֶּתֶר שֶׁהוּא אַחֲרוֹנָה מְכוּלָם,** לא יצאה כי אם בבחינת נפש לבד.

225

ע"ח ש"ו פ"ג מ"ת דכ"ה ע"ד – והענין הוא כי בודאי שבחינת הכלים היה בכח, אף כי לא היה בפועל בתוך האור, כי היה בבחינת האור היותר עב וגס, רק שהיה בו מחובר בעצם היטב, ולכן לא נגלה בחינתו כי (נ"א אבל) כאשר יצא האור דרך הפה ולחוץ, יצא הכל מעורב יחד, וכשחזרו לעלות ולהשתלם כנ"ל, אז ודאי על ידי יציאת האור חוץ לפה, הנה אותו אור בחינת הכלים שהוא יותר עב, קנה עתה עביות יותר, ועל ידי כך לא יוכל לחזור גם הוא למקורו כבראשונה, ונתפשט האור הזך ממנו, ועלה למקורו כנ"ל, **וְאָז נִתּוֹסֵף בָּאוֹר עָב** כנ"ל עביות יותר על עוביו, ואז נגמר ונשאר בחי' כלי.

226

כרם שלמה ש"ז פ"א אות י"ט – מה שכתב כי אז התחיל האור להתפשט בכתר ראשון לכולם, אף על פי שלעיל בפרק ג' אמר שהמלכות נאצלה תחלה, בסוד אני ראשון ואני אחרון, ואיך אומר כאן שהכתר נאצל תחילה, ודוחק לומר שהרב ז"ל כאן מדבר על ההתפשטות השניה, כי פשט דברו מה שכתב בפרק א' הוא על התפשטות ראשון, ועוד בהתפשטות השניה כבר הכתר כבר עלה בשורשו, ושוב לא ירד. ועוד דוחק לומר שכאן הרב ז"ל מדבר על שכאן הרב ז"ל מדבר על שורשם שהוא בתוך הפה דא"ק קודם יציאתם לחוץ, ועל זמן זה אומר שהכתר יצא ראשית, כי לפי פשט דבריו מדבר על יציאתם לחוץ. אלא נראה לומר שלעולם **אוֹר הַמַּלְכוּת יָצְאָה תְּחִלָּה,** כמו שכתוב לעיל בפרק ג' משער העקודים, ומה שכתב כאן כי אז התחיל האור להתפשט בכתר ראשון מכולם, מדבר על **אוֹר הַמַּלְכוּת שֶׁנִּכְנַס בָּהָרְשִׁימוֹ שֶׁל כְּלִי שֶׁל הַכֶּתֶר,** אשר נודע כי

האורות דעקודים שהתלבשו בשרשי הכלים שנעשו[227] מהרשימו של הצמצום הראשון דאור הא"ס ב"ה, והאורות[228] דעקודים התלבשו בהם אחד לאחד.[229] **ואמנם** ה**טעם** ל**מה** ע**תה** נ**כנסו** כל ה**תשעה** אורות

הרשימו של הכלים של כל העולמות כבר נאצלו בעת הצמצום הראשון, ואין זה הכלי הגמור של אותו עולם, אלא הרשימות של הכלים, דהיינו כח אחד של הכלים אשר לא יקראו כלים, כי אם אחר גמר עשיית כל עולם כפי בחינתו, וכאן גם כן היה הרשימו של העשר כלים של העקודים אשר עתידים להיות כאן במקום הזה הכלים של העשר כלים של העשר ספירות, כל אחד במקום הראוי לו כבר היו, נמצא שהרשימו זה של הכתר. וכן הרשימו של התשע ספירות כבר היו נמצאים, ולזה האור הראשון שיצא של העקודים, שהוא אור ספירת המלכות, נכנס במקום כלי הכתר, ואחר כך בבוא אור היסוד, נדחה אור המלכות מן מקום כלי הכתר וישב בכלי החכמה, וכן אחר כך בבוא אור הכתר ישב במקומו הראוי לו דהיינו בכלי הכתר. עד שנדחה אור המלכות בכלי המלכות.
227

מבוא שערים ד"ב ע"א – אך קשה, אם כן על מה זה נסתלק הא"ס לגמרי, וצמצם עצמו לעשות אותו המקום כולו פנוי לגמרי, בלתי קו כלל, והיה די שיניח אותו הקו הפנימי העתידה לחזור ולהמשיך בתוכו ולא תסתלק משם, ומה שבין הב' האורות לבד שם היה לצמצם עצמו, להאציל שם העולמות, ולמה הוצרך הא"ס להסתלק לגמרי, ואחר כך לחזור ולהתלבש בפנים דרך הקו הנזכר. והתשובה בזה מבוארת כי הנה הטעם הצמצום היתה כדי להסתלק משם מן המקום ההוא אור הא"ס, **ועל ידי כך יוכלו הכלים של הא"ק להצטייר שם** כנ"ל פרק א', כי אם היות שאין בחינת הכלים נזכר עד אצילות וכו', עם כל זה שרשי הכלים ברשימו והעלם מתחילין מכאן, דאם לא כן במה יפרד א"ק מהא"ס הזה, ובהכרח שמא"ק ואילך התחילו העולמות להתברר, כי זה היה כוונת האצילות כנזכר, ולכן כיון שכוונת המאציל היה להתחיל מכאן התחלת הכלים בהעלם נמרץ, לכן סילק כל האור למעלה, כי הנה הסיבה שאין הדינים והכלים נגלים בא"ס, הטעם הוא כי רוב האור ההוא מבטל, ואם כן הא"ס היה נשאר שם בסוד אור פנימי, ואור מסבב, לא היו הכלים מתהווים בנתים, והיו מתבטלין מרוב הארה. **אמנם אחר כך שכבר נתהוו הכלים ונצטיירו**, אז אף אם יחזור הא"ס דרך הקו ההוא, לא יתבטלו, **כיון שכבר נתגשמו והקדישו, וגם כי לא היה חוזר האור למקומו ממש כבתחלה**, אלא באמצע דרך הקו הנ"ל.

שער גן עדן, אורח צדיקים, פתח ג' דרך ב' ד"ג ע"ב – הטעם מה שאמרנו שהאור ניתק מן הנקודה מעט מעט, ולא בפעם אחת היה זה כדי **שישתארו רושם של האור שניתק במקום פנוי**, שלא יעלה הרושם עם האור. והמשל למים, אם תשפוך מים על איזה דבר המשופע ברדיפה גדולה, אף שיהיה איזה גומא מעט באותו דבר, או איזה מקום נמוך, לא ישארו בהם שום טפת מים מכח הרדיפה, אבל אם המים נשפכים לאט לאט, אזי ישארו הרבה מים בכל מקומות הנמוכים, כן היה בדבר הזה באור הגדול, **שהוא ממש מאור אין סוף, וניתק מן הנקודה מעט מעט, כדי שישארו אחריו ברכה, והוא רושם אורות מה שנסתלקו**, שהרשימו נשאר במקומו במקום פנוי כדי שלא ישאר המקום רק מכל וכל, בסוד לא זה זה שכינה עד שעשתה רושם, כמו שאמרנו למעלה שזה האור שהוא מנקודת המלכות הוא סוד שכינה, ובכל מקום שהשכינה שם שם מקומה, אף שתעלה למעלה, נשאר רשימה במקומה **כדי שתוכל לשוב למקומה הראשון**. כי אין השכינה שורה על דבר רק, בסוד הכתוב - אם רוח המושל העלה עליך מקומך אל תנח. וכן הכתוב אומר - ונתתי חכמה בלב כל חכם לב, יהיב חכמה לחכימין.

שער גן עדן, דרך אמת, פתח א', דרך ז' דכ"א ע"ד – לכן תדע שעצם מהותה של מלכות מן עולם המלבוש, נעשה מהרישום שנשאר מנקודת המלכות שהיתה נגוזה באין סוף, ומרישומו רישומו נעשה המלכות דאצילות שאנו עסוקים בו, ומדרישומו דרישומו רישומו נעשה המלכות דבריאה, וכן כל המלכות של כל פרצוף, וכל עולם, וכל ספירה, שהיא כלולה מעשר, כולם נעשו מזה, והכל מהרשימו ראשונה שנשאר מנקודת המלכות, שהיתה כלולה באין סוף.

ביאורים לספר אוצרות חיים לרמח"ל [ג] – **ולא היה שום חלל**, חלל נקרא מה שהוסר ממנו הבלתי תכליות. **והרשימו הנשאר הוא אויר פנוי, ואין חלל בלא רשימו**, כדלקמן. אך בבחינה מה שנסתלק נקרא חלל, **ובחינה שנשאר נקרא רשימו**, והיינו אויר קדמון, כאויר שבין עצם לעצם בעולם הזה.

ביאורים לספר אוצרות חיים לרמח"ל [ח] – **עד שנמצא עולם האצילות וכל העולמות נתונים תוך החלל הזה**, הבלתי תכליות לא היה מניח מציאות לנמצאות, אבל השיעור הוא נותן להם מציאות, וזה השיעור עצמו

יזוד בכלי הכתר, מה[230] שׁאֵין כן בהתפשׁטֹות הראשׁוֹנה, כי בהתפשטות הראשונה **נכנסו** האורות דעקודים **אזוד לאזוד** בשרשי הכלים שנעשו מהרשימו שנעשה מהצמצום הראשון דאור הא"ס

סודו מלכות, והוא הנותן מציאות לכל הנמצאות כנ"ל. **והרשימו הנשאר הוא הוא שרש הכלי**, ושם מושרש ענין הדין, בסוד הרע שצריך לחזור לטוב.

ספרי כ"ק אדמו"ר מוהרש"ב מליובביץ, המשך תער"ב, חלק שני, העת"ר – והנה מה שנתהווה על ידי הצמצום הוא התהוות הכלים כו', **וכידוע דשרש האור הוא מן הקו, ושרש הכלים הוא מהצמצום ורשימו כו'**, שעל זה אמרו גם כן כבריתו של עולם ברישא חשוכא והדר נהורא ברישא חשוכא, היינו בחינת הכלים שמבחינת שם אלהי"ם, והדר נהורא בחינת האורות שמבחינת שם הוי"ה כו', וצריך להבין למה בריישא חשוכא, הרי מבואר בעץ חיים שער העקודים פרק א' דהתחלת גילוי הויות הכלי הוא בעקודים, ומבואר שם פרק ב' שזהו על ידי בחינת מטי ולא מטי דהאור, והוא דלהיות דמהתעבות האור.
228

תרשים ב – ס"ו.
229

יפה שעה)א(– ואמנם טעם למה עתה נכנסים כל הט' אורות ביחד בכלי של כתר, מה שאין כן בהתפשטות אחד, כי נכנסו אחד לאחד כנז"ל כו'. הטעם הוא מובן עם האמור, כי תחלה שהיה אור של הכתר עמהם, וגם כולם היו מאירים מצידו, לכן לא היה כח בשום כלי מהם לקבל בתוכו רק אור אחד לבדו, אבל עתה שאין אור הכתר נכנס בתוך הכלים, והוא נשאר למעלה, והופך אחוריו למטה כו', לכן עתה...יעיין עד סוף הפרק. דע שההילוק הגדול הזה יש בין התפשטות שנתפשטו אורות דעולם העקודים בפעם ראשונה לפעם שניה. כי בפעם ראשונה לא היה בסוד מטי ולא מטי, אלא ההפשטות פשוט אחד לאחד. מלכות, ואחר כך היסוד, וכן השאר. ויצא עמהם הכתר והיו כל התחתונות מקבלות הארות גדולות מן הכתר, כמו שכתב רז"ל לעיל בשער העקודים פרק ד' ופרק ו'. לא כן בהתפשטות פעם שנית, שהיה בסוד מטי ולא מטי, ויצאו כל האורות כלולים כאחד חוץ מן הכתר, כי לא יצא עמהם, וגם לא היה מאיר בהם. שהרי כשהיה מטי בכתר הוא מסיבה מחמת שהכתר דעקודים הנשאר בתוך פה לא"ק, היה הופך פניו ולא היה מניח לאורות שבכלי דכתר שעלו שינקו מן השרשים, ועל כרחם יורדים למטה, וזה נקרא מטי בכתר. וכשהוא לא מטי בכתר, והוא שעלו אורות דכלי הכתר למעלה לינק מן השרשים כתר דעקודים, היה עולה במקום מלכות דשרשים, והיה מתרחק מן התחתונים עוד מדרגה אחד, כמו שכתב רז"ל לקמן פרק ד'. ובאופן שבהתפשטות שני לא היה אור הכתר מאיר בהם. וזה טעם כעיקר שנתן רז"ל שבהתפשטות אחד יצאו האורות אחד לאחד, ובהתפשטות שני יצאו כולם כלולים יחד, ובכל כלי וכלי היו נכנסים כל האורות שמהמנו ולמטה. אלא שקשה לזה, שהרי כשיצאו האורות בתחילה בהתפשטות הראשון, לא יצאו אלא כולם בבחינת נפש לעצמם, ואחר כך היה הסתלקות ראשון, שחזרו כולם במאציל כלי להשתלם. ונמצא כשבא התפשטות שני בסוד מטי ולא מטי יצאו כל האורות שלימים בנרנח"י פנימים, וחיה ויחידה מקיפים, ואם בהיות שלא היה בהם אלא בחינת נפש בכל אחד ואחד לעצמם, מפני אור הכתר המאיר בהם יצאו אחד אחד. בהתפשטות שני שכבר יצאו שלמים בנרנח"י פנימים וחיה ויחידה מקיפים, אחר היות בכל אחד ואחד כל האורות הגדולים ההם, יצאו כולם כלולים יחד.
230

בית לחם יהודה ש"ז פ"ב – מה שאין כן בהתפשטות הראשון, כי נכנסו אחד לאחד כנ"ל. עיין בשמן ששון אות יו"ד שהקשה דלא מצינו בזמן התפשטות הראשון כסדר זה, כי הכלים היו בכח ולא בפועל, ובחזרת האור נתעבו הכלים, וצריך עיון יעו"ש. ומה שתרץ בהגוב"י באות א' שהכוונה על העביות הכלול באור, שאם היו יוצאים כל היו"ד אורות ביחד, היה מתבטל העביות בתוקף האור הגדול, יעו"ש. אין כדאי בתירוצו להעלות ארוכה, שהרי כל עיקר העביות לא נעשה כי אם מסיבת הכאת אור פנימי ואור מקיף זה בזה אחרי יציאתם מהפה כמבואר בסוף פרק א' דעקודים, יעו"ש. נמצא שלאחר שיצאו כל האורות מחוץ לפה נעשה עביות הנזכר, ולא נעשה על יד על יד. ועיין בפרק א' דלעיל בד"ה כי אז וכו', דקושיא דהתם אי אפשר ליישב אותה כדברי הגוב"י דהכא. ולולי דמסתפינא הייתי אומר כי לאחר שחזרו האורות למאציל, ונשאר אור העב והגס, חזרו האורות להתפשט פעם אחרת בתוך אור העב והגס, והיו מתפשטין אחד לאחד, שנכנס אור המלכות בכלי

כנ"ל, שבהתפשטות הראשונה יצא תחילה אור המלכות מפה דא"ק **ונכנס אור המלכות ב**שורש
רשימו **כלי של כתר** שנעשה בצמצום הראשון דאור הא"ס, **ואחזר כך** יצא אור היסוד מפה דא"ק, ואז
נדחה אור הזה דמלכות **למטה במקום** שורש הרשימו דכלי **החכמה** שנעשה בצמצום הראשון
דאור הא"ס, **ואחזר כך נכנס אור היסוד ב**שורש הרשימו של כלי ד**כתר, וכן על דרך זה**
עד **שנכנסו כל עשר אורות כשיעור העשר** השרשים של הרשימו של **כלים** שנעשו
בצמצום הראשון דאור הא"ס. **הטעם הוא מובן עם הנ"ל, כי מתחילה** בהתפשטות הראשונה
שהיה אור הכתר עמהם ר"ל עם כל שאר האורות דעקודים, **וגם** האורות של חו"ב חג"ת נהי"מ
כולם היו מאירים מצדו של אור הכתר, **לכן לא היה כזה בשום כלי מהם**[231] ר"ל
משרשי הכלים **לקבל בתוכו רק אור אחד לבד** מהאורות שיצאו בהתפשטות הראשונה בבחינת
נפש בלבד, ולכן אפילו שורש כלי הכתר שנעשה מהרשימו בצמצום הראשון של אור האין סוף, לא יכול לקבל יותר
מאור אחד, **אבל עתה** אחרי שהסתלק האור הזך בהסתלקות הראשונה, והאור העב והגס קבל עוד עביות, ונעשו
כלים לעולם העקודים, זאת ועוד עכשיו בהתפשטות השניה **שאור הכתר אינו נכנס עתה תוך**
הכלי דליה, **והוא נשאר למעלה** במאציל, **וגם**[232] אור הכתר **הופך אזוריו למטה** כלפי
התחתונים, ולא מאיר בהם פנים בפנים, **כמו שנתבאר בע"ה, לכן עתה יש כזה ליכנס כל**
האורות המתפשטים בהתפשטות השניה **ביחד תוך כלי אחד** אפילו שאורות אלו שלמים בנרנח"י
פנימיים, ובב' מקיפין, **כי כל התשע אורות הנכנסים עתה ב**כלי ה**כתר, הם קטנים**
באיכות **מן אור הכתר הראשון** שהתפשט רק **בבחינת נפש** בהתפשטות הראשונה, **ויש כזה** בכלי
הכתר **לקבלם. וכן כשנכנסו כל השמונה אורות בתוך כלי של של החכמה, יש**
בה ר"ל בכלי דחכמה **כזה לקבלם, כי** כל האורות **כולם** שיצאו בהתפשטות השניה **קטנים**

הכתר, ואחר כך נדחה וכו', כמו שכתב רז"ל הכא, וזה ההתפשטות הוא מה שקראו רז"ל בסוף פרק א' דלעיל
בשם ההתפשטות הראשון הרמוז באות יו"ד דהוי"ה. שכן מורה לשון התפשטות שנראה שכבר יש כלי והאור
מתפשט בו, ובזה ניחא נמי מה שכתב התם - ואז כל התשע שלמטה היו חסרים מאותו אור וכו', שמלשון זה
מבואר שכבר היה תשע חלקים של כלי ריקנים מאור המתפשט, וכמו שכתבנו בדברינו דהתם, יעו"ש. ואחר
כך חזר האור ונסתלק אל מקורו, ועל ידי זה נתעבה עוד הכלי דעקידום, ואחר שנתעבה חזרו כל התשע אורות
ביחד בכלי הכתר, כמו שכתב רז"ל הכא. אלא שלפי פירוש זה צריך טעם דמאי הוצרכו האורות להתפשט
פעם אחרת אחת לאחת, זו אחר זו, דמאי נפקא מנה באותו ההתפשטות ומה תועלת נעשה ממנו.
231

הגהות וביאורים א(— האמת הוא כי לא היה אז עדיין כלי כלל, אך הכוונה הוא על עביות אשר היה כלול
בהאור אשר מאותה העביות נעשה אחר כך מכלי אחר ההסתלקות האור מהם, וכמו שכתוב בשער העקודים
פרק ג' ופרק ה'. הנה אלו שהיו יוצאים אז גם כן כל העשרה אורות ביחד, היה נתבטל העביות בתוקף האור
הגדול, והיה נסתלק גם הוא עם האור ביחד, ולא היה נעשה הכלי. וזה מה שכתב - כי לא היה כה בשום כלי
מהם לקבל בתוכו, ור"ל שלא היה אפשר להכלי להתהוות כלל, לכן הוכרח שיצאו האורות מתחילה רק אחד
לאחד דווקא,)ה"ר שב"ח(.
232

תרשים ב – ס"ז.

מאור הַחכמה (נ"א **הָרִאשׁוֹנָה**) שיצא בהתפשטות הראשונה, וְעַ֥ל דֶּרֶךְ זֶ֥ה בְּכוּלָ֥ם ר"ל בשאר כל האורות והכלים.

עץ חיים

לרבינו חיים ויטאל

שקיבל ממרן האר"י זלה"ה

שער ז'

שער מטי ולא מטי

פרק ב'

חלק התרשימים טבלאות וציורים

שמזזת חיים

הקדמה קצרה

דע כי כל התרשימים הציורים והטבלאות, הם אך ורק לשכך את האוזן, ולשבר את העין. וכל הציורים הם לא שלמים.

כתב הרי"ח הטוב ברב פעלים ח"ב בסוד ישרים ה' - אך דע לך כי סדר התלבשות המחצבים שכתב מהרח"ו בשערי קדושה עד עולם הזה שאנחנו עומדים בו. וכן סדר התלבשות הפרצופים אשר בכל מחצב ומחצב, וסדר התלבשות העולמות זה בזה, והיושר והעיגולים, לא אית אינש דכיל למנלע רזא דנא, איך היא עשוי, איך הוא עומד, ולא אפשר לשכל אנושי לצייר כל הנזכר על אמתיתם, ועל בורריין מפני כי שכל האנושי בהיותו עצור ומונח בגוף גשמיי, אי אפשר לי להשיג דבר רוחני, והוא זה דומה לאדם סומא מן הבטן שלא ראה מאורות מימיו, דודאי אי אפשר לו לצייר מראות השמש והירח הנראין לעיני הבריות, וכל שכן מה שיש למעלה למעלה.

וכן כתב ברב פעלים ח"א בסוד ישרים א' - סוף דבר הכל נשמע, ה' אחד ושמו אחד, ואין לו גוף ולא דמות הגוף, ואין לו שום ציור, ותמונה ודמיון כלל ועיקר, וגם כל העולמות וספירות הקדושים למעלה אין להם ציור ודמיון של גופים האלה כלל, ואין מי שיוכל לידע איך הוא עמידתם וסדרם, ואיך עומדים עולמות היושר ועולמות העיגולים, ואיך מתחברים זה עם זה, ואיך נמשך השפע מזה לזה, ואיך הוא תוארם ומראיהם, ואיך הוא מהות השפע המחיה אותם, ומקיים אותם, וכמה הוא שיעור אורכם וגובהן ורחבם, ואיך הם נכללים זה בזה, ומלבישים זה לזה, כי בכל זאת אין שום שכל אנושי יוכל לדעת, ולהבין, ולהשיג, כלל ועיקר.

הרב ז"ל כתב בשער אח"פ תחילת פ"א וז"ל - כבר ידעת כי אין בנו כח לעסוק קודם אצילות עשר ספירות, ולא לדמות שום דמיון וצורה כלל ח"ו, אך לשכך האזן, אנו צריכים לדבר דרך משל ודמיון, לכן אף אם נדבר במציאות ציור שם למעלה, אין הדבר רק לשכך האזן. אמנם דע כי עשר ספירות דאצילות הם שתי ענינים. האחד הוא התפשטות הרוחניות, והשני הוא כלים ואברים אשר העצמות מתפשט בהם. והנה צריך שיהיה לכל זה שורש למעלה לשתי בחינות אלו, ולכן צריכין אנו לדבר בסדר המדרגות מראש עד סוף, והנה נתחיל ונאמר כי הלא הא"ס ב"ה אין בו שום ציור כלל ח"ו כמבואר.

הרב ז"ל כתב בשער טנת"א פ"א - והנה אף על פי שאנו מכנים וקוראים כאן כנויים אלו כגון אדם ראש אזנים וכיוצא אינו רק לשכך האזן לשיובנו הדברים לכן אנו מכנים כנויים אלו במקום גבוה, עד כאן לשונו.

וכן הרמ"ק בפרדס רימונים ש"ו פ"א - וציירו להם המקובלים צורות ביריעות גדולות וקראום אילן. הרב ז"ל כתב בסוף ש"ה פ"ד וז"ל - ואמנם דבר גלוי הוא כי אין למעלה גוף ולא כח גוף חלילה. וכל הדמיונות והציורים אלו לא מפני שהם כך חס ושלום. אמנם לשכך את האוזן לכשיוכל האדם להבין הדברים העליונים הרוחניים בלתי נתפסים ונרשמים בשכל האנושי, לכן ניתן רשות לדבר בבחינת ציורים ודמיונים, כאשר הוא פשוט בכל ספרי הזוהר. וגם בפסוקי התורה עצמה כולם כאחד עונים ואומרים בדבר הזה כמו שאמר הכתוב עיני ה' המה משוטטים בכל הארץ. עיני ה' אל צדיקים. וישמע ה'. וירח ה'. וידבר ה'. וכאלה רבות וגדולה מכולם מה שאמר הכתוב ויברא אלהים את האדם בצלמו בצלם אלהים ברא אותו זכר ונקבה וגו'. ואם התורה עצמה דברה כך גם אנחנו נוכל לדבר כלשון הזה, עם היות שפשוט הוא שאין שם למעלה אלא אורות דקים, בתכלית הרוחניות, בלתי נתפשים שם כלל, וכמו שאמר הכתוב כי לא ראיתם כל תמונה, וכאלה רבות. ואמנם יש עוד דרך אחרת כדי להמשיך ולצייר בה הדברים העליונים, והם בחינת כתיבת צורת אותיות, כי כל אות ואות מורה על אור פרטי עליון, וגם תמונת זו דבר פשוט הוא כי אין למעלה לא אות, ולא נקודה, וגם זה דרך משל וציור לשכך את האוזן כנזכר. ולכן נבאר עתה הקדמה הנזכר על דרך ציור האותיות גם כן ובבחינת ציורים אלו, הן ציור האדם, והן ציור אותיות, שתיהן מוכרחים להבין ענין האורות העליונים, כאשר תראה ספרי הזוהר בנויים על שתי בחינות הציורים האלה, עד כאן לא.

ולכן גם אנחנו הרשינו לעצמינו לצייר ציורים, תרשימים וטבלאות, אך ורק כדי לשכך את האוזן, ולשבר את העין, כדי להבין את הסוגייה.

אח"י

תרשימים שער ז' פרק ב'

<u>סדר שמות ההיכלות והשערים בעץ חיים</u>

שם היכל	שער	שם השער	פרקים														
אדם קדמון	א	עיגולים ויושר	א	ב	ג	ד	ה										
	ב	השתלשלות י"ס דרך עגו'	א	ב	ג												
	ג	סדר אצילות למהרח"ו	א	ב	ג												
	ד	אח"פ	א	ב	ג	ד	ה										
	ה	טנת"א	א	ב	ג	ד	ה	ו	ז								
	ו	עקודים	א	ב	ג	ד	ה	ו	ז	ח							
	ז	מטי ולא מטי	א	ב	ג	ד	ה										
נקודים	ח	דרושי נקודות	א	ב	ג	ד	ה	ו									
	ט	שבירת הכלים	א	ב	ג	ד	ה	ו	ז	ח							
	י	תיקון	א	ב	ג	ד	ה										
	יא	מלכים	א	ב	ג	ד	ה	ו	ז	ח	ט	י					
הכתרים	יב	עתיק	א	ב	ג	ד	ה										
	יג	א"א	א	ב	ג	ד	ה	ו	ז	ח	ט	י	יא	יב	יג	יד	
או"א	יד	או"א	א	ב	ג	ד	ה	ו	ז	ח	ט	י					
	טו	זווגים	א	ב	ג	ד	ה	ו									
	טז	הולדת או"א וזו"ן	א	ב	ג	ד	ה	ו	ז								
ז"א	יז	ז"א	א	ב	ג	ד											
	יח	רפ"ח נצוצין	א	ב	ג	ד	ה	ו									
	יט	אנ"ך	א	ב	ג	ד	ה	ו	ז	ח	ט	י					
	כ	המוחין	א	ב	ג	ד	ה	ו	ז	ח	ט	י	יא	יב			
	כא	לידת המוחין	א	ב	ג												
	כב	מוחין דקטנות	א	ב	ג												
	כג	מוחין דצלם	א	ב	ג	ד	ה	ו	ז	ח							
	כד	פרקי הצלם	א	ב	ג	ד	ה	ו	ז								
	כה	דרושי הצלם	א	ב	ג	ד	ה	ו	ז	ח							
	כו	צלם	א	ב	ג	ד											
	כז	פרטי עי"מ	א	ב	ג	ד											
	כח	עיבורים	א	ב	ג	ד	ה										
	כט	נסירה	א	ב	ג	ד	ה	ו	ז	ח	ט						
	ל	פרצופים	א	ב	ג	ד	ה	ו	ז								
	לא	פרצופי זו"ן	א	ב	ג	ד	ה										
	לב	הארת המוחין	א	ב	ג	ד	ה	ו	ז	ח	ט						
	לג	אונאה	א	ב	ג	ד	ה										
נוק' דז"א	לד	תיקון הנוקבא	א	ב	ג	ד	ה	ו	ז								
	לה	הירח	א	ב	ג	ד	ה										
	לו	מעוט הירח	א	ב	ג	ד											
	לז	יעקב ולאה	א	ב	ג	ד	ה										
	לח	לאה ורחל	א	ב	ג	ד	ה	ו	ז	ח	ט						
	לט	מ"ן ומ"ד	א	ב	ג	ד	ה	ו	ז	ח	ט	י	יא	יב	יג	יד	טו
	מ	פנימיות וחצוניות	א	ב	ג	ד	ה	ו	ז	ח	ט	י	יא	יב	יג	יד	טו
	מא	חשמל	א	ב	ג												
אבי"ע	מב-א	דרושי אבי"ע	א	ב	ג	ד	ה	ו	ז	ח	ט	י	יא	יב			
	מב-ב	כללות אבי"ע	א	ב	ג	ד											
	מג	ציור עולמות אבי"ע	א	ב	ג	ד											
	מד	שמות	א	ב	ג	ד	ה	ו	ז								
	מה	מקיפין	א	ב	ג	ד											
	מו	כסא הכבוד	א	ב	ג	ד	ה	ו									
	מז	סדר אבי"ע	א	ב	ג	ד	ה	ו									
	מח	קליפות	א	ב	ג	ד											
	מט	קליפת נוגה	א	ב	ג	ד	ה	ו	ז	ח	ט						
	נ	קיצור אבי"ע	א	ב	ג	ד	ה	ו	ז	ח	ט	י					

תרשימים שַׁעַר ז' פֶּרֶק ב'

טבלת ערכים

עולמות	אדם קדמון	אצילות	בריאה	יצירה	עשיה
פרצופים	ע"י וא"א	אבא	אמא	ז"א	נוקבא
ספירות	כתר	חכמה	בינה	חג"ת נה"י	מלכות
הוי"ה	קוץ של י'	י	ה	ו	ה
אורות	יחידה	חיה	נשמה	רוח	נפש
מלוי	שורש הוי"ה	ע"ב - יוד הי ויו הי	ס"ג - יוד הי ואו הי	מ"ה - יוד הא ואו הא	ב"ן - יוד הה וו הה
טענת"א	שורשים	טעמים	נקודות	תגין	אותיות
נקודות	קמץ	פתח	צרי	סגול, שוה, חולם חיריק, קבוץ, שורוק	אין ניקוד
אדם	גולגולתא	מוח ימין	מוח שמאל	גוף וברית	עטרת היסוד
מל"ץ	מ - מקיף, יחידה	ל - מקיף, חיה	מוח	לב	כבד
שנגל"ה	שורש	נשמה	גוף	לבוש	היכל
י"ב פרצופים	עו"ן ואו"ן	או"א עלאין	ישסו"ת	זו"ן	יעק"ר
כל צמא	אורות	מוחין	צלמים	לבושים	כלים
אברים	מוח	עצמות	גידין	בשר	עור
חושים	מוח	ראיה	שמיעה	ריח	דיבור
מחצבים	א"ס	ספירות	נשמות	מלאכים	חושך
צלם	מ' מקיף ב'	ל' מקיף א'	צ' מוח	צ' לב	צ' כבד
דחצ"מ	אלוקות	מדבר	חי	צומח	דומם
יסודות	יולי	מים	אש	רוח	עפר
רקיעים	ערבות	ערבות	ערבות	מכון, מעון, זבול שחקים, רקיע	וילון
גלגלים	גלגל השכל	גלגל היומי	מזלות	ככבים	לבנה
היכלות	קודש קודשים	קודש קודשים	קודש קודשים	אהבה, זכות, רצון, נוגה, עצם השמים, לבנת הספיר	לבנת הספיר
מלוי הוי"ה		מו - וד י יוי	לז - וד י או י	יט - וד א או א	כו - וד ה ו ה
אהי"ה		קס"א - אלף הי יוד הי	קס"א - אלף הי יוד הי	קמ"ג - אלף הא יוד הא	קנ"א - אלף הה יוד הה

תרשים ב - א

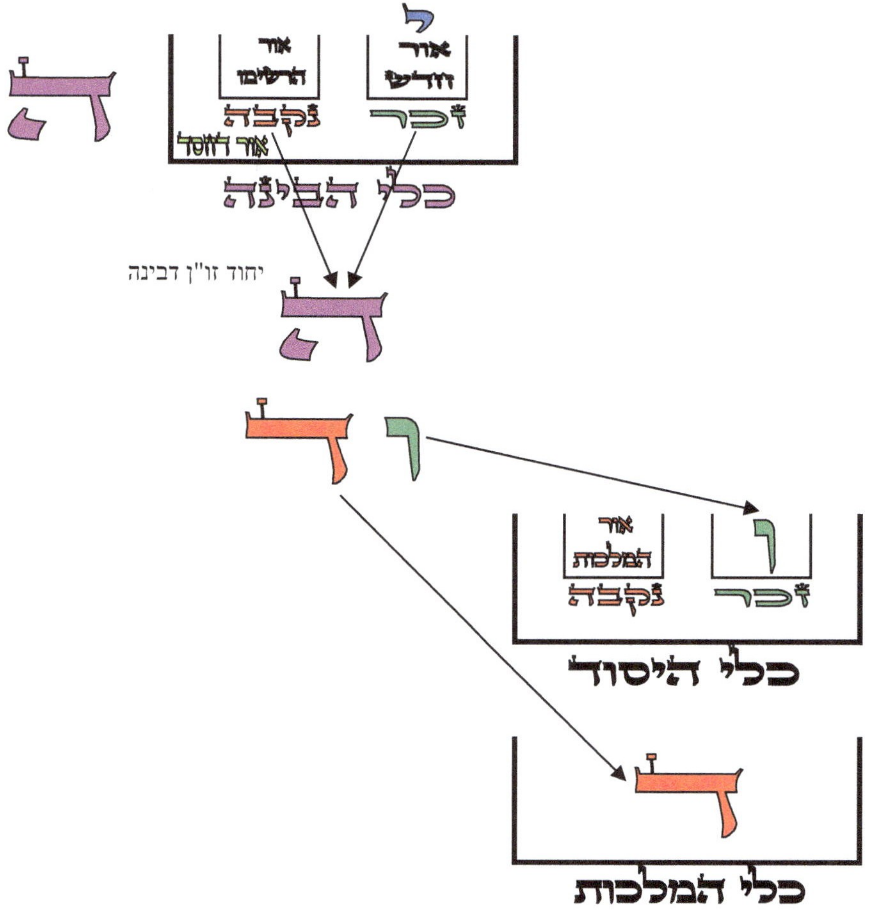

תרשים ב - ב

תרשים ב - ג

תרשים ב - ד

פה דא"ק
כ
ח ב
חג"ת
בנ"י
מ
אור הכתר
אור החכמה
לא מטי בכתר
כלי הכתר
מטי בחכמה
אור הבינה
אור החסד
אור הגבורה
אור התפארת
אור הנצח
אור ההוד
אור היסוד
אור המלכות
ד
כלי החכמה

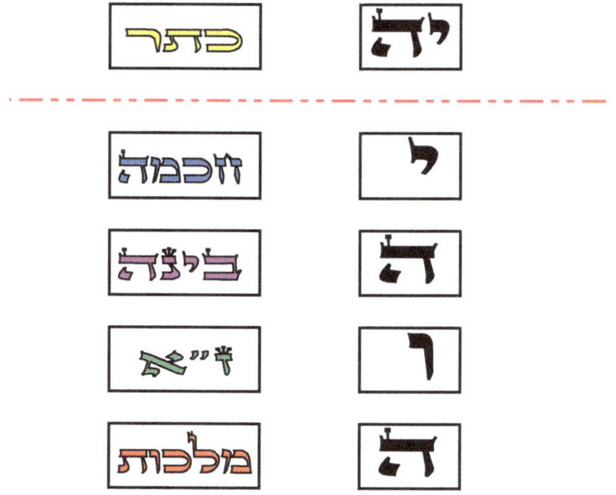
יה
כתר
ל
חכמה
ה
בינה
ו
א"י
ה
מלכות

פה דא"ק
כתר
חכמה
בינה
חסד
גבורה
תפארת
נצח
הוד
יסוד
מלכות
כלי הכתר
כלי החכמה

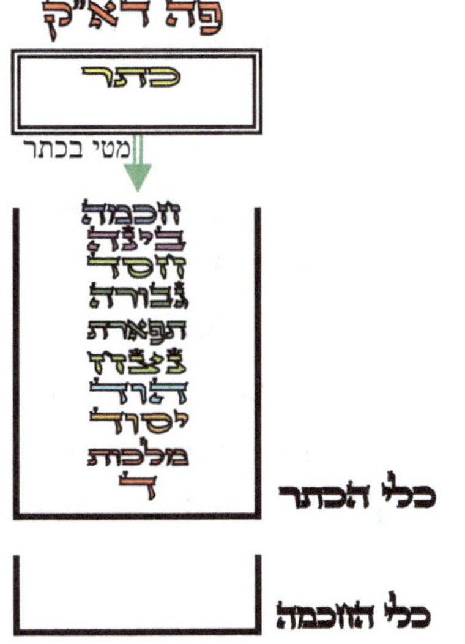

פה דא"ק
כתר
מטי בכתר
חכמה
בינה
חסד
גבורה
תפארת
נצח
הוד
יסוד
מלכות
כלי הכתר
כלי החכמה

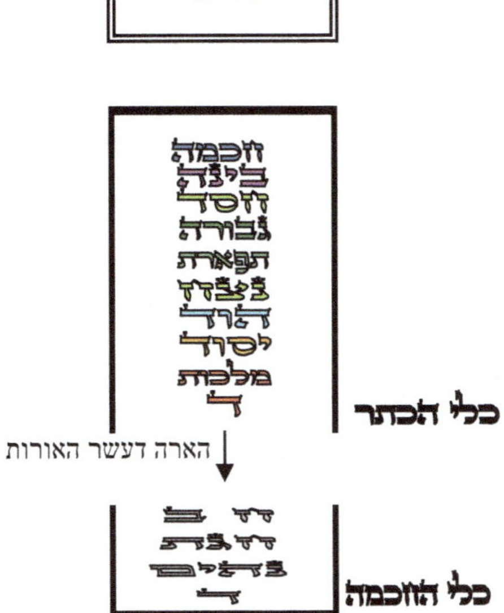

פה דא"ק
כתר
חכמה
בינה
חסד
גבורה
תפארת
נצח
הוד
יסוד
מלכות
כלי הכתר
הארה דעשר האורות
כלי החכמה

תרשים ב - י

תרשים ב - י"א

תרשים ב - י"ב

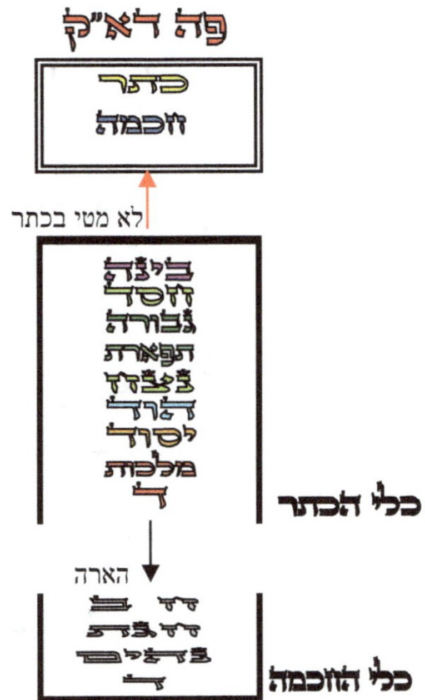

תרשים ב - י"ג

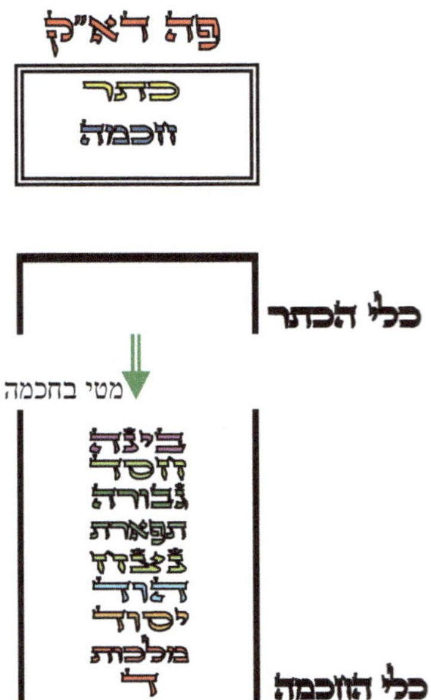

תרשים ב - י"ד

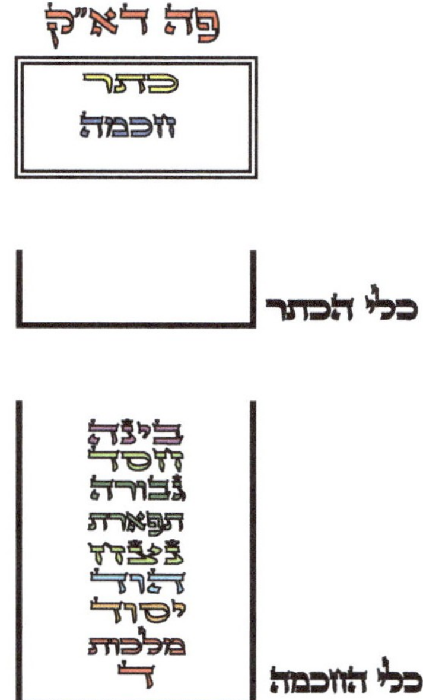

תרשים ב - ט"ו

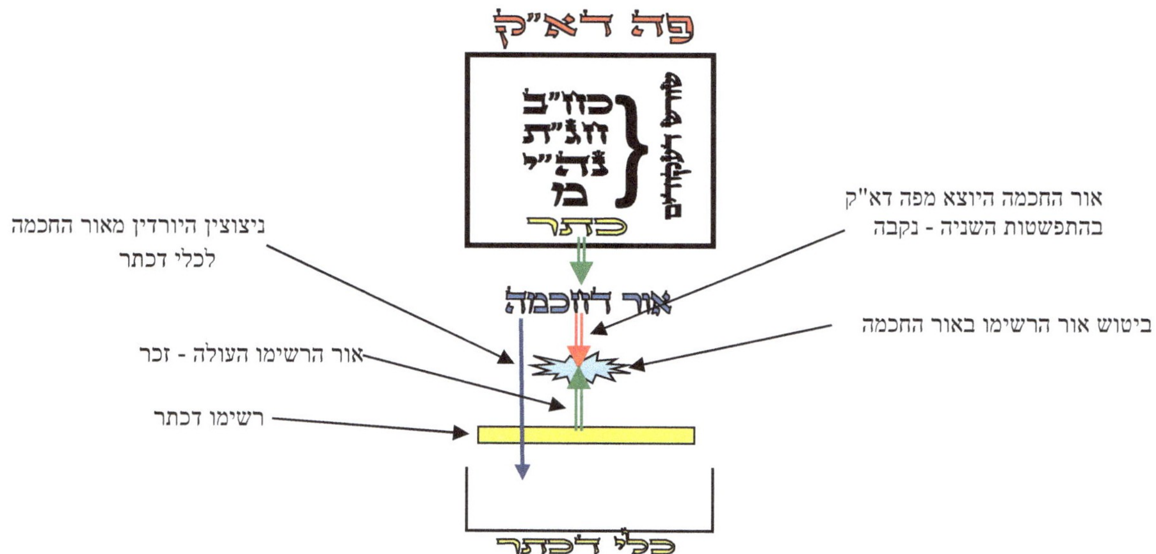

תרשים ב - ט"ז

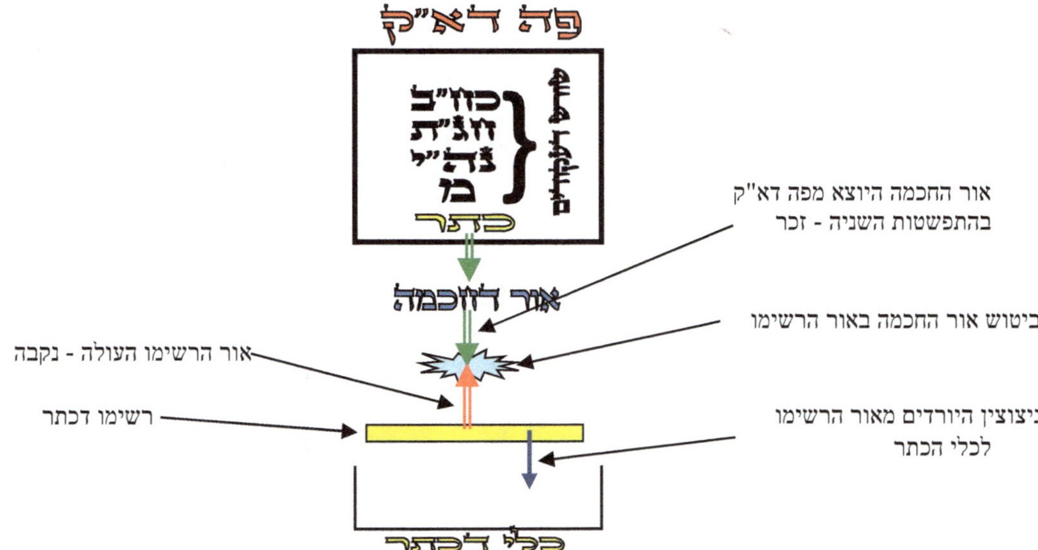

אור החכמה היוצא מפה דא"ק
בהתפשטות השניה - זכר

ביטוש אור החכמה באור הרשימו

אור הרשימו העולה - נקבה

ניצוצין היורדים מאור הרשימו
לכלי הכתר

רשימו דכתר

תרשים ב - י"ז

ניצוצין היורדים מביטוש אור החכמה
באור הרשימו ועושים כלי לאור הרשימו

ניצוצין היורדים מביטוש אור הרשימו
באור החכמה ועושים כלי לאור החכמה

כלי הכתר הנעשה מהאור העב והגס

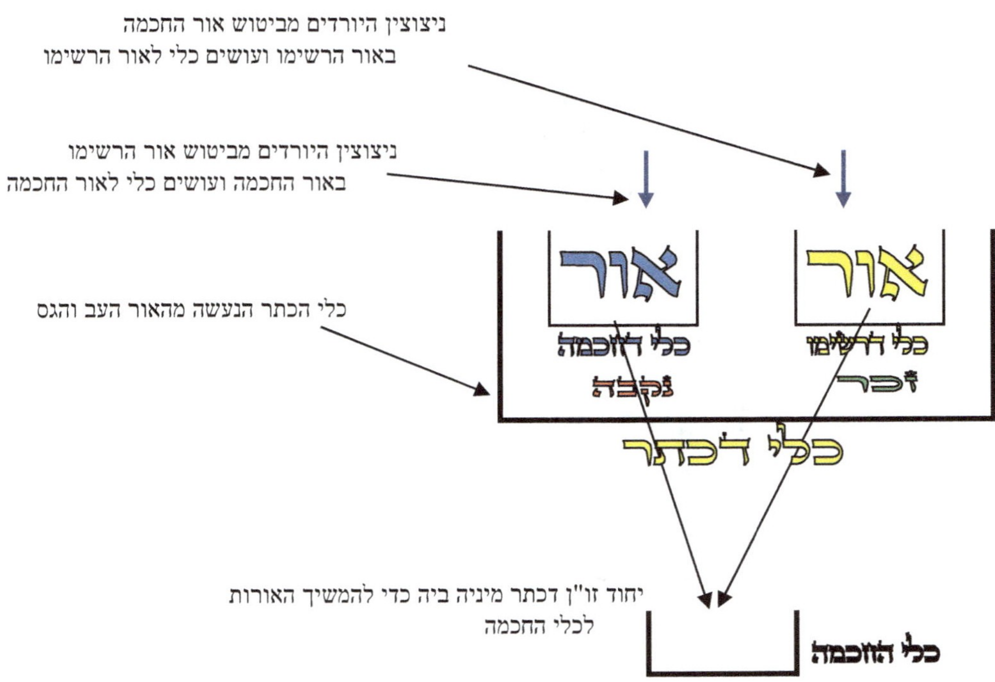

יחוד זו"ן דכתר מיניה ביה כדי להמשיך האורות
לכלי החכמה

תרשים ב - י"ח

תרשים ב - י"ט

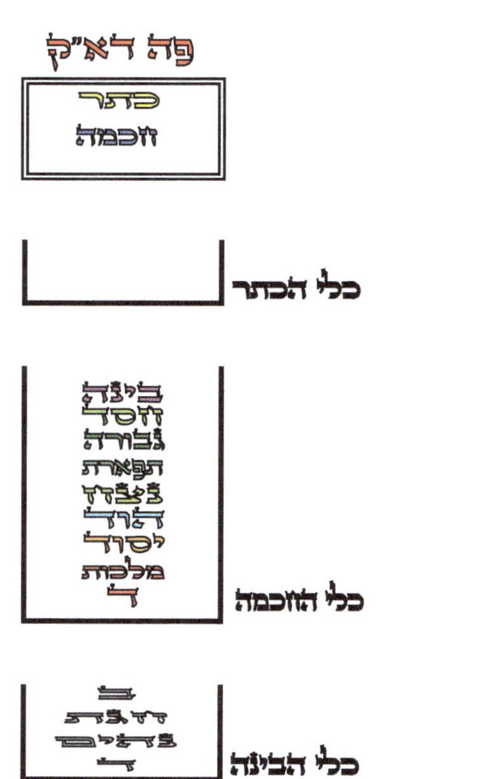

תרשים ב - כ

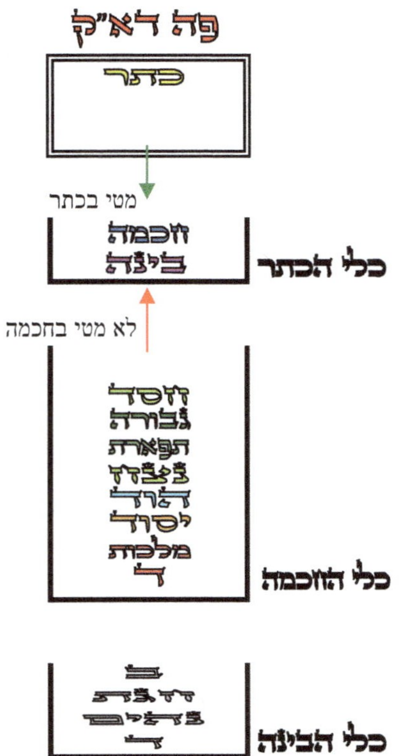

תרשים ב - כ"א

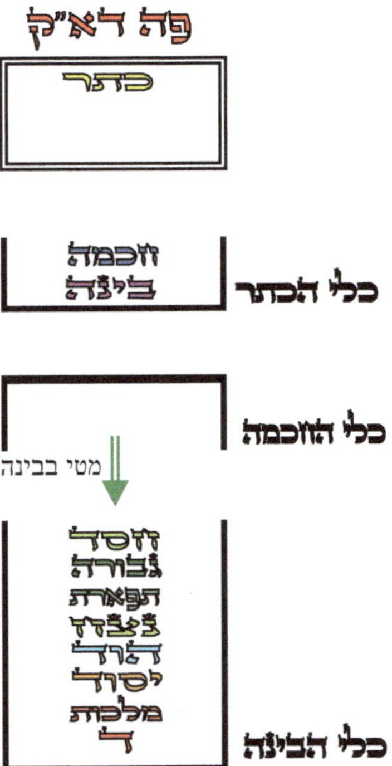

תרשים ב - כ"ב

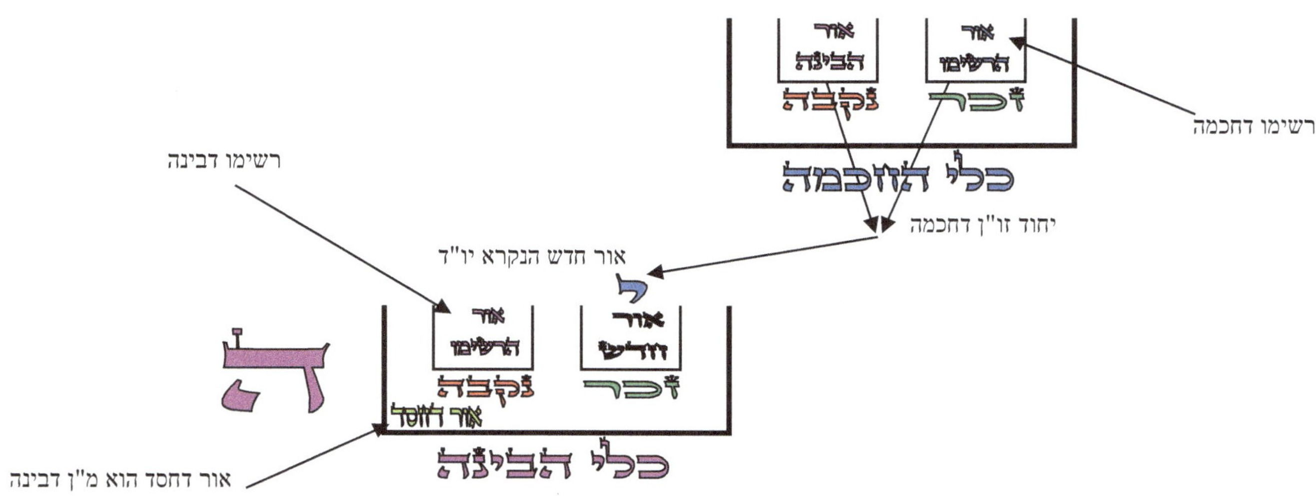

תרשים ב - כ"ג

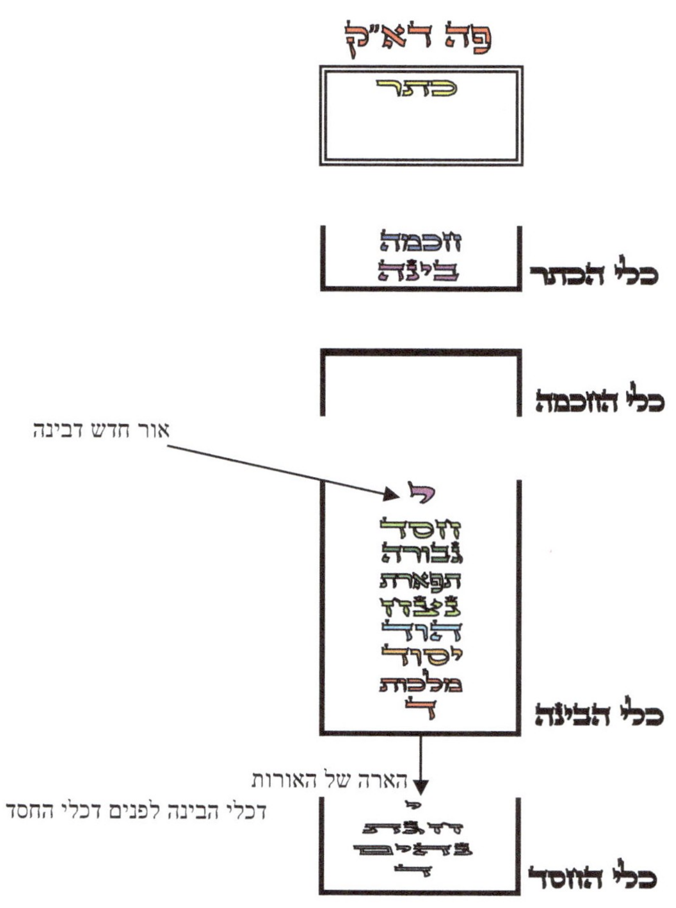

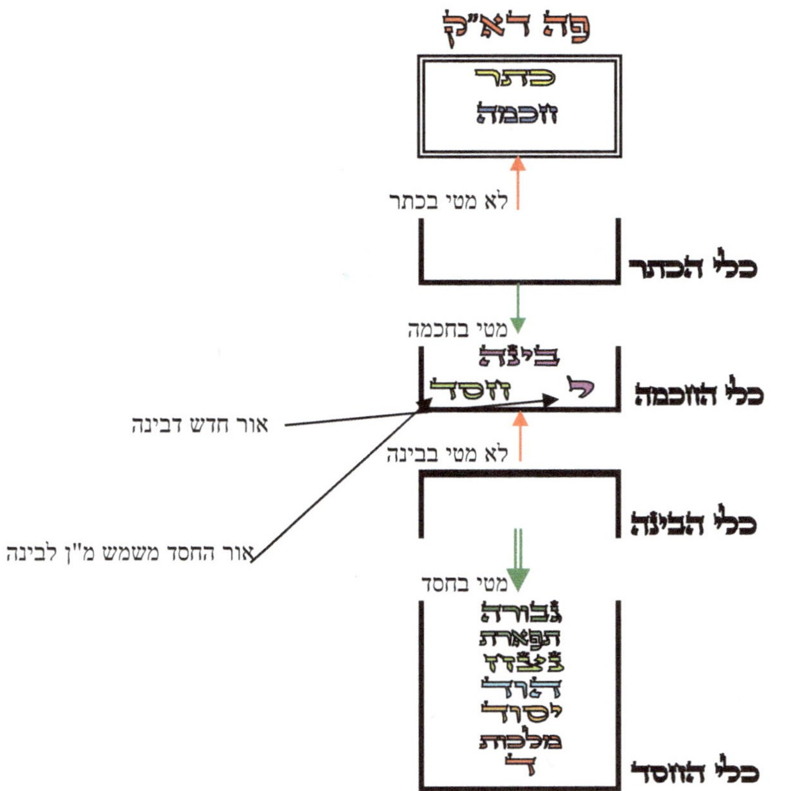

שלב א' אור החכמה שהיה בכלי הכתר מסתלק לפה דא"ק, וזה **לא מטי בכתר**

שלב ב' אור הבינה שהיה בכלי החכמה מתפשט לכלי החכמה, וזה **מטי בחכמה**

שלב ג' האור החדש דבינה מסתלק לכלי החכמה, **וזה לא מטי בבינה**

שלב ד' כלי הבינה הופך פניו כלפי כלי החסד

שלב ה' האורות שבכלי הבינה מתפשטים לכלי החסד, וזה מטי בחסד

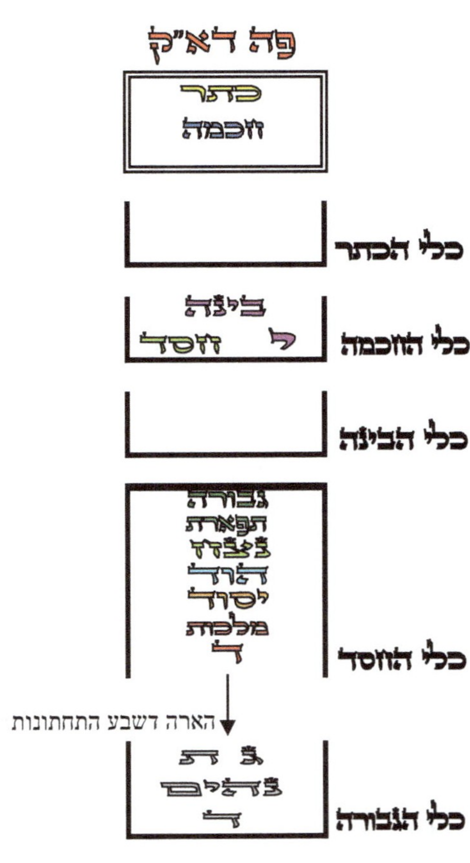

שלב א' האור המתיחס לכלי הכתר שהוא אור
החכמה, שנמצא בפה דא"ק **מטי** בכלי הכתר.

שלב ב' האור המתיחס לכלי החכמה, שבוא אור הבינה
והאור המתיחס לכלי הבינה שהוא האור החדש
הנקרא י' ואור החסד הנמצאים בכלי החכמה
מסתלקים לכלי הכתר, וזה **לא מטי** בכלי החכמה

שלב ג' האור המתיחס לכלי החסד, והוא אור הגבורה
מסתלק ועולה לתוך כלי הבינה, וזה **לא מטי** בכלי החסד

שלב ד' כלי החסד הופך פניו כלפי כלי הגבורה

שלב ה' כלי החסד מוסר את **עצמות** ששה האורות
התחתונים לכלי הגבורה
וזה **מטי** בכלי הגבורה

גם אור החסד המשמש מ"ן לבינה עולה לכלי הכתר

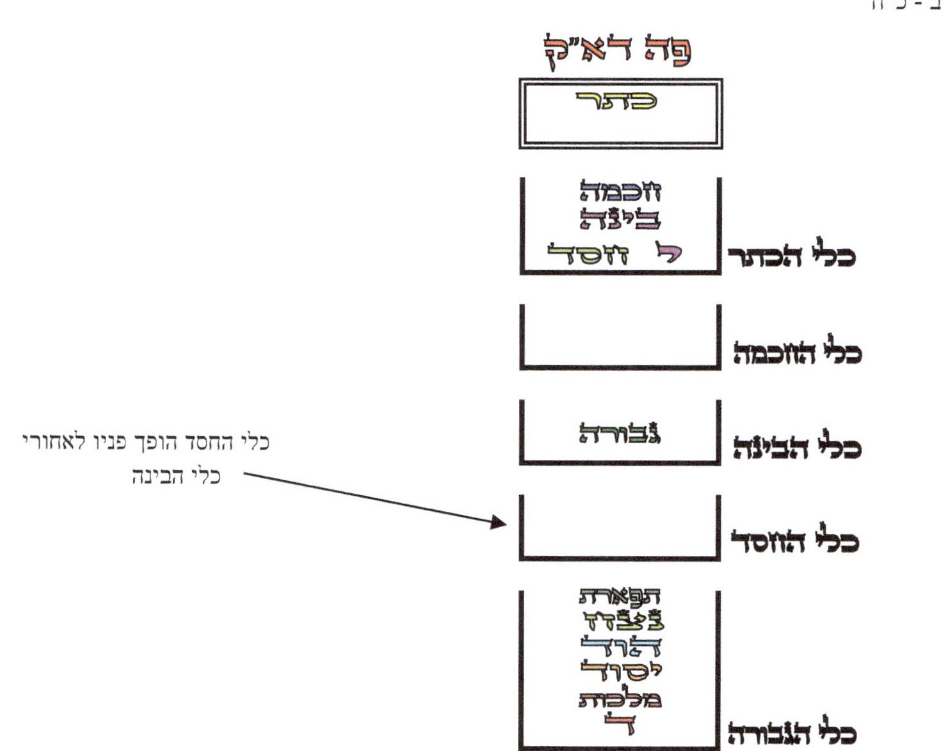

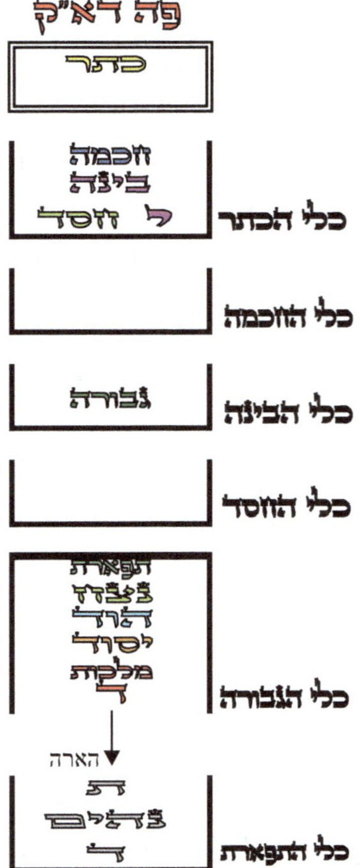
פה דא"ק
כתר
חכמה
בינה
ל זחסד
כלי הכתר
כלי החכמה
גבורה
כלי הבינה
כלי החסד
תפארת
נצח
הוד
יסוד
מלכות
ל
כלי הגבורה
הארה
ת
גדולים
ל
כלי התפארת

פה דא"ק
כתר
חכמה
בינה
ל זחסד
כלי הכתר
כלי החכמה
גבורה
כלי הבינה
כלי החסד
תפארת
נצח
הוד
יסוד
מלכות
ל
כלי הגבורה
ת
גדולים
ל
כלי התפארת

תרשים ב - ל"א

שלב א' האור המתיחס לכלי הכתר, שהוא אור החכמה מסתלק לפה דא"ק, וזה **לא מטי בכתר**

שלב ב' האור המתיחס לכלי החכמה, שהוא אור הבינה, הנמצא בכלי הכתר, מתפשט לכלי החכמה, וזה **מטי בחכמה**

שלב ג' האור המתיחס לכלי הבינה, שהוא האור החדש הנקרא אות י', הנמצא בכלי הכתר מתפשט לכלי הבינה, וזה **מטי בבינה**

שלב ד' האור המתיחס לכלי החסד, שהוא אור הגבורה, הנמצא בכלי הבינה, מתפשט לכלי החסד, וזה **מטי בחסד**

שלב ה' אור התפארת שנמצא בכלי הגבורה מסתלק לכלי החסד, וזה **לא מטי בגבורה**

שלב ו' כלי הגבורה נותן את **עצמות**
חמש האורות התחתונים לכלי התפארת
וזה **מטי בתפארת**

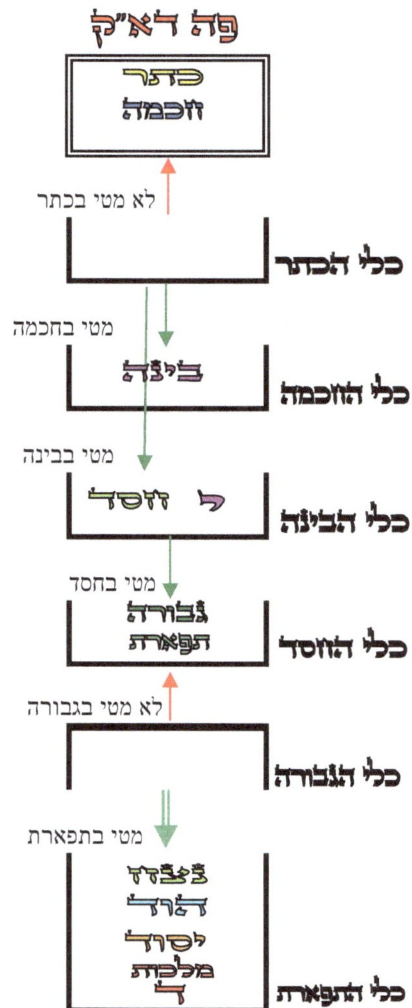

תרשים ב - ל"ב

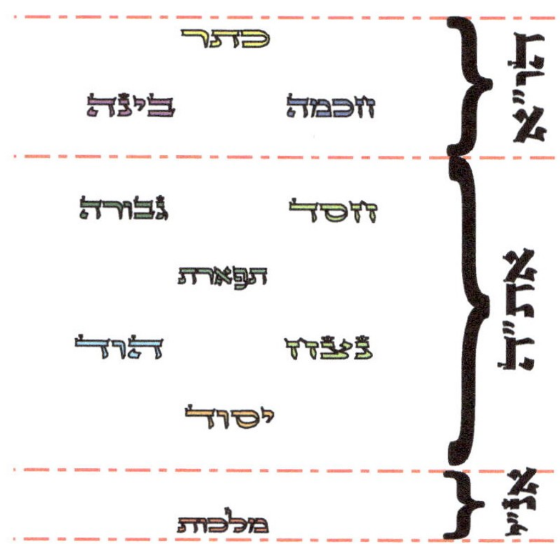

תרשים ב - ל"ג

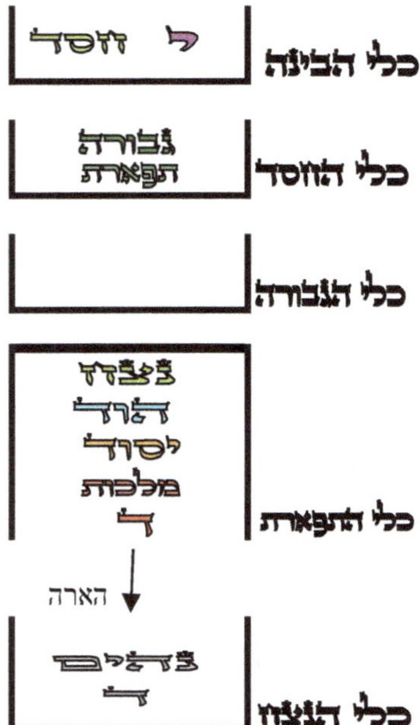

תרשים ב - ל"ד

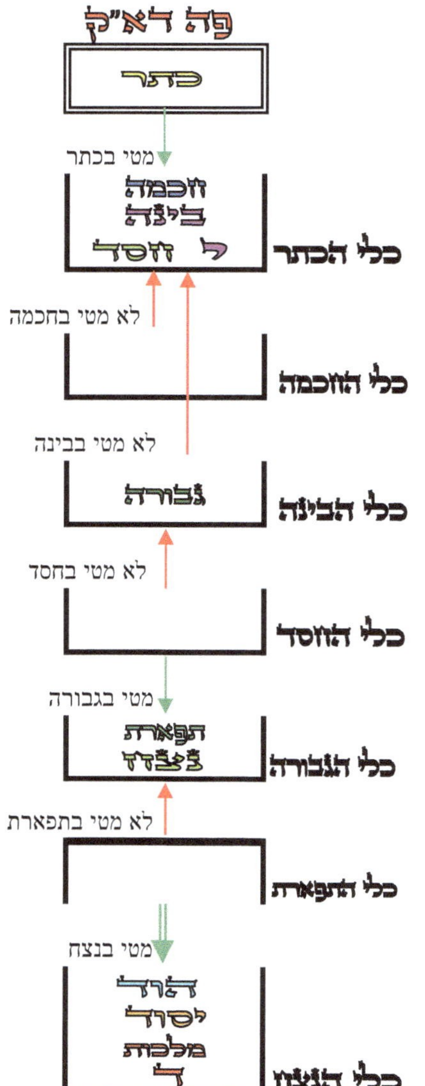

שלב א' האור המתיחס לכלי הכתר הנמצא במאציל
והוא אור החכמה, מתפשט לכלי הכתר
וזה **מטי** בכתר

שלב ב' האור המתיחס לכלי החכמה, והוא אור הבינה
מסתלק לכלי הכתר, וזה **לא מטי** בחכמה

שלב ג' האור המתיחס לכלי הבינה, והוא האור החדש
הנקרא י' עם אור החסד מסתלקים לכלי הכתר
וזה **לא מטי** בבינה

שלב ד' האור המתיחס לכלי החסד, שהוא אור הגבורה
מסתלק לכלי הבינה וזה **לא מטי** בכלי החסד

שלב ה' אור התפארת הנמצא בכלי החסד חוזר
לכלי הגבורה, וזה **מטי** בכלי הגבורה

שלב ו' אור הנצח הנמצא בכלי התפארת מסתלק
לכלי הגבורה, וזה **לא מטי** בתפארת

שלב ז' כלי התפארת הופך פניו למטה כלפי כלי הנצח
ונותן לו את **עצמות** האורות פנים בפנים
וזה **מטי** בכלי הנצח

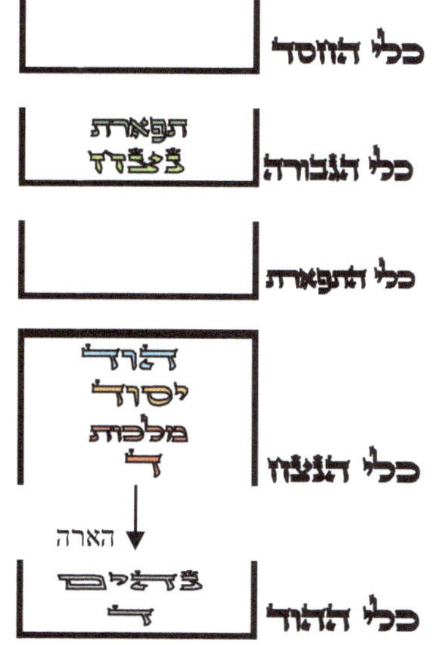

תרשים ב - ל"ח

שלב א' האור המתיחס לכלי הכתר, והוא אור החכמה, מסתלק למאציל
וזה **לא מטי** בכתר

שלב ב' האור המתיחס לכלי החכמה, והוא אור הבינה, מתפשט בחזרה לכלי
החכמה, וזה **מטי** בחכמה

שלב ג' האור המתיחס לכלי הבינה, והוא האור החדש הנקרא אות י', מתפשט
בחזרה לכלי הבינה, וזה **מטי** בבינה

שלב ד' האור המתיחס לכלי החסד, והוא אור הגבורה הנמצא בכלי הבינה
מתפשט בחזרה לכלי החסד, וזה **מטי** בחסד

שלב ה' האור המתיחס לכלי הגבורה, והוא אור התפארת, הנמצא בכלי הגבורה
מסתלק לכלי החסד כדי לקבל שפע מאור הגבורה
וזה **לא מטי** בגבורה

שלב ו' האור המתיחס לכלי התפארת, והוא אור הנצח הנמצא בכלי הגבורה
חוזר לכלי שלו, שהוא כלי התפארת כדי להאיר בו
וזה **מטי** בתפארת

שלב ז' האור המתיחס לכלי הנצח, והוא אור ההוד, מסתלק מכלי הנצח ועולה
לכלי התפארת כדי לקבל שפע מאור הנצח הנמצא בכלי התפארת
וזה **לא מטי** בנצח

שלב ח' כלי הנצח הופך פניו כלפי מטה אל פני כלי ההוד, ומוסר לכלי ההוד
את **עצמות** האורת השיכים לכלים התחתונים
וזה **מטי** בהוד

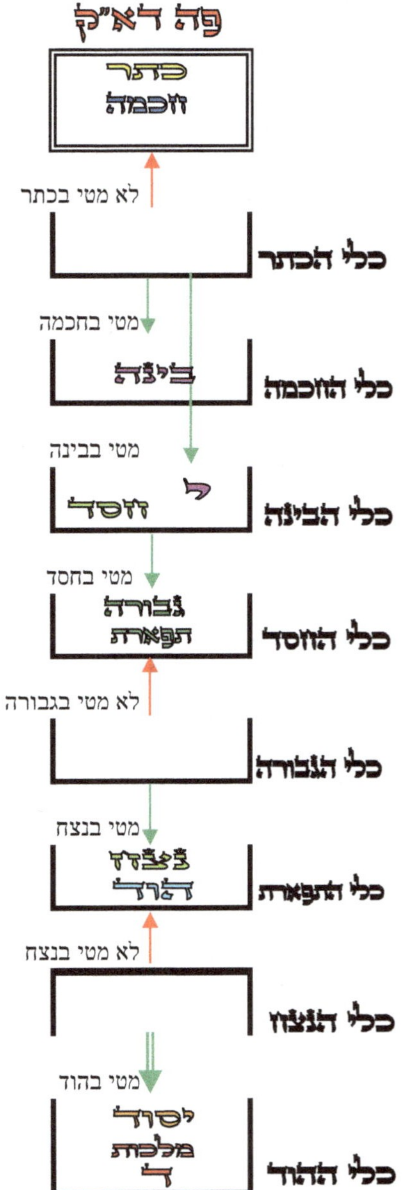

תרשים ב - ט"ל

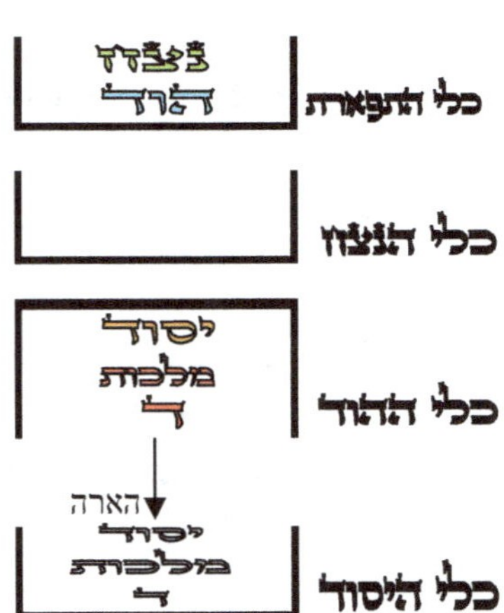

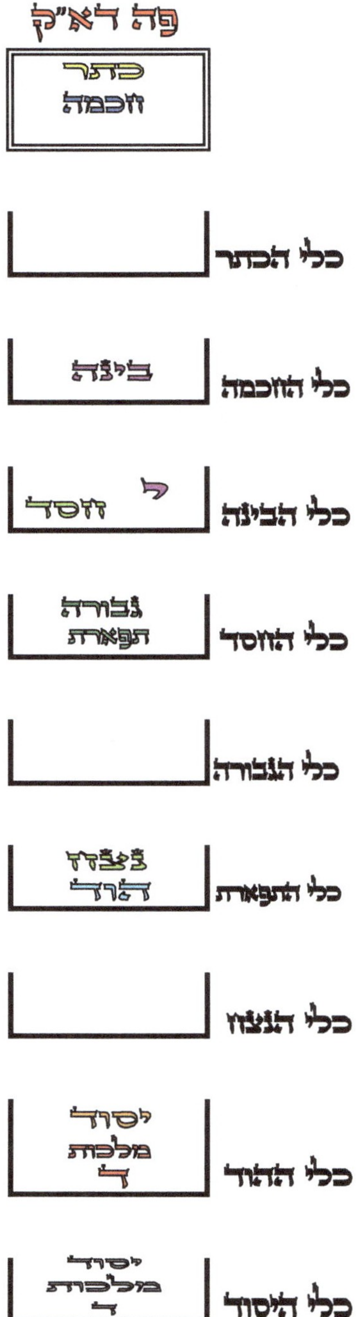
פה דא"ק
כתר
חכמה
כלי הכתר
בינה
כלי החכמה
חסד
כלי הבינה
גבורה
תפארת
כלי החסד
כלי הגבורה
נצח
הוד
כלי התפארת
כלי הנצח
יסוד
מלכות
ד
כלי ההוד
יסוד
מלכות
ד
כלי היסוד

תרשימים שער ז' פרק ב'

שלב א' האור המתיחס לכלי הכתר הנמצא במאציל
והוא אור החכמה, מתפשט לכלי הכתר
וזה **מטי** בכתר

שלב ב' האור המתיחס לכלי החכמה, והוא אור הבינה
מסתלק לכלי הכתר, וזה **לא מטי** בחכמה

שלב ג' האור המתיחס לכלי הבינה, והוא האור החדש
הנקרא **י'** עם אור החסד מסתלקים לכלי הכתר
וזה **לא מטי** בבינה

שלב ד' האור המתיחס לכלי החסד, שהוא אור הגבורה
מסתלק לכלי הבינה וזה **לא מטי** בכלי החסד

שלב ה' אור התפארת המתיחס לכלי הגבורה הנמצא בכלי החסד
חוזר לכלי הגבורה, וזה **מטי** בכלי הגבורה

שלב ו' אור הנצח המתיחס לכלי התפארת הנמצא בכלי התפארת
מסתלק לכלי הגבורה, וזה **לא מטי** בתפארת

שלב ז' אור ההוד המתיחס לכלי הנצח, הנמצא בכלי התפארת
חוזר ומתפשט בכלי הנצח, וזה מטי בכלי הנצח

שלב ח' האור המתיחס לכלי ההוד, והוא אור היסוד, מסתלק
ועולה לכלי הנצח, וזה **לא מטי** בכלי ההוד

שלב ט' כלי ההוד הופך פניו למטה כלפי פני כלי היסוד
ונותן את **עצמות** האורות בכלי היסוד
וזה **מטי** בכלי היסוד

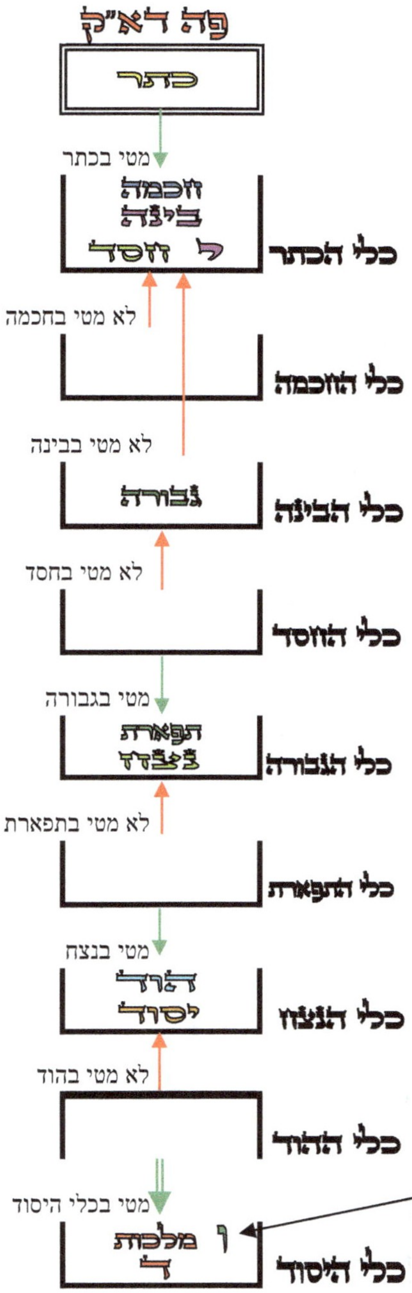

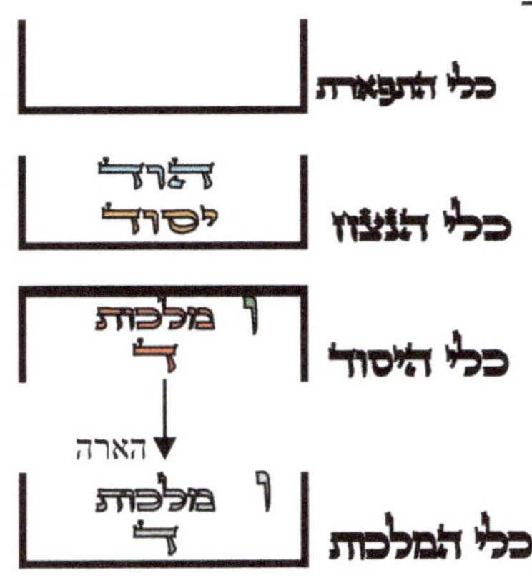

פה דא"ק

כתר

מטי בכתר

חכמה
בינה
ל חסד

כלי הכתר

לא מטי בחכמה

כלי החכמה

לא מטי בבינה

גבורה

כלי הבינה

לא מטי בחסד

כלי החסד

מטי בגבורה

תפארת
נצח

כלי הגבורה

לא מטי בתפארת

כלי התפארת

מטי בנצח

הוד
יסוד

כלי הנצח

לא מטי בהוד

כלי ההוד

מטי בכלי היסוד

ו מלכות

כלי היסוד

אות ו' בחינת הזכר
שבכלי היסוד

כלי התפארת

הוד
יסוד

כלי הנצח

ו מלכות

כלי היסוד

הארה

ו מלכות

כלי המלכות

תרשימים שער ז' פרק ב'

תרשים ב - מ"ג

פה דא"ק
כתר
חכמה
בינה
חסד
כלי הכתר
כלי החכמה
גבורה
כלי הבינה
כלי החסד
תפארת
נצח
כלי הגבורה
כלי התפארת
הוד
יסוד
כלי הנצח
כלי ההוד
ו מלכות
ד
כלי היסוד
ו מלכות
ד
כלי המלכות

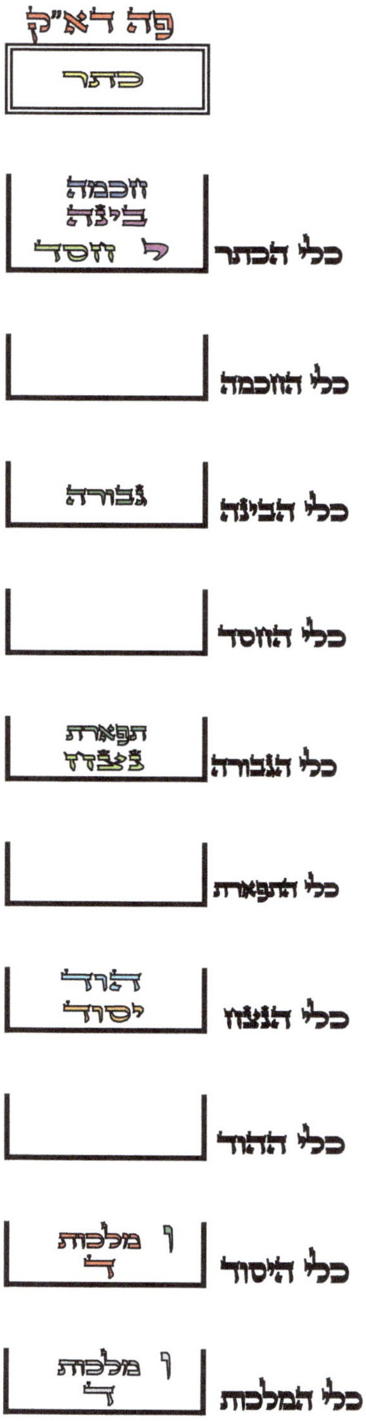

תרשימים שער ז' פרק ב'

שלב א' האור המתיחס לכלי הכתר, והוא אור החכמה, מסתלק למאציל וזה **לא מטי** בכתר

שלב ב' האור המתיחס לכלי החכמה, והוא אור הבינה, מתפשט בחזרה לכלי החכמה, וזה **מטי** בחכמה

שלב ג' האור המתיחס לכלי הבינה, והוא האור החדש הנקרא אות י', מתפשט בחזרה לכלי הבינה, וזה **מטי** בבינה

שלב ד' האור המתיחס לכלי החסד, והוא אור הגבורה הנמצא בכלי הבינה מתפשט בחזרה לכלי החסד, וזה **מטי** בחסד

שלב ה' האור המתיחס לכלי הגבורה, והוא אור התפארת, הנמצא בכלי הגבורה מסתלק לכלי החסד כדי לקבל שפע מאור הגבורה וזה **לא מטי** בגבורה

שלב ו' האור המתיחס לכלי התפארת, והוא אור הנצח הנמצא בכלי הגבורה חוזר לכלי שלו, שהוא כלי התפארת כדי להאיר בו וזה **מטי** בתפארת

שלב ז' האור המתיחס לכלי הנצח, והוא אור ההוד, מסתלק מכלי הנצח ועולה לכלי התפארת כדי לקבל שפע מאור הנצח הנמצא בכלי התפארת וזה **לא מטי** בנצח

שלב ט' האור המתיחס לכלי ההוד, והוא אור היסוד, מתפשט בחזרה לכלי שלו, שהוא כלי ההוד, וזה **מטי** בהוד

שלב י' האור המתיחס לכלי היסוד, והוא אור המלכות, מסתלק לכלי ההוד, וזה הוי **לא מטי** ביסוד

שלב י"א כלי היסוד מפנה פניו למטה כנגד פני כלי המלכות ונותן לה את האור **עצמות** המתיחס לכלי המלכות, והוא האור החדש הנולד מזיווג זו"ן דכלי הבינה, וזה **מטי** במלכות

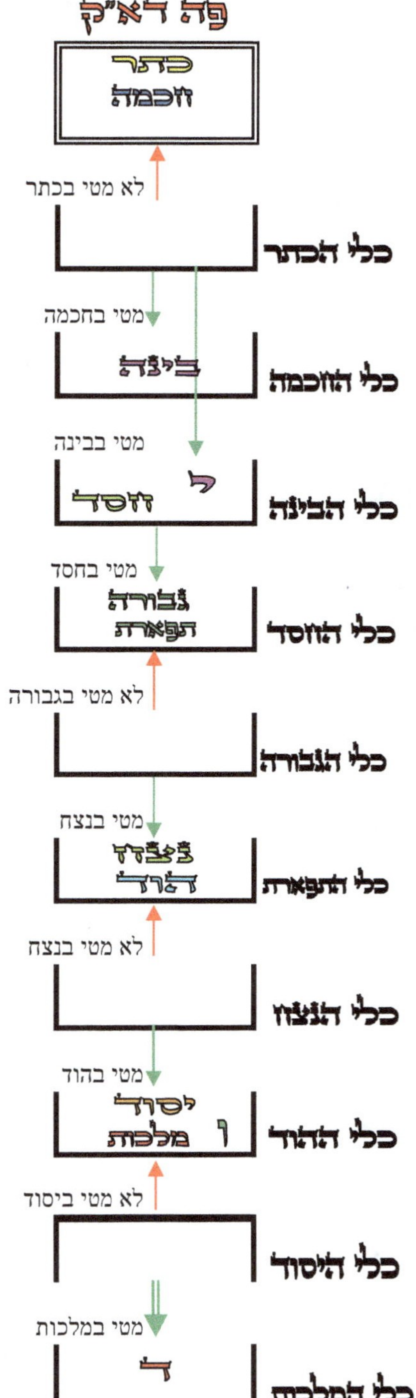

תרשימים שער ז' פרק ב'

תרשים ב - מ"ו

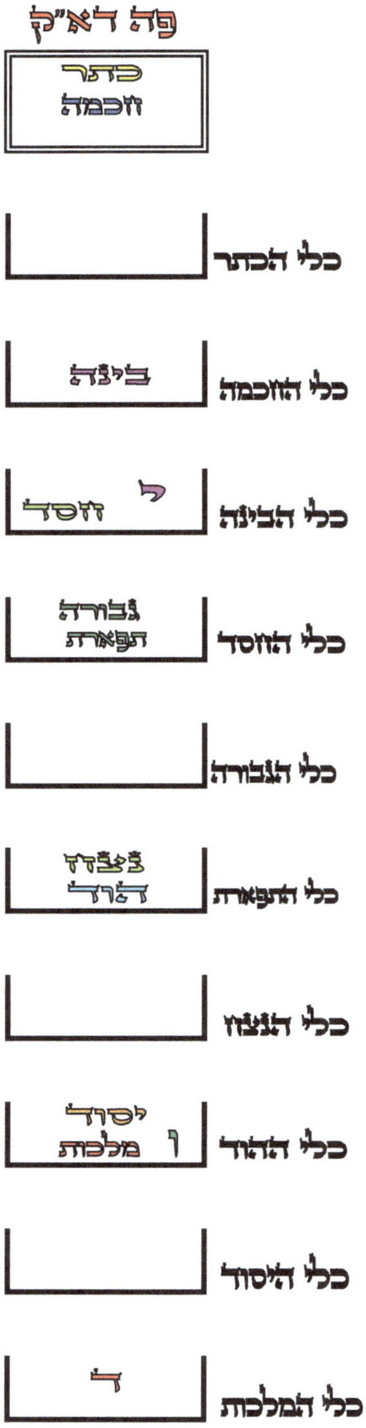

פה דא"ק
כתר
חכמה
כלי הכתר
כלי החכמה
בינה
כלי הבינה
ל
חסד
כלי החסד
גבורה
תפארת
כלי הגבורה
כלי התפארת
נצח
הוד
כלי הנצח
כלי ההוד
יסוד
ו מלכות
כלי היסוד
כלי המלכות
ד

תרשימים שער ז' פרק ב'

תרשים ב - מ"ז

פה דא"ק
כתר
חכמה
לא מטי בכתר
כלי הכתר
לא מטי
כלי החכמה
מטי
בינה
כלי הבינה
מטי
ל חסד
כלי החסד
מטי
גבורה
תפארת
כלי הגבורה
לא מטי
כלי התפארת
מטי
נצח
הוד
כלי הנצח
לא מטי
כלי ההוד
מטי
יסוד
ו מלכות
כלי היסוד
לא מטי
כלי המלכות
מטי
ד
פה דא"ק
כתר
מטי בכתר
כלי הכתר
מטי
חכמה
בינה
ל חסד
כלי החכמה
לא מטי
כלי הבינה
לא מטי
גבורה
כלי החסד
לא מטי
כלי הגבורה
מטי
תפארת
נצח
כלי התפארת
לא מטי
כלי הנצח
מטי
הוד
יסוד
כלי ההוד
לא מטי
כלי היסוד
מטי
ו מלכות
ד
כלי המלכות
לא מטי

תרשים ב - מ"ח

פה דא"ק
כלי הכתר
מטי
כלי החכמה
כלי הבינה
כלי החסד
לא מטי
פה דא"ק
כלי הכתר
לא מטי
כלי החכמה
כלי הבינה
כלי החסד
מטי

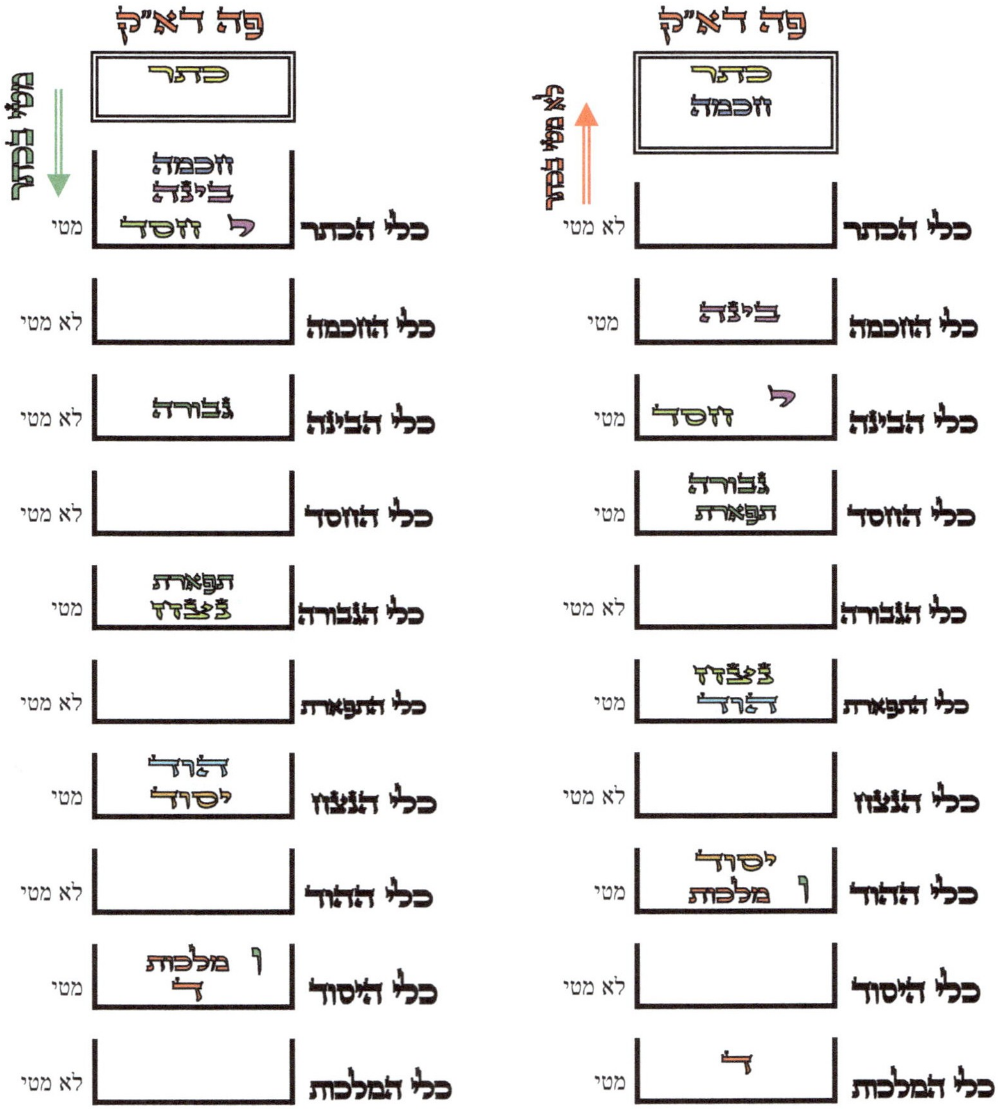

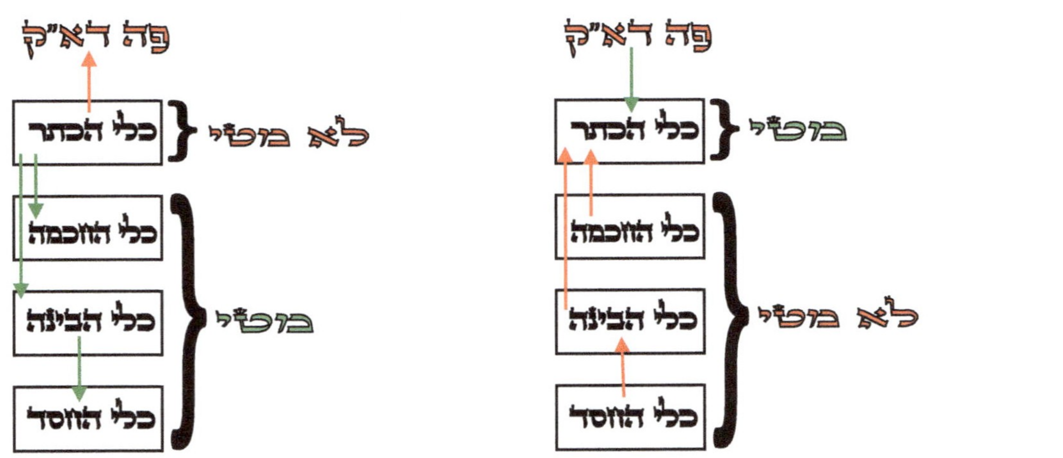

סיכום סוגי התפשטות האורות בהתפשטות השניה בסוד מטי ולא מטי
פה ראֵ"ק

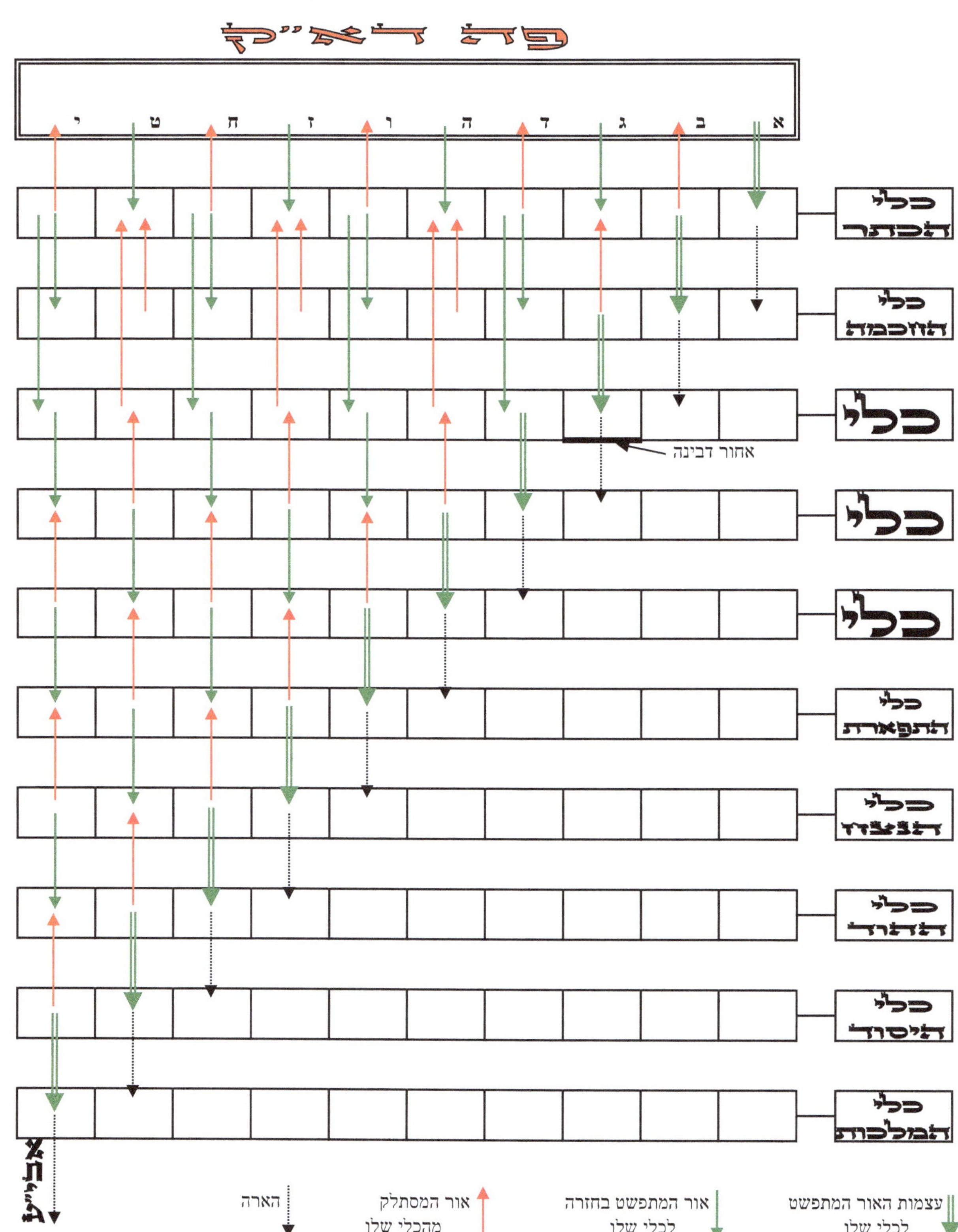

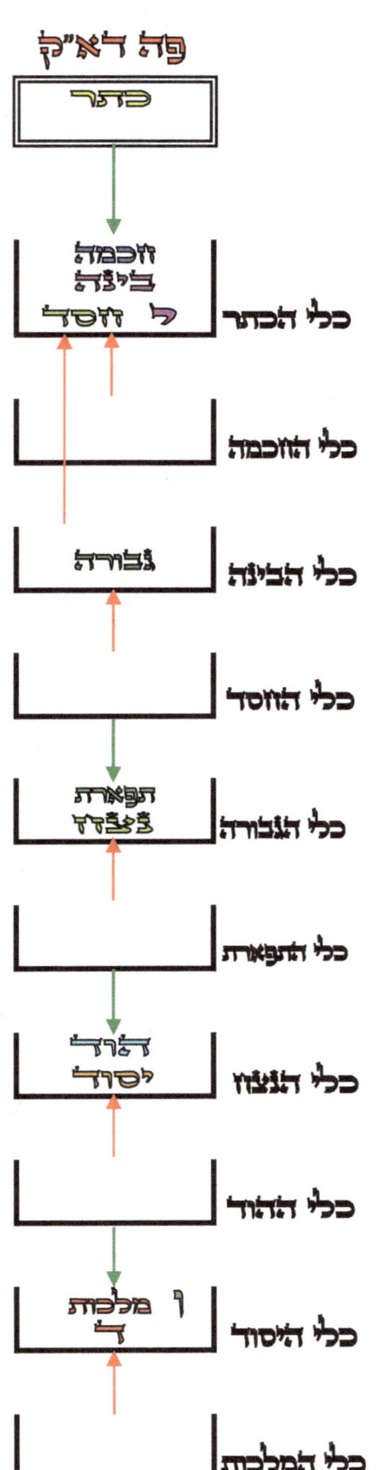

שלב א' האור המתיחס לכלי הכתר הנמצא במאציל
והוא אור החכמה, מתפשט לכלי הכתר
וזה **מטי** בכתר

שלב ב' האור המתיחס לכלי החכמה, והוא אור הבינה
מסתלק לכלי הכתר, וזה **לא מטי** בחכמה

שלב ג' האור המתיחס לכלי הבינה, והוא האור החדש
הנקרא **י'** עם אור החסד מסתלקים לכלי הכתר
וזה **לא מטי** בבינה

שלב ד' האור המתיחס לכלי החסד, שהוא אור הגבורה
מסתלק לכלי הבינה וזה **לא מטי** בכלי החסד

שלב ה' אור התפארת המתיחס לכלי הגבורה הנמצא בכלי החסד
חוזר לכלי הגבורה, וזה **מטי** בכלי הגבורה

שלב ו' אור הנצח המתיחס לכלי התפארת הנמצא בכלי התפארת
מסתלק לכלי הגבורה, וזה **לא מטי** בתפארת

שלב ז' אור ההוד המתיחס לכלי הנצח, הנמצא בכלי התפארת
חוזר ומתפשט בכלי הנצח, וזה **מטי** בכלי הנצח

שלב ח' האור המתיחס לכלי ההוד, והוא אור היסוד, מסתלק
ועולה לכלי הנצח, וזה **לא מטי** בכלי ההוד

שלב ט' האור המתיחס לכלי היסוד, והוא אור המלכות
חוזר ומתפשט בכלי היסוד
וזה **מטי** בכלי היסוד

שלב י' האור המתיחס לכלי המלכות, והוא האור הנקרא אות ד'
מסתלק מכלי המלכות ועולה לכלי היסוד
וזה **לא מטי** בכלי המלכות

כלי המלכות נשאר חסר מאור דליה

תרשימים שער ז' פרק ב'

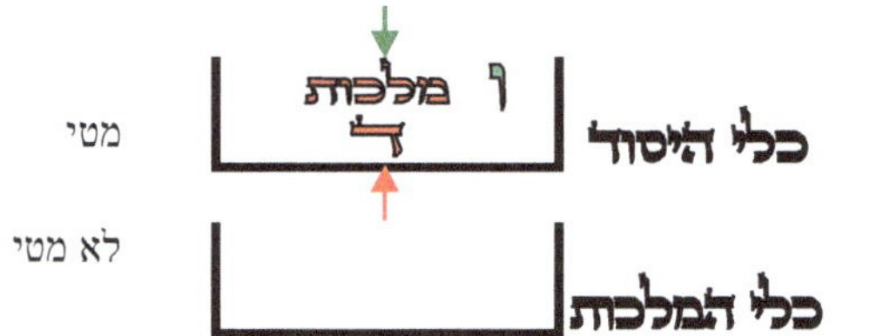

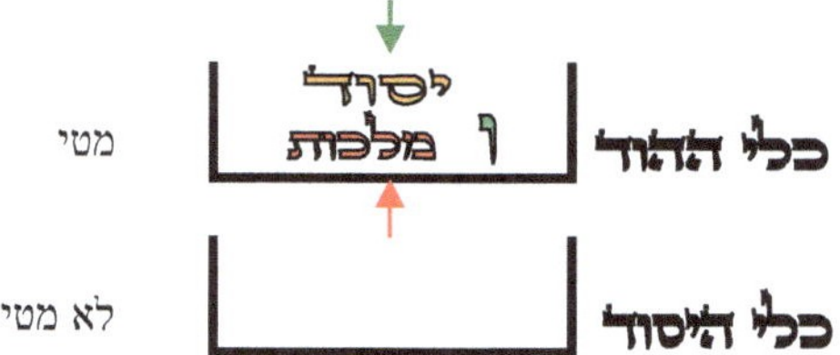

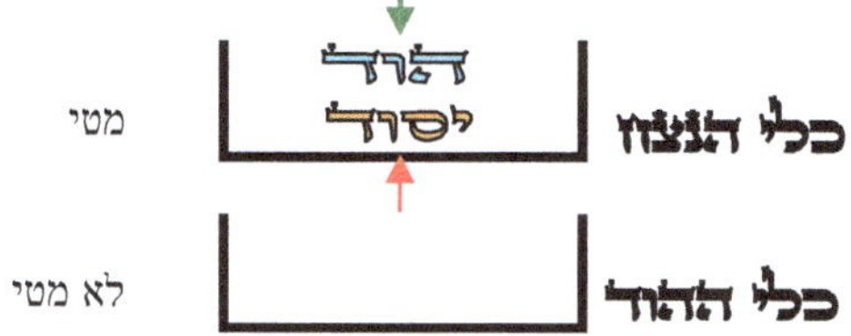

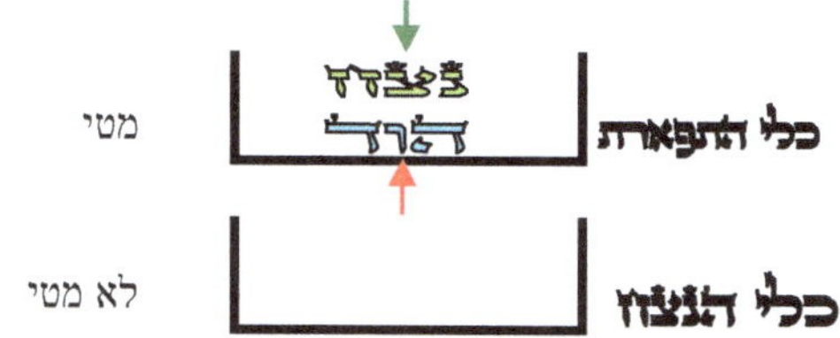

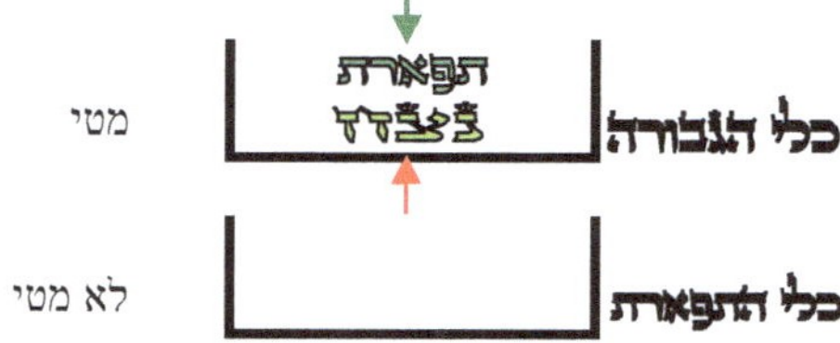

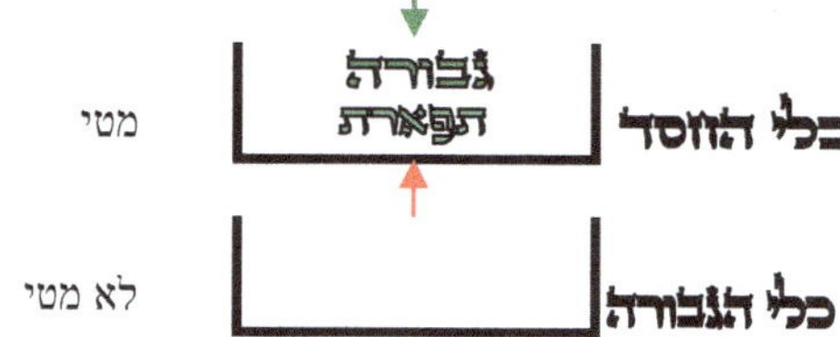

תרשים ב - נ"ז

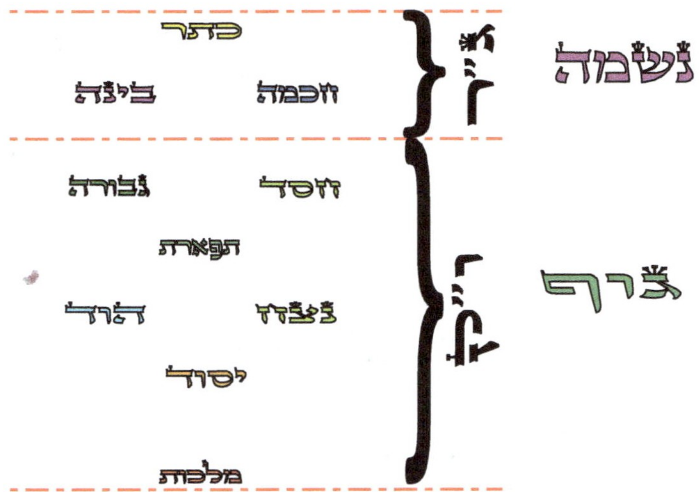

תרשים ב - נ"ח

פגם
בתחתונים

שלב א'

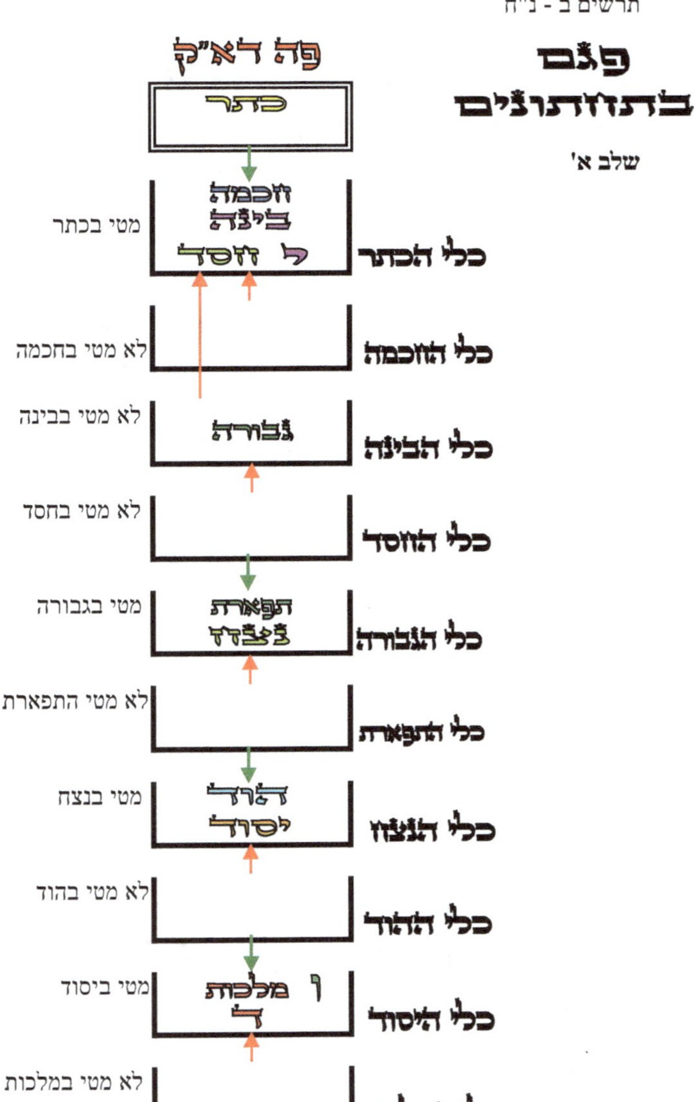

בגלל **פגם בתחתונים**
האור המתיחס לכלי המלכות
מסתלק לכלי היסוד
והוי **לא מטי** במלכות

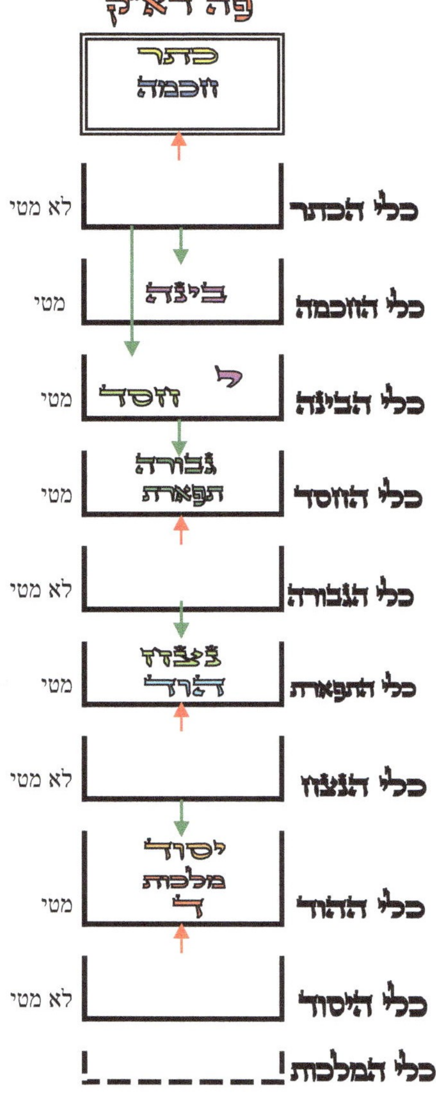

תרשים ב - נ"ט

פגם בהתחדשים

שלב ב'

בגלל פגם בתחתונים
האורות המתיחסים לכלי היסוד ומלכות
מסתלק לכלי ההוד
והוי לא מטי ביסוד

תרשים ב - ס

פגם בהתחדשים

שלב ג'

בגלל פגם בתחתונים
האורות המתיחסים לכלי ההוד, יסוד ומלכות
מסתלקים לכלי הנצח
והוי לא מטי בהוד

תרשים ב - ס"א

פגם
בתולדותים

שלב ד'

בגלל **פגם בתחתונים**
האורות המתיחסים לכלי הנצח, הוד, יסוד ומלכות
מסתלקים לכלי התפארת
והוי **לא מטי** בנצח

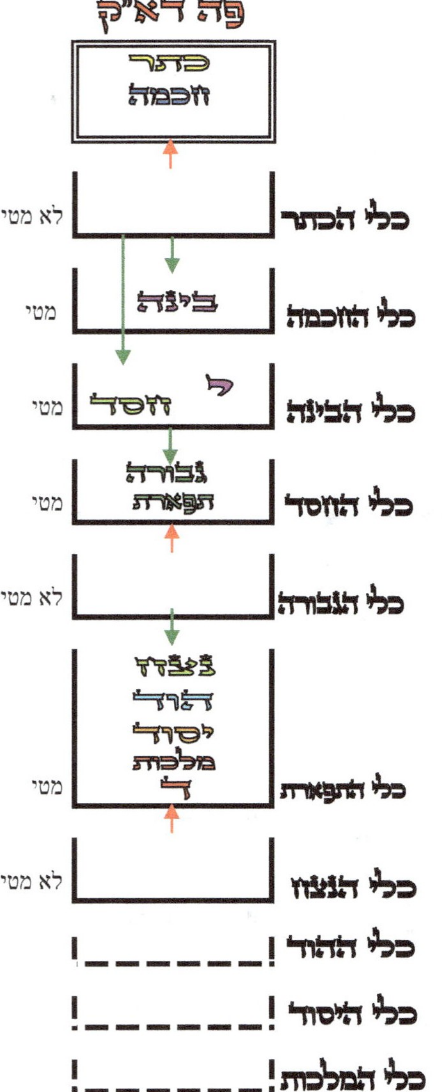

בגלל **פגם בתחתונים**
האורות המתיחסים לכלי התפארת, נצח, הוד, יסוד ומלכות
מסתלקים לכלי הגבורה
והוי **לא מטי** בתפארת

תרשים ב - ס"ב

פגם
בתולדותים

שלב ה'

תרשים ב - ס"ג

פגם
בתחתונים

שלב ו'

בגלל **פגם בתחתונים**
האורות המתיחסים לכלי הגבורה, תפארת, נצח, הוד,
יסוד ומלכות מסתלקים לכלי החסד
והוי לא מטי בגבורה

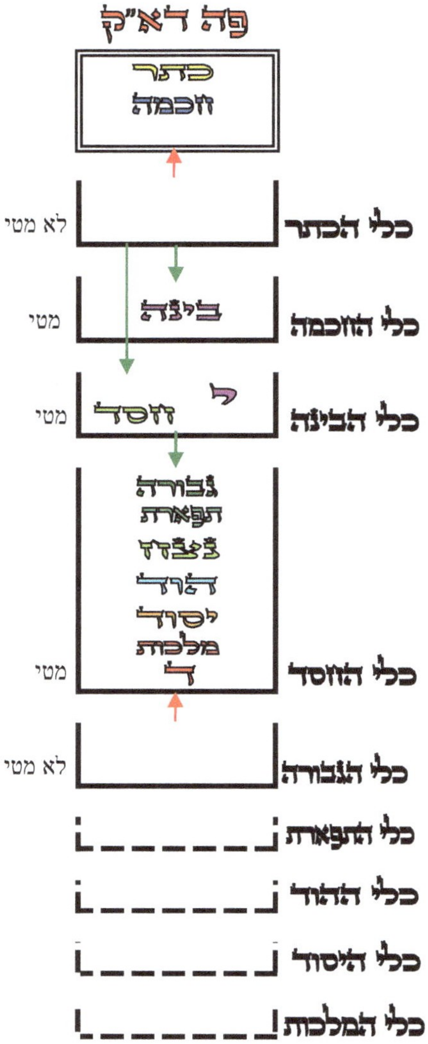

פה דא"ק

| כתר |
| חכמה |

לא מטי — כלי הכתר

מטי — ביאה — כלי החכמה

מטי — ל חסד — כלי הבינה

מטי — גבורה / תפארת / נצח / הוד / יסוד / מלכות / ל — כלי החסד

לא מטי — כלי הגבורה

כלי התפארת

כלי הנצח

כלי היסוד

כלי המלכות

תרשים ב - ס"ד

פגם
בתחתונים

שלב ז'

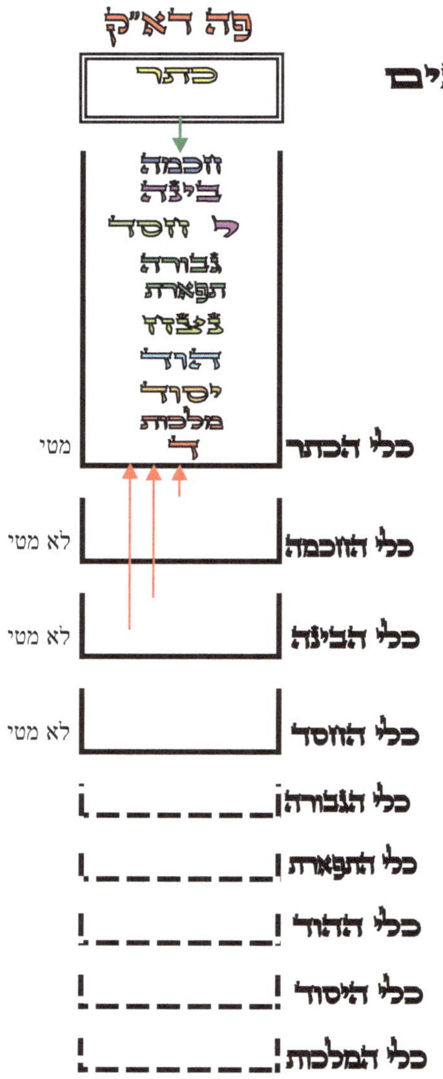

פה דא"ק

| כתר |

חכמה / ביאה / ל חסד / גבורה / תפארת / נצח / הוד / יסוד / מלכות / ל

מטי — כלי הכתר

לא מטי — כלי החכמה

לא מטי — כלי הבינה

לא מטי — כלי החסד

כלי הגבורה

כלי התפארת

כלי הנצח

כלי היסוד

כלי המלכות

בגלל **פגם בתחתונים**
האורות המתיחסים לכלי החסד, גבורה,תפארת, נצח,
הוד, יסוד ומלכות מסתלקים לכלי **הכתר**
עם האורות המתיחסים לכלי החכמה והבינה
וזה הוי לא מטי בחסד, לא מטי בבינה, לא מטי בחכמה

תרשים ב - ס"ה

פגם
בתחתונים

שלב ח'

בגלל **פגם בתחתונים**
כל האורות הנמצאים בכלי הכתר
והם האורות של הכלים דכח"ב, חג"ת, נהי"ם
מסתלקים לפה דא"ק
וזה הוי **לא מטי בכתר**

פה דא"ק

כתר
חכמה
בינה
ל חסד
גבורה
תפארת
נצח
הוד
יסוד
מלכות
ל

כל הכתר — לא מטי

כל החכמה

כל הבינה

כל החסד

כל הגבורה

כל התפארת

כל ההוד

כל היסוד

כל המלכות

תרשים ב - ס"ו

י	ט	ח	ב -ז	א
יציאת הכתר מפה דא"ק	יציאת זכמה מפה דא"ק	יציאת בינה מפה דא"ק	יציאת ז"א מפה דא"ק	יציאת המלכות מפה דא"ק
פה דא"ק	פה דא"ק	פה דא"ק	פה דא"ק	פה דא"ק
אור הכתר — כתר	אור הזכמה — כתר	אור הביאה — כתר	אור חג"ת נה"י — כתר	אור המלכות — כתר
אור הזכמה — זכמה	אור הביאה — זכמה	אור חג"ת נה"י — זכמה	אור המלכות — זכמה	זכמה
אור הביאה — ביאה	אור חג"ת נה"י — ביאה	אור המלכות — ביאה	ביאה	ביאה
אור חג"ת נה"י — נה"י	אור המלכות — נה"י	נה"י	נה"י	נה"י
אור המלכות — מלכות	מלכות	מלכות	מלכות	מלכות

תרשים ב - ס"ז

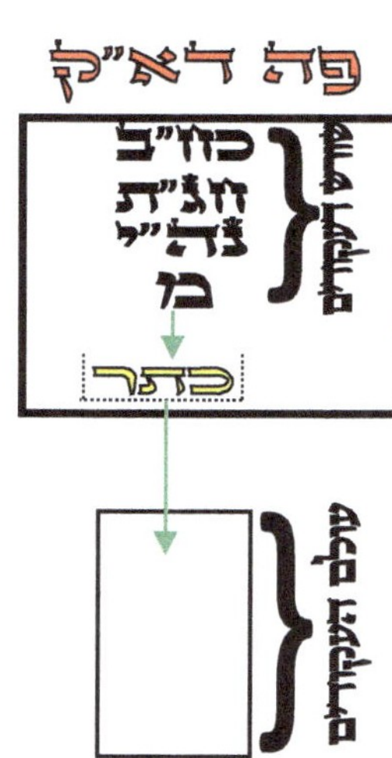